CURSO DE ESPAÑOL

VITAMINA B$_1$

Celia Díaz   **Aída Rodríguez**

Español Leng**ua** Extranjera

SGEL

CONTENIDOS

Índice de actividades de preparación al DELE B1

A lo largo del libro hay actividades específicas que corresponden a las diferentes tareas de las cuatro pruebas del examen DELE. En cada una de estas tareas, te facilitamos algunas estrategias con el fin de ayudarte a conseguir mejores resultados, y en las de Comprensión auditiva puedes escuchar los audios como en el examen, con los tiempos que separan la primera escucha de la segunda. En este índice están las páginas del libro donde reconocer y trabajar todas las tareas tipo del examen DELE B1.

1 VOLVER A VERNOS

A EMPIEZA LA FIESTA

1 Completa las frases con información sobre ti.

1 Mi lugar favorito para ir de vacaciones es _____.
2 Una cosa que no me gusta hacer es _____.
3 Mi mes preferido del año es _____.
4 Llevo _____ viviendo en mi casa actual.
5 La actividad que más me gusta hacer en mi tiempo libre es _____.
6 Una comida que no me gusta es _____.
7 Mi mejor amigo/a se llama _____.
8 El peor día de la semana es _____.
9 Una costumbre típica de mi país es _____
_____.
10 Mi prenda de vestir favorita es _____.

2 Aquí tienes algunas preguntas para conocernos mejor. Ordena las palabras y después escribe tus respuestas.

1 ¿ / casa / es / objeto / tu / raro / hay / más / el / que / cuál / en / ?
_____
_____

2 ¿ / infancia / qué / recuerdas / tu / de / juegos / ?
_____
_____

3 ¿ / la / tema / qué / interesa / actualidad / más / te / en / ?
_____
_____

4 ¿ / tres / cuáles / los / definen / son / que / adjetivos / te / mejor / ?
_____
_____

5 ¿ / te / cómo / a / mismo / ti / ves / años / en / cinco / ?
_____
_____

6 ¿ / redes / al / tiempo / día / cuánto / las / sociales / pasas / en / ?
_____
_____

3a Completa las preguntas con estos interrogativos.

> qué - cuántas - en qué - dónde - cómo - quiénes
> de qué - cuáles - con quién - por qué

1 ¿ *En qué* temas te gusta hablar con los amigos?
2 ¿ *De qué* razón tienes interés en el idioma español?
3 ¿ *Quiénes* de tu entorno comparten alguna de tus aficiones?
4 ¿ _____ te gusta conocer cuando visitas una nueva ciudad?
5 ¿ *Cómo* te sientes cuando vas a una ciudad nueva?
6 ¿ *Cuáles* son las actividades que prefieres hacer en vacaciones?
7 ¿ *Dónde* prefieres comprar: en grandes superficies, o en comercios locales?
8 ¿ *Cuántas* veces al año viajas fuera de tu país?
9 ¿ *Con quién* de tu familia vives actualmente?
10 ¿ _____ época del año tienes vacaciones normalmente?

3b ◀)) 1-3 ¿Qué preguntas de la actividad anterior responden estas personas? Escucha sus respuestas y escribe la pregunta que responde cada una de ellas.

A
Pregunta: _____

B
Pregunta: _____

C
Pregunta: _____

4 Lee estas frases y ordénalas para componer el diálogo entre dos personas que se conocen en una fiesta.

☐1 **a** Hola, ¿qué tal? Tú eres la prima de Jorge, ¿no? Me llamo Pablo.

☐ **b** Sí, pero vivo en Mallorca. Ahora estoy en casa de Jorge, llevo dos semanas aquí.

☐ **c** Sí, soy un buen amigo. ¿Qué te parece la fiesta?

☐ **d** Soy comercial. Y tú, ¿trabajas con mi primo?

☐ **e** No, no me gusta, yo prefiero charlar… ¿De dónde eres? ¿De aquí?

☐ **f** ¡Qué bueno! ¡Tomamos algo?

☐ **g** ¿Qué tal? Sí, soy Nelly. Encantada. ¿Eres amigo suyo?

☐ **h** Fenomenal, me lo estoy pasando muy bien. ¿Quieres bailar?

☐ **i** ¿Y cuánto tiempo vas a quedarte? ¿Mucho?

☐ **j** ¿Y en qué trabajas?

☐ **k** Sí, llevamos tres años trabajando juntos en el mismo departamento.

☐ **l** No, estoy haciendo un curso de formación para mi empresa y termino esta semana.

5a Si quieres conocer mejor a una persona, ¿qué preguntas puedes hacer? Une las partes de estas frases para escribir cinco preguntas.

¿Qué ¿Cuál ¿Cuáles	es necesitas persona son aspectos	la meta que deseas cumplir? para ser feliz? valoras de un amigo? tus sueños? es especial para ti?

_____

_____

_____

_____

_____

¡Fíjate!

cuál ⎫
         ⎬ + verbo ⎰ **¿Cuál es** tu palabra favorita en español?
cuáles ⎭   ⎱ **¿Cuáles son** tus intereses?

qué + ⎧ verbo ⎰ **¿Qué haces** los fines de semana?
          ⎨
          ⎩ sustantivo ⎰ **¿Qué día** te gusta de la semana?*
                            ⎱ **¿Qué días** tienes vacaciones?*

*En algunos lugares de América se usa **cuál / cuáles** con sustantivo: **¿Cuál día** te gusta de la semana? / **¿Cuáles días** tienes vacaciones?

5b Ahora responde a dos preguntas de la actividad anterior y justifica por qué.

B ¡CUÁNTO TIEMPO!

6a Relaciona las expresiones con situaciones de saludo o de despedida.

	saludo	despedida
¡Adiós, hasta pronto!	☐	☒
1 Da recuerdos a tu madre.	☐	☐
2 ¡Qué alegría! ¡Cuánto tiempo!	☐	☐
3 ¡Hombre!, ¿qué tal? ¿Cómo va todo?	☐	☐
4 A ver si nos vemos pronto otra vez.	☐	☐
5 Saluda a tus padres de mi parte.	☐	☐
6 ¡Hola! ¿Cómo estáis?	☐	☐

6b Escribe las expresiones de la actividad anterior para completar estos diálogos.

• *¡Adiós, hasta pronto!*
▪ Nos vemos. ¡Cuídate!

1 • _____
▪ Sí, mucho. ¡Qué ganas tenía de verte!

2 • _____
▪ Bueno, así así. Y a ti, ¿cómo te va?

3 • _____
▪ De tu parte. A ver si nos vemos pronto otra vez.

4 • _____
▪ Todos genial. ¿Y tú? ¡Qué bien te veo!

5 • _____
▪ Sí, claro. Te llamo y quedamos.

6 • _____
▪ Claro que sí. Se van a alegrar mucho.

7 Lee estas frases y pon la tilde en las palabras que son interrogativos y exclamativos. También escribe los signos de interrogación o exclamación que faltan.

1 En la entrevista que hace la empresa, te van a preguntar que sabes de informática, pero no solo quieren saber que formación tienes, también cuales son tus cualidades y cuantos idiomas hablas.

2 Tú no sabes donde viven ahora, ¿verdad? Pues yo creo que viven donde sus padres. A quien podemos preguntar

3 Con quienes vas a preparar la fiesta ¿Con los chicos que yo conozco? Y cuando es

4 Cuantas buenas noticias Que alegría Cuanto me alegro Estoy muy emocionada.

5 Nunca recuerdo como se llama tu hermano, perdona: cual es su nombre ¿Fernando?

Recuerda

- Las palabras que usamos para preguntar (*dónde, cómo, cuándo, por qué, qué, quién / quiénes, cuál / cuáles, cuánto/a/os/as…*) se escriben con tilde.
- Los enunciados interrogativos o exclamativos llevan un signo de interrogación o de exclamación al principio y otro al final: *¿Vienes el martes? / ¡Vienes el martes!*
- Nunca se escribe un punto detrás del segundo signo de la pregunta o exclamación: *¡Vienes el martes! Llámame y voy a recogerte, ¿vale?*
- Los enunciados interrogativos o exclamativos que no son directos no llevan los signos de interrogación o exclamación, pero las palabras interrogativas o exclamativas sí llevan la tilde, como en las preguntas o exclamaciones directas:
Te estoy preguntando cuándo vienes. (Directa: *¿Cuándo vienes?*)
No te puedes imaginar cuánto me alegro de verte. (Directa: *¡Cuánto me alegro de verte!*)

8a Lee el siguiente fragmento de un discurso sobre comunicación no verbal. Señala si las afirmaciones son, según el texto, verdaderas (V) o falsas (F).

LOS ABRAZOS. CUÁNDO Y A QUIÉN

Un abrazo consiste en rodear a alguien con los brazos como muestra de afecto, cariño, o bien como una forma de saludar a personas con las que se tiene una cierta confianza.
Con los abrazos expresamos cariño y afecto, nos sirven para saludar, para consolar, para apoyar, para animar… El abrazo tiene unos "efectos terapéuticos" muy positivos para las personas que se abrazan; tanto para las personas que lo dan, como para las que lo reciben. Un abrazo es una forma de expresar empatía con los demás, de mostrar nuestro apoyo e interés por ellos.
Pero el abrazo no es una costumbre solo de humanos: también los primates lo hacen. El abrazo es una forma de crear vínculos entre los miembros de una misma especie.
El abrazo une muchísimo a la madre o el padre con el hijo y crea este apego o unión que será tan importante para todos nosotros a lo largo de la vida. Porque le da seguridad al niño, porque se siente querido y es muy importante este contacto físico y, especialmente, desde el momento en que nacemos.
Cuando nos abrazamos, hay una explosión de hormonas, que llamamos "hormonas del apego", que hacen muy agradable este contacto y nos hacen sentir mejor.

Los abrazos también sirven para celebrar, para compartir alegrías. Por ejemplo, los abrazos que se dan los jugadores de un equipo de fútbol, de baloncesto…, cuando se gana un partido, cuando conseguimos algo y queremos compartirlo con los compañeros…: el abrazo sirve para unir a las personas.
Y hay otros abrazos que son más sociales. Por ejemplo, los políticos y los cargos públicos suelen utilizar los abrazos como una forma de comunicar que hay acuerdo o una buena relación entre ellos. Son abrazos de imagen, para demostrar a los medios de comunicación que hay cercanía entre ellos. Pero ya no son abrazos tan cercanos, sino que hay una cierta distancia y son muy excepcionales: cuando se da un abrazo de este tipo, es porque la ocasión es importante y porque hay cámaras.
En el ámbito más privado o familiar, los abrazos suelen ser bastante habituales. Si hablamos del ámbito social, además del grado de confianza, influyen mucho la cultura y las costumbres de cada lugar. No en todas las ocasiones es adecuado dar un abrazo, porque puede ser una invasión del espacio personal que cada uno tiene.

Basado en el programa A punto con La 2, de RTVE

	V	F
1 Con los abrazos hablamos, decimos que la otra persona nos interesa.	☐	☐
2 En los grupos de humanos y en los de algunos animales, el abrazo es un hábito de la interrelación.	☐	☐
3 Abrazarse no tiene consecuencias físicas, solo emocionales.	☐	☐
4 Los abrazos en contextos sociales formales no son una costumbre, sino una excepción.	☐	☐
5 El contacto físico de un abrazo produce bienestar en cualquier situación.	☐	☐

8b 🔊 4 Escucha ahora la continuación del discurso anterior y responde a estas preguntas.

1 ¿Por qué a veces puede no ser adecuado dar un abrazo?

_____

2 ¿De qué país es la mujer que viaja para regalar abrazos?

_____

3 ¿Dónde y por qué Amma empieza a repartir abrazos?

_____

4 ¿Cuál es la peculiaridad del aeropuerto canadiense?

_____

5 ¿Qué son los "Abrazos gratis"?

_____

9 Lee las frases y señala si la acción que indican estos verbos es recíproca (A) o reflexiva (B).

		A	B
	Siempre **se miran** con mucha dulzura.	x	
1	Mis padres **se conocen** muy bien.		
2	**Os queréis** muchísimo, lo sé.		
3	Hace el curso para **conocerse** a sí mismo.		
4	Todas las noches **se llaman** por teléfono.		
5	Son hermanos, pero **se pelean** a menudo.		
6	¿**Os entendéis** o no? Dime la verdad.		
7	**Se miran** demasiado al espejo.		
8	No, no **nos odiamos**, aunque lo parece.		
9	En vacaciones mis hijos **se levantan** tarde.		

¡Fíjate!

• Cuando la acción es reflexiva, a menudo podemos añadir *a mí / ti / sí / nosotros/as / vosotros/as / sí mismo/a/os/as*:
Hacéis el curso para conoceros (a vosotros mismos).
Los alumnos se presentan (a sí mismos) a la clase.
Me veo (a mí misma) en el espejo.
El niño se abraza (a sí mismo) cuando duerme.

• Cuando la acción es recíproca, podemos añadir *el uno al otro*:
Creo que se necesitan (el uno al otro).
Mira, Pedro e Isaac se están presentando (el uno al otro).
Adela y su hijo se ven la cara (el uno al otro) solo por Skype.
Mis hijas se abrazan (la una a la otra) mucho.

C   SOLO SE VIVE UNA VEZ

10a ¿Conoces estas expresiones? Completa con ellas el diálogo entre dos personas que muestran su actitud ante la vida.

• estar con gente	• producirme estrés	• cambiar de vida	• tengo miedo a
• cumplir deseos	• llevar una vida	• perder el control	• tener una rutina

David: Siempre intento no salir de mi zona de confort: me siento cómodo y me da seguridad. **(1)** _____ tranquila me permite no **(2)** _____ de lo que pasa en mi vida. **(3)** _____ a la que conozco y **(4)** _____ diaria me quita muchas preocupaciones y estrés.

Elena: Pues a mí no me pasa eso: la rutina diaria suele **(5)** _____, ¡mucho! Creo que tengo que **(6)** _____: lo estoy pensando seriamente. Soy una persona a la que le gustan los retos y la aventura: no **(7)** _____ aprender cosas nuevas, a conocer a gente diferente. Es una forma de poder **(8)** _____, de dejar de hacer siempre lo mismo, a la misma hora, en el mismo lugar, con la misma gente… porque ¡eso sí que me da estrés!

10b ¿Cuál de las dos actitudes anteriores comparte el protagonista de la canción "Volar"?
Lee este fragmento y relaciona los enunciados subrayados con los significados. Después,
escribe en tu cuaderno un texto breve para explicar si compartes su actitud.

Volar

Volar, lo que se dice volar…
Volar, volar, volar… no vuelo.
☑ Pero desde que <u>cambié el palacio por el callejón</u>,
☐ desde que <u>rompí todas las hojas del guion</u>,
si quieres buscarme, mira para el cielo.
☐ Pero desde que <u>me dejé el bolso en la estación</u>,
☐ y <u>le pegué fuego a la tele del salón</u>,
te prometo, hermano, que mis suelas no tocan el suelo.
Solté todo lo que tenía y… fui feliz.
Solté las riendas y dejé pasar…
No me ata nada aquí, no hay nada que guardar,
así que cojo impulso y a volar.
[…]

(El Kanka y Rozalén)

Mi actitud ante la vida es parecida / distinta porque…

SIGNIFICADOS

1 No tener planes rutinarios
2 Cambiar lo conocido por lo desconocido
3 Dejar de ver la televisión
4 No necesitar equipaje para viajar

Puedes usar estas expresiones en tu texto:

- vivir / estar en la zona de confort
- tener tranquilidad / seguridad / comodidad
- llevar mucho tiempo
- a la misma hora
- en el mismo lugar
- la misma gente
- suelo (soler)
- hábitos / costumbres / horarios

- salir de / dejar la zona de confort
- dejar de
- no tener miedo a
- aceptar el riesgo / el peligro / los retos
- buscar lo diferente / la aventura
- aprender cosas nuevas

11a Aquí tienes una lista de deseos y planes del año pasado de un amigo. Algunos planes
los ha cumplido (✓) y otros no (✗). Marca la frase que mejor describe la situación de tu amigo.

Hacer un curso de español. ✓	☒ **A** Ya ha hecho el curso de español B1 y ahora está haciendo el nivel B2. ☐ **B** Todavía no ha hecho el curso: no le dieron plaza.
1 Sacarme el carné de conducir. ✗	☐ **A** Ya se ha sacado el carné de conducir y se ha comprado un coche de segunda mano. ☐ **B** Todavía no se ha sacado el carné de conducir, pero se presenta al examen el próximo viernes.
2 Viajar a México. ✓	☐ **A** Ya ha ido a México y le gustó muchísimo: estuvo allí 20 días. ☐ **B** Todavía no ha viajado a México: no tiene suficiente dinero.
3 Alquilar un apartamento. ✓	☐ **A** Ya ha alquilado un apartamento: lleva viviendo allí cinco meses. ☐ **B** Todavía no ha alquilado nada, pero va a seguir buscando.
4 Hacer deporte. ✗	☐ **A** Ya se ha apuntado al club de tenis del barrio y juega todos los domingos. ☐ **B** Todavía no ha tenido tiempo para pensar en el deporte.

Recuerda

- Para preguntar si un hecho ha sucedido o no, podemos hacer una pregunta con **¿todavía no…?** / **¿ya…?** +
pretérito perfecto:
*¿**Todavía no** has leído mi mensaje?*
*¿**Ya** has leído mi mensaje?*
- Si el hecho ha sucedido, en la respuesta usamos **ya**. Si no ha sucedido, pero va a suceder, usamos **todavía no**:
*Sí, **ya** he leído tu mensaje: tenemos que hablar.*
*No, **todavía no** he leído tu mensaje: ¿es importante?*

11b Piensa en uno de tus planes recientes y escribe en tu cuaderno si ya lo has realizado o no. Usa *todavía no* y *ya*, y explica cuándo, cómo o por qué.

12 Completa las siguientes frases con la forma correcta del pretérito perfecto o del préterito indefinido. En algunas frases se pueden usar los dos tiempos.

HECHO O ACCIÓN EN EL PASADO	EL HABLANTE SE REFIERE AL HECHO OCURRIDO EN EL PASADO
<u>Hace</u> mucho frío.	**Esta mañana** <u>HA HECHO</u> mucho frío. **Esta mañana** <u>HIZO</u> mucho frío. **Ayer** <u>HIZO</u> mucho frío.
<u>Es</u> el cumpleaños de Iván.	1 **Este martes** _____ el cumpleaños de Iván. 2 **El otro día** _____ el cumpleaños de Iván.
<u>Hay</u> un concierto gratuito en la plaza.	3 **Al mediodía** _____ un concierto gratuito en la plaza. 4 **Ayer al mediodía** _____ un concierto gratuito en la plaza.
No <u>habláis</u> del tema.	5 **Nunca** _____ del tema.
<u>Veo</u> a Sonia en la cafetería.	6 **Hace un rato** _____ a Sonia en la cafetería. 7 **Hace dos meses** _____ a Sonia en la cafetería.
Este año no <u>nieva</u>.	8 **Este año** no _____. 9 **Aquel año** no _____.
<u>Voy</u> a Praga con unos amigos.	10 **Este verano** _____ a Praga con unos amigos. 11 **Hace tres veranos** _____ a Praga con unos amigos.
<u>Vienen</u> el domingo por la tarde.	12 **Hoy** _____ por la tarde. 13 **El domingo pasado** _____ por la tarde.

¡Fíjate!

Con algunos marcadores temporales como *esta mañana* podemos usar el pretérito perfecto o el pretérito indefinido.
- En el español de <u>España</u> el hablante usa el **pretérito perfecto** para expresar que hay una relación de la acción pasada con su presente *(Esta mañana **ha hecho** frío / Este verano **he ido** a Colombia)*, y usa el **pretérito indefinido** cuando no siente esa relación de la acción pasada con su presente *(Esta mañana **hizo** mucho frío / Este verano **fui** a Colombia)*.
- En <u>América</u> se prefiere el uso del **pretérito indefinido** en la mayoría de los casos *(Esta mañana **hizo** mucho frío)*, independientemente de si la acción pasada se incluye en su presente o no. En algunas regiones de España, como Galicia, Asturias o Canarias, también se prefiere el uso del pretérito indefinido.

13a ◄)) 5 Lee los enunciados referidos a una conversación entre Mateo y Luisa. ¿De qué crees que están hablando? Escucha la conversación y señala a quién le corresponde cada información.

	Mateo	Luisa
1 No ha tenido ningún problema nunca con la escuela.	☐	☐
2 Ha tenido buenas calificaciones en el trimestre.	☐	☐
3 Hace poco ha finalizado un curso de alemán.	☐	☐
4 Siempre le ha interesado la literatura.	☐	☐
5 Ha visto en el tablón la publicidad de un nuevo taller.	☐	☐
6 Ha trabajado en traducción publicitaria.	☐	☐

13b Lee la transcripción del audio anterior en la página 114 y busca los marcadores temporales.
¿Con qué marcadores usan el pretérito perfecto? ¿Y el pretérito indefinido?

LUISA:

Hace dos meses: *indefinido*

1 En ningún momento: _____
2 En julio: _____
3 Este trimestre: _____
4 Nunca: _____

5 Hace tres meses: _____
6 Aquella vez: _____
7 Ahora: _____
8 Ayer: _____

MATEO:

1 Hace poco: _____
2 Siempre: _____
3 Hace bastante tiempo: _____

¡Fíjate!

| esta mañana <br> este mes <br> este año <br> hoy <br> ahora <br> al mediodía | + pret. perfecto / indefinido | hace un rato <br> alguna vez <br> muchas veces <br> nunca <br> siempre <br> en ningún momento | + pret. perfecto / indefinido | aquella mañana <br> el mes pasado <br> ese año <br> ayer <br> hace dos años <br> el otro día | + pret. indefinido |

EN ACCIÓN

14a Dos estudiantes hablan sobre su aprendizaje del español. Lee los textos y selecciona las dos preguntas más adecuadas para cada uno. Hay dos preguntas que no son necesarias.

SUNI

Llegué a España desde Corea del Sur hace tres años. Ahora tengo 16 años y me encantan los idiomas. Nunca he hecho un curso de español, pero he podido usarlo en la vida real todos los días y eso me ha ayudado mucho. No os podéis imaginar lo que me costó al principio, pero salí de mi zona de confort y me abrí a esa nueva situación y... ¡qué gran reto fue para mí! Imagina: si hago una traducción literal a mi lengua de "Me quiero comer una manzana", digo "Yo manzana comer quiero". Y los artículos..., y la pronunciación..., y el léxico... Todo fue muy diferente para mí. Acepté ese reto hace casi dos años y comprendí que aprender un idioma extranjero ha sido muy positivo porque ahora tengo un punto de vista más amplio sobre el mundo.

NADIM

Llegué a España hace un año, pero llevo estudiando español desde siempre, desde pequeño, en Rabat. He venido aquí por cuestiones laborales. Al principio me costó adaptarme al curso, pero como siempre te dicen que hay un periodo de adaptación, pues... lo dejé pasar, esperando mejorar mi español, pero sin estudiar mucho. Caer bien a la gente y hacer amigos me quitó mucho tiempo de estudio. Durante el primer mes me obligué a ir a cada actividad y a cada fiesta para hacer amigos, así que acabé estudiando muy poco y perdiendo el tiempo. Si no eres una persona muy sociable y fácil de conocer, como es mi caso, cuesta mucho relacionarse con los demás y esa ha sido para mí la prueba más difícil, más que el DELE B1, que aprobé sin dificultad ese mismo mes.

PREGUNTAS

1 Según tu opinión, aprender un idioma te abre la mente: ¿ha cambiado tu forma de ver la cultura española desde que estás en España?
2 Dices que tu estancia en España ha sido de dos años: ¿por qué crees que no te has adaptado todavía?
3 Por tu experiencia, seguro que aprendiste bien las expresiones del lenguaje informal, pero ¿te han sido útiles para el trabajo?
4 Si eres autodidacta, ¿qué recursos has usado para aprender español?
5 Estoy de acuerdo contigo en que traducir del español a tu lengua materna puede ser una gran aventura: ¿siempre quisiste trabajar en ello?
6 Entonces, ¿saliste de tu zona de confort para cambiar tu forma de ser?

	Preguntas
SUNI	
NADIM	

14b Fíjate en estas series de palabras relacionadas con el aprendizaje de idiomas. ¿Qué palabra **no** está relacionada con las demás? Táchala.

1 lengua - comunicación - lección - cultura
2 verbos - sustantivos - adjetivos - letras
3 entonación - pronunciación - acento - texto
4 palabras - vocabulario - expresiones - ejercicios
5 diccionario - didáctica - enfoque - perspectiva
6 francés - bilingüe - árabe - coreano

15 📄 DELE ¿Cuál ha sido tu experiencia con el aprendizaje del español? Escribe un esquema para preparar una exposición oral con tu opinión sobre el tema "Aprender un idioma extranjero". Después de la preparación, expón el tema brevemente ante un público imaginado. En la presentación debes incluir:

- qué aspectos consideras más importantes cuando se aprende un idioma;
- qué ventajas tiene aprender un idioma;
- cuáles son los posibles inconvenientes o dificultades;
- qué significa para ti como experiencia personal.

NO OLVIDES:

- diferenciar las partes de tu exposición: introducción, desarrollo y conclusión final;
- ordenar y relacionar bien las ideas (principales y secundarias);
- justificar tus opiniones y sentimientos.

ESTRATEGIAS PARA EL EXAMEN

Este ejercicio corresponde a la Tarea 1 de la Prueba 4. Tienes que elegir un tema entre dos opciones y realizar una presentación breve de 2-3 minutos para expresar tu opinión.

Tienes 15 minutos para preparar esta tarea (y la Tarea 2). En este tiempo puedes tomar notas y hacer un esquema de la presentación, que podrás consultar durante el examen pero no leer.

- Cada tema incluye indicaciones para facilitar la preparación. Léelas bien y asegúrate de que sigues esas instrucciones.
- En la preparación, piensa en el léxico relacionado con el tema, organiza tus ideas con conectores (*para concluir, por eso…*) y usa expresiones de opinión (*me parece que, en mi opinión, desde mi punto de vista…*).
- Durante el examen no leas tus notas. Recuerda que es una situación formal y que el entrevistador no participa en esta parte.
- Si no conoces bien el tema o estás nervioso, puedes explicar que no vas a hablar de algún punto justificándote con frases como *no puedo opinar mucho sobre este aspecto porque no lo conozco bien, pero creo que…*

16 📄 **DELE** Has finalizado tu exposición de la actividad anterior y tienes que responder a las preguntas del público. Imagina que te hacen estas cuatro preguntas: contéstalas oralmente.

1 ¿Cree usted que es importante viajar al país en el que se habla el idioma para aprenderlo mejor?

2 ¿Es posible conocer la cultura de la lengua que aprendemos a través de internet y medios audiovisuales?

3 ¿Piensa usted que hay una edad límite para aprender idiomas?

4 Desde su experiencia como estudiante de un idioma, ¿qué ha sido lo más difícil para usted? ¿Y lo más fácil?

ESTRATEGIAS PARA EL EXAMEN

Este ejercicio corresponde a la Tarea 2 de la Prueba 4. Después de la Tarea 1, tienes que hablar con el entrevistador sobre el tema de la presentación durante 3-4 minutos. En esta parte el entrevistador sí interviene y hace preguntas sobre tu exposición o sobre aspectos relacionados. Tienes 15 minutos para preparar esta tarea (y la Tarea 1).

- Durante la preparación, piensa en las posibles preguntas del entrevistador y piensa en tu respuesta. Anota algunas expresiones para poder contestar al entrevistador, como "Me parece muy lógica esa pregunta porque…" o "No puedo contestar a esa pregunta porque desconozco…".
- En el examen, escucha atentamente al entrevistador e intenta mantener una conversación natural y fluida con él. Recuerda que es importante cómo usas tu español, pero también conseguir comunicarte, respetar los turnos de habla, saber dirigirte a tu interlocutor…

17 Contesta a estas preguntas relacionadas con el tema de la exposición de la actividad **15** y explica por qué.

1 ¿Crees que se puede cambiar la personalidad al comunicarse en un lenguaje no nativo?

_____

_____

_____

2 ¿Crees que aprender un idioma es aprender otra manera de pensar?

_____

_____

_____

3 ¿En qué aspectos del idioma ves más diferencias entre el español y tu lengua materna?

_____

_____

_____

Y PARA ACABAR…

Una pregunta para un(a) compañero/a que quieres conocer mejor:

Información interesante de esta unidad:

¿Cómo saludas a tus amigos?

La mejor experiencia que has tenido en tu vida:

2 RECUERDOS

A ¿Y ESO HACÍAMOS?

1a Estas frases describen el cambio de las situaciones o costumbres que muestran las fotos. Complétalas con *antes, ahora, todavía* o *ya no*.

1 La educación de _____ se centraba en la autoridad del maestro; sin embargo, _____ los estudiantes son el centro del aprendizaje. Pero hoy en día, _____ hay profesores que no comparten esta idea.

2 El uso generalizado de los móviles ha cambiado algunas costumbres; _____ es habitual relacionarse a través del móvil. _____ es necesario salir o quedar con los amigos para charlar.

3 _____ se lavaba la ropa a mano porque no había lavadoras; _____ se utilizan máquinas con tecnología cada vez más avanzada. _____ es necesario lavar a mano.

4 _____ se fabrican coches eléctricos, pero _____ se usan los coches de gasolina; además, _____ había menos mujeres conductoras, pero _____ es como en el pasado y hay muchas conductoras de camiones y taxis.

5 _____ nos gustaba ver juntos alguna película en la televisión y _____ lo hacemos algún sábado, pero _____ cada uno prefiere ver su serie favorita en la tableta.

6 Los amantes de la fotografía _____ usaban cámaras analógicas con carretes, pero _____ es necesario gracias a la fotografía digital. Sin embargo, _____ hay nostálgicos que prefieren los carretes.

¡Fíjate!

Cuando queremos expresar si un hecho (hábito o costumbre) del pasado sigue ocurriendo o no en la actualidad, usamos:
• *Todavía*, si el hecho sigue ocurriendo.   • *Ya no*, si el hecho no sigue ocurriendo.

1b ¿Qué situaciones de la actividad anterior siguen igual o han cambiado en tu vida o en tu país? Escribe en tu cuaderno algunas frases con *todavía* o *ya no* para explicarlo.

En mi país han cambiado algunas cosas últimamente; por ejemplo, la costumbre de… ya no…

2 Lee las frases y usa el pretérito imperfecto para completarlas con el verbo que falta.

1 Antes _____ (vivir) en Toledo, ahora viven en Granada.
2 Ahora hay muchos medios para estar informados, antes no _____ (haber) móviles ni ordenadores.
3 Ahora estudio español en la universidad, antes _____ (ir) a una academia.
4 Antes _____ (usar) gafas y era muy incómodo. Ahora, con las lentillas, estoy fenomenal.
5 Antes _____ (soler) salir los fines de semana, pero ahora, con el bebé, salimos muy poco.
6 Antes no _____ (tener) coche y ahora sí. Antes _____ (coger) el metro para ir al trabajo y _____ (tardar) casi una hora, y ahora llego en veinte minutos.
7 Antes mi abuela _____ (recordar) todas las fechas de cumpleaños y ahora no se acuerda de nada porque está perdiendo la memoria.
8 Últimamente duerme fatal; antes siempre _____ (dormir) bien, no sé qué le pasa.
9 Antes toda la familia _____ (ver) la tele en el salón; ahora, cada uno de nosotros ve el programa que quiere y donde quiere en su tableta o en su móvil.

¡Fíjate!

Con el pretérito imperfecto podemos:
- Hablar de acciones habituales del pasado:
Hace unos años solíamos ir al cine casi todos los miércoles.
Antes no había móviles y yo recordaba todos los números de teléfono.
- Describir lugares, personas y cosas en situaciones del pasado:
Con 18 años / Antes usaba gafas…
Cuando yo era pequeña, había…

3a 🔊6 Escucha a dos personas que hablan sobre algunos cambios ocurridos en la sociedad española y completa las frases con la opción adecuada.

1 Rosa dice que los jóvenes _____ algunas situaciones del pasado.
  a no pueden creer
  b no quieren conocer
2 Cuando Rosa tenía 6 años, _____ tener una lavadora.
  a no era habitual
  b era normal
3 Ismael dice que la tecnología antes era _____.
  a una necesidad
  b un instrumento
4 Para Ismael, lo peor _____ es que ha influido negativamente en cómo nos relacionamos.
  a de la televisión
  b del teléfono inteligente
5 A Rosa le disgustan algunas situaciones relacionadas con _____.
  a el uso del móvil que hacen los jóvenes
  b el recuerdo que tiene de su juventud

3b Relaciona el comienzo de cada frase con su final para formar frases relacionadas con la conversación que tuvieron Rosa e Ismael.

1 Los cambios sociales no son solo de España, …
2 Su madre no tenía lavadora y lavaba a mano, …
3 La vida de las mujeres ha mejorado muchísimo; …
4 La tecnología es el cambio fundamental, …
5 La información ya está disponible en internet para todos, …
6 El móvil ha cambiado la forma de relacionarse, …
7 Sus hijos hablan a todas horas con los amigos, …
8 Aunque los dos tienen experiencias diferentes, …

a ☐ así que ya no es habitual ver la televisión en familia.
b ☐ pero no quedan para hacer cosas juntos.
c ☐ coinciden en sus puntos de vista.
d ☐ sino, también, de otros países del entorno europeo.
e ☐ porque en aquella época no era habitual tener una.
f ☐ pues ha modificado la forma de vida de las personas.
g ☐ sin embargo, todavía hay situaciones que parecen de otro tiempo.
h ☐ por eso, el colegio tiene que tener otros objetivos.

4a Lee estas frases sobre la vida de dos escritores famosos, Juan Carlos Onetti e Idea Vilariño, y complétalas con las siguientes palabras. En algunas frases hay más de una opción.

> como - así que - porque - por eso - sino - sin embargo - aunque

1 Tenían una relación extraña _____ se querían y se odiaban al mismo tiempo.

2 _____ se amaban, nunca se casaron ni vivieron juntos.

3 Se veían muy poco, de vez en cuando; _____, se escribían cartas frecuentemente.

4 Eran muy diferentes, _____ su relación amorosa parecía imposible.

5 De joven estudiaba Derecho, pero Onetti necesitaba escribir, _____ dejó los estudios.

6 _____ le gustaba la música, Idea estudió piano y violín en su infancia.

7 Idea no escribía en los momentos de felicidad, _____ cuando estaba triste.

Recuerda

A diferencia del **pretérito perfecto** y del **pretérito indefinido** (tiempos verbales del pasado que marcan un principio y un fin del hecho o de la acción), el **pretérito imperfecto** es como el **presente**; hablamos sin marcar ni un principio ni un final:

Se escriben cartas a menudo. (ahora)
Se escribían cartas a menudo. (antes)
Se han escrito cartas a menudo. (este año)
Se escribieron cartas a menudo. (aquel año)

4b Ya sabes algo sobre la relación amorosa entre Idea Vilariño y Juan Carlos Onetti, escritores uruguayos, pero ¿cómo eran ellos? ¿Qué pensaban el uno del otro? Lee el texto y completa las frases con la opción correcta.

Idea Vilariño y Juan Carlos Onetti:
la sonrisa de Gioconda y el seductor existencialista

Ella, apasionada, revolucionaria y profunda. Él, melancólico, tímido y gran lector. Ella nació el 18 de agosto de 1920, en Montevideo. Él, el 1.º de julio de 1909 [...]. Ella recordaba su primera infancia [...] por un árbol de magnolias bajo el cual se refugiaba para leer. Él recordaba que su lugar favorito era el armario, "de esos que ya no se ven en el mundo, esos armarios enormes que cubrían toda una pared y que casi siempre estaban llenos de trastos", en él se encerraba para leer. Ella estudió música, pasó por el piano, más tarde por el violín, pero las palabras la atraparon y comenzó a escribir. Él dejó sus estudios en Derecho y trabajó en cualquier oficio [...] pero pronto, al igual que ella, buscó todas las formas para escribir. [...] Ella y él, Idea Vilariño y Juan Carlos Onetti, se conocieron en un café en el centro de Montevideo [...]. Ella no sentía entusiasmo por encontrarse con él, pensaba que era un cretino [...], y él, por su lado, creía que ella

[...] no era nada atractiva. Sin embargo, ella se quedó con lo seductor e inteligente que él se mostró [...]. Él, también, se quedó con la imagen de una hermosa mujer y sobre todo de su sonrisa de Gioconda. [...] Se veían esporádicamente, a veces sin aviso; se separaban por largo tiempo [...]. Pero su intercambio de cartas duró para siempre. Cartas en las que se hablaban de letras, de prosa y poesía; cartas de juego, del uno hacia el otro; cartas provocadoras [...]. Era una relación paradójica: se amaban y se odiaban. Él dijo alguna vez, en una de las pocas entrevistas que se dejó hacer, que creía que ella nunca lo amó verdaderamente, que fue algo puramente intelectual, de la cabeza, pero nunca del corazón. Ella decía a menudo que nunca se debió haber enamorado de Onetti, que eran totalmente opuestos, irreconciliables, imposibles de juntar, pero a la vez decía que fue el hombre de su vida.

Extraído de https://www.elespectador.com

1 A los dos les gustaba…
  a leer de pequeños.
  b hablar sobre libros.
  c vivir juntos.

2 Su relación fue…
  a pasional y muy corta.
  b muy conocida en su entorno.
  c muy importante para ella.

3 Idea se enamoró de Onetti…
  a por su físico masculino.
  b por su capacidad intelectual.
  c por su carácter abierto.

4 Idea era una mujer…
  a apasionada y superficial.
  b tímida y poco atractiva.
  c reflexiva y luchadora.

5 Él pensaba que ella…
  a era el gran amor de su vida.
  b sentía un amor solo racional.
  c era más atractiva que inteligente.

6 Ella pensaba que…
  a eran dos caracteres opuestos.
  b él no la amaba de verdad.
  c su amor era intelectual.

5a ¿Conoces el significado de estos adjetivos para describir la personalidad? Relaciona cada palabra con su significado.

1 hablador(a)
2 optimista
3 organizado/a
4 activo/a
5 independiente
6 seguro/a
7 observador(a)
8 abierto/a

a No le gusta improvisar o decidir en el momento, prefiere siempre tener un plan.
b Le gusta pensar por sí mismo/a y actuar sin ayuda de nadie.
c Siempre está haciendo o pensando algo que hacer, no puede estar quieto/a.
d No le gusta el silencio, siempre tiene algo que decir.
e Prefiere ver el lado positivo de las cosas.
f Le gusta relacionarse con la gente, opinar e intercambiar ideas.
g Muestra tranquilidad y confianza, tiene pocos miedos.
h Tiene la facilidad de ver lo que otros no ven, de fijarse en los detalles y entender su importancia.

5b ¿Cómo eres tú? Señala en la actividad anterior los adjetivos que mejor te definen y escribe en tu cuaderno si todavía eres así o si has cambiado últimamente.

Sí, he cambiado. Antes era... y ahora...

5c Ahora mira esta lista de adjetivos. Relaciónalos con sus opuestos del ejercicio **5a**.

a tímido/a ☐
b inseguro/a ☐
c dependiente ☐
d despistado/a ☐
e pesimista ☐
f callado/a ☐
g desordenado/a ☐
h pasivo/a ☐

B HISTORIAS INCREÍBLES

6a Lee el fragmento de esta noticia científica y completa con los verbos en pretérito indefinido o pretérito imperfecto.

Los orangutanes son los únicos animales (además de los humanos) que pueden hablar sobre el pasado

Este estudio, y otros futuros, con orangutanes en la selva de Ketambe, en Sumatra, puede explicar la evolución del lenguaje humano.

Uno de los científicos **(1)** _____ (disfrazarse) de tigre y **(2)** _____ (acercarse), por el suelo, a unos orangutanes que **(3)** _____ (estar) arriba de los árboles, esperando los sonidos de alerta de los animales. Sin embargo, muy tranquilos, los primates no **(4)** _____ (hacer) ningún sonido y en cuanto el científico **(5)** _____ (irse), **(6)** _____ (empezar) a "contar" lo sucedido. Lo novedoso es que los científicos **(7)** _____ (escuchar) a los orangutanes realizar ese aviso mucho después del paso del "tigre": los primates **(8)** _____ (estar) hablando sobre algo que sucedió en el pasado. Hasta este estudio, los expertos nunca habían escuchado a los orangutanes salvajes anunciar el peligro después del hecho.

Basado en *https://culturacientifica.com*

6b Señala qué enunciados sobre la noticia anterior expresan acciones principales (A) y cuáles expresan circunstancias o contexto (B). ¿Con qué tiempo verbal se expresan las circunstancias y con cuál, las acciones principales?

	A	B
1 Un científico se disfrazó de tigre.	☐	☐
2 Quería comprobar un comportamiento animal.	☐	☐
3 Los orangutanes eran su objetivo.	☐	☐
4 Los simios estaban en los árboles.	☐	☐
5 Los orangutanes no gritaron cuando el tigre pasó cerca de ellos.	☐	☐
6 Los simios empezaron a emitir fuertes sonidos mucho después de ver al "tigre".	☐	☐

7 Lee estas informaciones que, en este orden, cuentan una historia, y conjuga los verbos en indefinido o imperfecto según el caso. Después, clasifica las frases en la tabla.

1 El otro día (estar) en la calle
2 No (hay) mucha gente, todo (estar) tranquilo
3 Mi madre y yo (estar) caminando por un parque
4 De repente, (escuchar) el ruido de una moto
5 (Ver) una moto llegando a un semáforo
6 (Ser) una moto grande y roja
7 (Tener) una pegatina de una sandía con una sonrisa
8 La moto (parar) en el semáforo y en ese momento la (reconocer)
9 ¡(Ser) la moto de mi amiga Esther!
10 Así que (correr) en dirección al semáforo
11 Cuando (estar) cerca del semáforo
12 (Empezar) a mover las manos y a gritar
13 ¡(Tener) muchas ganas de ver a Esther!
14 Cuando (llegar) al lado de la moto
15 El conductor (quitarse) el casco y (mirarme)
16 Entonces yo (darme) cuenta de que
17 Esa persona no (ser) mi amiga Esther
18 Pero (tener) la misma moto
19 ¡Qué vergüenza (pasar)!

¡Fíjate!

• Con el **pretérito indefinido** narramos acontecimientos expresando los hechos principales del relato. Y usamos el **pretérito imperfecto** para describir las circunstancias de los hechos:
Decidí escribir una carta a un amigo que no *tenía conexión a internet*. Yo *quería verlo* porque *llevábamos mucho tiempo sin vernos*. Él **recibió** la carta y **pudo** contactar conmigo. **Quedamos** para tomar algo y contarnos muchas cosas. Los dos *estábamos felices*.

• Cuando contamos algo en pasado, la acción avanza con el **pretérito indefinido** y mostramos el contexto con el **pretérito imperfecto**:
Decidí escribir una carta → Recibió la carta → Pudo contactar conmigo → Quedamos

No tenía conexión a internet — Quería verlo — Llevábamos mucho tiempo sin vernos — Estábamos felices

HECHOS	
CIRCUNSTANCIAS	

8a Un joven le cuenta a su amiga lo que le pasó recientemente. Lee el diálogo y completa las frases en el tiempo adecuado usando los verbos del cuadro.

CARLOS: ¿Sabes lo que me pasó el otro día?
DIANA: No, cuéntame. ¿Qué te pasó?
CARLOS: Pues estaba en casa estudiando y de repente escuché el piano de mi vecino, que lo toca casi todos los días y me relaja mucho. Cerré los libros y pensé en escribir una nota para poner en el ascensor.
DIANA: ¡No me digas! ¿Una nota en el ascensor? ¿Para qué?
CARLOS: Una nota para decir a mi vecino que no puede dejar de tocar nunca.
DIANA: ¿De verdad? ¡Qué bueno!

CARLOS: "¡Atención! Para la persona que toca el piano: prohibido dejar de tocarlo. Tocas de maravilla, suena genial. Me alegras el día cuando lo haces".
DIANA: ¿Y todavía está en el ascensor? No he visto la nota.
CARLOS: No, algún vecino la ha quitado.
DIANA: ¡Madre mía! ¿Tanto les molestaba?
CARLOS: No lo sé, pero ¿sabes lo mejor?
DIANA: No, dime.
CARLOS: Al final, el vecino del piano vino a casa para agradecerme el mensaje.
DIANA: ¿En serio? ¡No me lo puedo creer!

escribir - decir - agradecer - estar - tocar - quitar - poner

1 Un joven _____ una nota para su vecino.
2 En ese momento _____ estudiando en casa.
3 La nota _____ que _____ muy bien.
4 El joven _____ la nota en el ascensor.
5 Algún vecino _____ la nota del ascensor.
6 El vecino le _____ el mensaje de la nota.

8b Lee otra vez el diálogo anterior y marca en él las expresiones que utilizan para ordenar el relato y reaccionar. Después, escribe las que faltan en la tabla para completarla con esos ejemplos.

1-EMPIEZA EL RELATO
¡No te imaginas lo que pasó!
Resulta que el otro día…
2-INTRODUCE UNA SITUACIÓN INESPERADA
De pronto…
3-MARCA EL FINAL DEL RELATO
Total, que…
Bueno, el caso es que…
¿A que es increíble?

4-MUESTRA INTERÉS POR LO QUE SE ESTÁ CONTANDO
(No,) Cuéntame.
5-REACCIONA DURANTE Y AL FINAL DE LA HISTORIA
¡Pues vaya!
¡Qué bueno!

9 Lee estos diálogos y escribe tu reacción para completarlos con las siguientes expresiones.

> ¡Qué buena noticia! - ¡Cuenta, cuenta! - ¡Qué rollo! - ¡Qué mala suerte! - ¡No me digas! - ¡Qué casualidad!

1 • ¿No querías ayudarme a ordenar la casa? Llevo esperando desde la semana pasada y veo que no me ayudas.
  ▪ _____, ¿no lo puedes dejar para otro día?

2 • ¡No te vas a creer lo que me pasó el otro día!
  ▪ ¿Qué te pasó? _____.

3 • ¿Sabes que ya me llamaron de la entrevista? No me han seleccionado para el puesto.
  ▪ Pero si estabas muy contento… _____.

4 • ¡Es increíble! Estas vacaciones me encontré con Manuel en pleno centro de A Coruña; hacía años que no lo veía.
  ▪ _____ ¿Y está bien?

5 • Llevo un mes con muchas reuniones de trabajo, pero este jueves ¡tengo el día libre!
  ▪ _____. Podemos aprovechar y comer fuera.

6 • Lo siento, pero no puedo ir a la despedida de Katia.
  ▪ _____, si ya está todo organizado y… no puedes faltar.

10a María trabaja como personal de apoyo en una escuela infantil y habla con Alejandro, un compañero de trabajo. Lee el diálogo, fíjate en sus reacciones y responde a las preguntas.

ALEJANDRO: María, ¿qué te parece esta noticia? Mira: "Una madre denuncia en su página de Facebook a la dirección de una guardería y a la cuidadora de su hijo de 4 años por escribir un mensaje para la madre en la barriga del niño".
MARÍA: ¡Madre mía! ¡Qué locura!
ALEJANDRO: La noticia dice que como le faltaban pañales al niño y la cuidadora estaba cansada de mandarle notas a la madre para avisarla sin obtener respuesta, pues que le puso directamente la nota en la piel con un rotulador.
MARÍA: ¡Qué barbaridad! ¡No me lo puedo creer!
ALEJANDRO: Bueno, todo es posible, aunque yo no confío mucho en estas noticias de las redes…
MARÍA: Y la cuidadora, ¿sigue en la escuela, o la despidieron?

1 ¿Qué expresiones utiliza María para expresar sorpresa?
_____

2 ¿Y cuáles utilizas tú en tu lengua para expresar sorpresa?
_____

10b **¿Cuál de estos esquemas de entonación crees que corresponde a esta pregunta de María?**

¿Sigue en la escuela, o la despidieron?

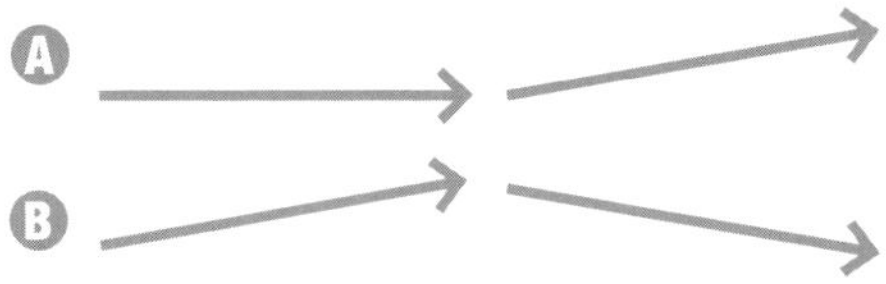

Recuerda

Cuando en la pregunta hay una elección excluyente, ponemos una coma para diferenciar la entonación de otras preguntas con elección no excluyente:

- *¿Vienes el martes o el miércoles?*
  Sí, uno de esos días.
- *¿Vienes el martes, o el miércoles?*
  Voy el martes.

C MOMENTOS INOLVIDABLES

11 7 DELE **Vas a escuchar a seis personas hablando de sus profesiones y la relación con su infancia. Escucharás a cada persona dos veces. Selecciona el enunciado que corresponde al tema del que habla cada persona. Hay diez enunciados incluido el ejemplo, selecciona solamente seis.**

- **Ahora escucha el ejemplo: Persona 0.**
  La opción correcta es el enunciado H.
- **Ahora tienes 20 segundos para leer los enunciados.**

ENUNCIADOS

A Cuando vivía con su familia, hacían carreras en bici para entrenar.
B Cuando estaba en el instituto, una profesora le dio un consejo.
C Comenzó su carrera profesional en la infancia.
D No pudo continuar en su profesión por un problema laboral.
E Antes de desarrollar su profesión, tuvo un taxi.
F Su familia no podía gastar dinero en su formación.
G En el colegio tuvo la oportunidad de tocar por primera vez.
H Durante su infancia, pasaba algunas temporadas en el mar.
I Sus padres trabajaban y ahorraban para su futuro.
J Pronto descubrió que no iba a destacar en su actividad favorita.

ESTRATEGIAS PARA EL EXAMEN

Este ejercicio corresponde a la Tarea 4 de la Prueba 2. Vas a escuchar seis monólogos o conversaciones cortas sobre experiencias personales y tienes que relacionarlos con seis enunciados de entre nueve disponibles. Recuerda que hay dos audiciones seguidas para cada monólogo o conversación.

- En el tiempo para leer los enunciados, identifica las palabras clave de cada uno de ellos.
- En la primera escucha, intenta captar la idea general del monólogo; en la segunda, céntrate en su relación con uno de los enunciados.

PERSONA	0	1	2	3	4	5	6
ENUNCIADO	*H*						

12a **Lee estas anécdotas y completa lo que dicen estas personas con las formas adecuadas del pretérito indefinido o del pretérito imperfecto.**

PAZ

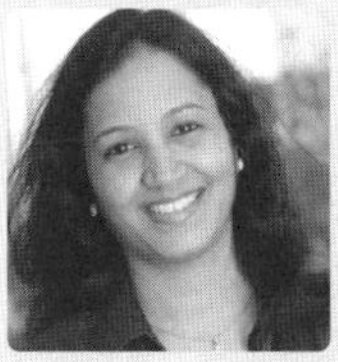

Tengo una anécdota con mi novio. Un día, tomando algo los dos con mi madre y su pareja, mi madre **(1)** ________________ (estar) pagando en la barra y las dos **(2)** ________________ (tener) las chaquetas iguales, y además por la espalda nos parecemos mucho porque tenemos la misma estatura, el mismo color de pelo... En fin, que mi novio **(3)** ________________ (confundirse) y pensó que **(4)** ________________ (ser) yo y la **(5)** ________________ (agarrar) por detrás y la **(6)** ________________ (besar) en el cuello, y mi madre **(7)** ________________ (girarse) y le **(8)** ________________ (dar) un tortazo. Ya ha pasado mucho tiempo de eso, pero, cuando lo recordamos, nos reímos mucho.

SERGIO

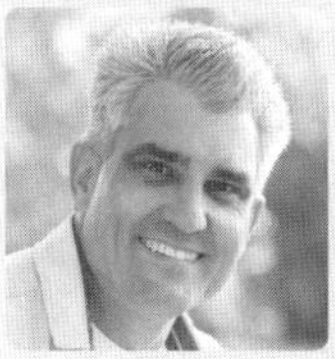

En enero me **(1)** ________________ (contratar) en una tienda y tenía que mandar la documentación para firmar el contrato, así que lo **(2)** ________________ (preparar) todo y lo mandé. Pero **(3)** ________________ (equivocarse) y **(4)** ________________ (enviar) el carné de mi perra en lugar del mío, que tiene el mismo color y es del mismo tamaño, y el encargado me **(5)** ________________ (llamar) por teléfono para decirme que **(6)** ________________ (creer) que era un error porque en el carné **(7)** ________________ (poner) Brownie. Y **(8)** ________________ (empezar) los dos a reírnos y no **(9)** ________________ (poder) parar.

12b Señala qué frase (A o B) corresponde a las anécdotas de la actividad anterior.

1 Cuando Paz estaba con su familia tomando algo, hubo un malentendido.

   A Cuando su madre se giró, le dio un tortazo al novio.

   B Cuando su madre se giraba, le dio un tortazo al novio.

2 Cuando iban a contratar a Sergio, le pasó algo gracioso.

   A Cuando enviaba sus documentos, lo llamaron por teléfono para comentarle un error.

   B Cuando envió sus documentos, lo llamaron por teléfono para comentarle un error.

¡Fíjate!

Cuando contamos historias o anécdotas, hablamos de cosas ocurridas en el pasado y podemos situarnos:

1 Fuera de la acción, usando el **pretérito indefinido** (vemos la acción como algo ya terminado).

2 Dentro de la acción, usando el **pretérito imperfecto** (vemos la acción como un proceso todavía no terminado).

1-PRETÉRITO INDEFINIDO	2-PRETÉRITO IMPERFECTO
Cuando limpié la casa, encontré la llave del patio. (limpieza finalizada)	*Cuando limpiaba la casa,* encontré la llave del patio. (limpieza en proceso)
Cuando estuve en Madrid, fui a un montón de museos. (estancia en Madrid finalizada)	*Cuando estaba en Madrid,* fui a un montón de museos. (estancia en Madrid en proceso)
Cuando fui a la piscina, me llamó Pau. (estancia en la piscina finalizada)	*Cuando iba a la piscina,* me llamó Pau. (camino hacia la piscina en proceso)

13a ¿Qué ves en estas imágenes? Obsérvalas detenidamente, lee la historia de Mónica y elige una fotografía (A o B) como final. Escribe en tu cuaderno una continuación de su relato: qué otras cosas le ocurrieron y qué pensaba o cómo se sentía en esas nuevas situaciones.

MÓNICA: Mi madre, cuando le anuncié que dejaba mi puesto como analista de mercado en una gran empresa de Bilbao y me iba a Potes, en los Picos de Europa, a hacer mermeladas, me dijo: "Hija mía, con lo lista que eres, ¿te vas a ir allí?". Y sí, me fui hace cuatro años.

En Bilbao me faltaban muchas cosas. No me sentía bien, empecé a cuestionarme mi vida y me di cuenta de que tenía que hacer algo. Tenía dos niñas pequeñas y yo estaba recién separada. Un día conocí a un chico que era de Madrid y me contó cómo vivía allí, en Potes, con otras dos personas. Tuve curiosidad y un fin de semana fui a visitar a mi amigo. Descubrí que era un sitio muy bonito en el que vivía gente emprendedora, que quería hacer cosas nuevas. Allí encontré a mi actual socia, Alicia, y comenzamos a hacer mermeladas naturales. Nuestra vida empezó a cambiar: pasaba los fines de semana y las vacaciones en Potes y hacía 400 km para llegar a mi trabajo, en Bilbao. Hasta que vi que no podía más y decidí arriesgarme. Me compré una casa allí y me fui de Bilbao.

13b En el texto de la actividad anterior, Mónica habla sobre una decisión importante en su vida. Une las partes de las frases para resumir los pasos que dio y las circunstancias de su decisión. Escribe dos o tres frases más según el final que has escrito en la actividad anterior.

1 Cuando vivía en Bilbao, …
2 Cuando habló de irse a Potes, …
3 Cuando pensaba en dejar Bilbao, …
4 Cuando visitó el pueblo, …
5 Cuando conoció a Alicia, …
6 Cuando no podía más con tanto viaje a Potes, …

a se hicieron socias para hacer mermeladas.
b descubrió cómo era la vida en Potes y conoció a Alicia.
c empezó a pensar en irse a vivir a un pueblo porque allí no se sentía bien.
d decidió comprarse la casa en Potes y vivir allí.
e a su madre no le gustó la idea, pues consideraba que la ciudad era mejor para ella.
f conoció a un chico que un día tuvo que tomar una decisión parecida.

14 Lee algunos fragmentos de una entrevista a la actriz Claudia Molina. Completa con las opciones adecuadas.

PERIODISTA: Trabajaste con grandes actores para una serie de TV, ¿cómo lo recuerdas?
CLAUDIA: Fue mi primer trabajo en televisión, tenía 11 años. La verdad es que (1) _____ muy bonitos recuerdos. Yo (2) _____ en Barcelona, soy de allí, y nos (3) _____ que trasladar a Madrid para grabar esa serie. Para mí era maravilloso estar al lado de esos actores. Fue toda una experiencia y yo, encantada, ¡es que era la niña del equipo! Así que a mí siempre me cuidaron fenomenal y además aprendí muchas cosas.

1 a tengo   b tenía   2 a viví   b vivía   3 a hemos tenido   b tuvimos

PERIODISTA: ¿Qué significó para ti trabajar en uno de los programas infantiles más vistos de los 80-90?
CLAUDIA: (4) _____ allí todos los días a las siete de la mañana, yo recuerdo que allí hacíamos muchas cosas divertidas, nos disfrazábamos, bailábamos… Fue una época maravillosa. Yo no lo (5) _____ como un trabajo, disfrutaba y me lo pasaba bien. No era consciente realmente de qué significaba ser actriz, y no lo (6) _____ hasta los 16 años que… me dije: "esto me gusta, esto es un trabajo, esto no solo es seriedad, porque yo siempre he sido bastante responsable, sino algo más, no es solo venir aquí y pasártelo bien".

4 a Hemos estado   b Estábamos   5 a veía   b vi   6 a fui   b era

PERIODISTA: En el 97 empezaste a trabajar en series y telenovelas, ¿cómo fue la experiencia?
CLAUDIA: Pues… fue muy estresante. Grabar para una serie diaria todos los días, sin descanso y a gran velocidad… pues recuerdo… las anécdotas que siempre (7) _____ de esta serie, que si tú te (8) _____ en el texto que decías, no cortaban la grabación y eso lo emitían y, claro, de repente un día estabas en tu casa después de la comida y te veías en la tele muy mal, fatal, así que la técnica que yo (9) _____ para las series fue: "si te equivocas, corta tú porque si no, los errores salen en la tele."

7 a contaba   b cuento   8 a equivocaste   b equivocabas   9 a aprendí   b aprendía

Extraído de una entrevista a Claudia Molina. Programa ¡Cómo hemos cambiado!, de FormulaTV

EN ACCIÓN

15 ◄》 8 Mira estas fotografías y piensa en el comportamiento sociocultural que expresan. ¿Cuáles son habituales en la sociedad española? Comprueba tu hipótesis escuchando las anécdotas del programa de radio "Españoles viajeros".

16 ¿Conoces el significado de estos gestos en España? Lee las anécdotas del blog "Tus viajes" y relaciónalas con el gesto al que se refieren los viajeros. Después, escribe en tu cuaderno de forma resumida el porqué de cada malentendido.

 A
 B
 C
 D
 E
 F

TUS VIAJES NOTICIAS VIAJES FOTOS BUSCADOR CONTACTO

1 ¿POR DÓNDE?

Cuando estuvimos en Filipinas, nos llamaba la atención que, cuando preguntabas cómo ir hacia algún lugar, o qué dirección tomar para dirigirte a un bus, siempre nos contestaban con un guiño. Al principio no relacionábamos la pregunta con el guiño y nos parecía muy raro: "¿Querrá algo más?", pensaba yo. Y un día, charlando con una viajera que nos encontramos en el camino, nos preguntó si nos había parecido raro tanto guiño, y en ese momento fue cuando salimos de dudas. En Filipinas no se señala con el dedo y, para indicarte una dirección, lo hacen guiñando un ojo. Esto, para mí, puede llevar a confusiones, sobre todo entre hombres y mujeres.

2 ¿COMEMOS?

En nuestro viaje a China, llegamos a nuestro destino pasadas las 4 de la tarde y sin comer. "¡Qué bien! –pensamos–, por fin vamos a probar la famosa comida china". Pero no encontrábamos restaurantes con carteles con fotos para señalar, y la opción que nos quedaba era la de la comunicación "universal", los gestos. Así que comenzamos a "preguntar" en los sitios si se podía comer. ¿Y cómo lo hicimos?… Pues juntando las puntas de los dedos de la mano derecha y llevándonosla a la boca en repetidas ocasiones. ¡Y qué sorpresa! Todos nos miraban raro y se sonreían porque no entendían nada. Cuando estábamos a punto de irnos, llegó un chico que entendía inglés y pudimos preguntarle qué pasaba: y es que resulta que el gesto para indicar que quieres comer en su cultura es poner dos dedos rectos (índice y corazón) y llevárselos a la boca por el lado derecho: sí, evidentemente como cuando comes con palillos.

3 ¡PERFECTO!

Cuando viajé a Francia la primera vez, en muchas de las fotos que me hacía, salía siempre con una mano "pulgar arriba" para indicar que el lugar o la situación eran geniales, pero todo empezó a complicarse un día en el que yo estaba en un café y, cuando quise pagar, el camarero hizo el mismo gesto de mis fotos. Él me estaba diciendo "uno" y yo creía que me estaba diciendo que todo estaba muy bien. En aquella época yo no hablaba muy bien el idioma, pero ahora vivo en Francia, hablo francés, sé que cuando hacen ese gesto es casi siempre para decir "uno"… y, sin embargo, todavía no me he acostumbrado, y cuando lo veo, siempre pienso que "todo está muy bien".

17 📄 **DELE** Has recibido un correo electrónico de un amigo que lleva viviendo en España dos años. Escríbele para responder a sus preguntas. En él debes:

- saludar;
- decir cómo te sientes desde tu llegada;
- contarle un malentendido que te ha pasado;
- pedirle consejo sobre esa situación;
- despedirte.

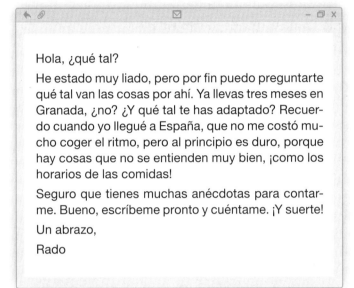

Hola, ¿qué tal?

He estado muy liado, pero por fin puedo preguntarte qué tal van las cosas por ahí. Ya llevas tres meses en Granada, ¿no? ¿Y qué tal te has adaptado? Recuerdo cuando yo llegué a España, que no me costó mucho coger el ritmo, pero al principio es duro, porque hay cosas que no se entienden muy bien, ¡como los horarios de las comidas!

Seguro que tienes muchas anécdotas para contarme. Bueno, escríbeme pronto y cuéntame. ¡Y suerte!

Un abrazo,

Rado

ESTRATEGIAS PARA EL EXAMEN

Este ejercicio corresponde a la Tarea 1 de la Prueba 3. Vas a leer un texto (correo, anuncio…) y contestar con un texto de unas 100-120 palabras. En la lámina de examen, se incluyen los puntos que tienes que responder.
- Intenta ajustarte a la extensión y recuerda contestar a todos los puntos.
- Haz un pequeño esquema para organizar las ideas y ver en qué parte del texto quieres hablar de cada punto.
- Escribe de forma clara y limpia, ajustando la lengua al texto. Si es un texto formal, usa formas como *Estimado…*, *Saludos cordiales…* o la forma de *usted*; si se trata de un texto informal, puedes usar *Un abrazo…* o la forma de *tú*.

Y PARA ACABAR...

¿Cómo eras de pequeño/a?

Información interesante de esta unidad:

La mejor experiencia de tu vida:

Una noticia que te ha impactado:

3 EL MUNDO DEL FUTURO

A ¿HACIA DÓNDE VAMOS?

1a Cambia los verbos de estas frases por la correspondiente forma verbal del futuro simple.

1 Controlé muy bien la situación.

_____

2 Hemos recordado ese viaje todos los días.

_____

3 En esta ciudad vivíais bastante tranquilos.

_____

4 Estas plantas aquí crecen muy sanas.

_____

5 Fue una persona muy importante en su vida.

_____

6 ¿Oyes el móvil con este volumen?

_____

1b Escribe la raíz o la terminación de las formas verbales anteriores para completar la tabla de futuro.

	-AR / -ER / -IR	
yo	controlar	
tú		-ás
él / ella / usted		
nosotros/as		-emos
vosotros/as	vivir	
ellos / ellas / ustedes		

¡Fíjate!

El futuro simple regular se forma con las mismas terminaciones en las tres conjugaciones (-AR, -ER, -IR). Se añaden a la forma del infinitivo.

2 Completa estas frases con las siguientes expresiones con el verbo en futuro simple.

> ser eficientes - gestionar la energía - estar conectadas - causar un problema
> estar en peligro - provocar conflictos - encontrar una cura - extinguirse

1 Millones de personas en todo el mundo vivirán en ciudades que _____ por el aumento del nivel del mar.

2 Las ciudades inteligentes _____ con las personas, como un gran organismo que comparte información sobre su estado.

3 Una de las preguntas clave sobre nuestro futuro es cómo _____ y si conseguiremos reducir su consumo.

4 No sabemos cuándo lo lograremos, pero pronto _____ para enfermedades que hoy día no la tienen.

5 Si dentro de treinta años no se soluciona el problema de la contaminación, algunos científicos pronostican que en cien años la humanidad _____.

6 Las ciudades _____ si somos capaces de mejorar nuestro consumo de energía.

7 Algunos de los avances de la ciencia _____ éticos o filosóficos.

8 El cambio climático _____ de adaptación y supervivencia a muchas especies animales y también a la humanidad.

3 Lee este artículo y marca la opción que resume su contenido. Después, explica brevemente con tus palabras qué dice el texto.

☐ Ciudades inteligentes y cambio climático
☐ Huertos urbanos y crisis ambiental
☐ Edificios eficientes y energía renovable

NOTICIAS   ACTUALIDAD   BLOG   CONTACTO

Si cierras los ojos ahora mismo y te imaginas el mundo dentro de treinta años, ¿cómo serán las ciudades? Serán grandes ciudades como son las de hoy en muchas zonas del planeta, pero la diferencia estará en los cambios que la crisis climática nos obligará a realizar en su diseño. Tal vez en treinta años tendremos carreteras inteligentes que, a través de unos sensores, permitirán la conducción automática, enormes rascacielos que usarán la energía solar para producir electricidad, huertos urbanos en lo alto de los edificios... Es prioritario encontrar una solución al calentamiento del planeta y una de las claves para frenar la contaminación en las grandes urbes será la creación de espacios generadores de oxígeno. Los expertos opinan que la ciudad más inteligente será la más ecológica e insisten en la necesidad de eliminar los combustibles de los vehículos y de lograr una eficiencia energética en el consumo de los edificios.

La tecnología y la sostenibilidad marcarán el futuro de las ciudades inteligentes, que tendrán mejores infraestructuras y avanzadas conexiones para un mayor desarrollo social, medioambiental y económico.

4a Lee estas predicciones sobre nuestro futuro y complétalas con el verbo adecuado en futuro simple.

> avanzar - ser - estar - poder
> haber - vivir - cambiar - usar

1 En el futuro, la mayoría de la población _____ en grandes ciudades.
2 _____ más casas ecológicas y edificios inteligentes.
3 _____ de manera más globalizada las energías renovables.
4 Los transportes _____ menos contaminantes y más autónomos.
5 _____ conectados todo el tiempo, en casa y fuera de ella.
6 El cambio climático _____ nuestra forma de vida.
7 La ciencia _____ mucho en temas de salud.
8 Las máquinas y robots _____ sentir emociones humanas.

4b ¿Cuál de las predicciones de la actividad anterior te parece más positiva y cuál más negativa? ¿Por qué?

_____
_____
_____
_____
_____

5a Escribe el infinitivo de estos verbos y marca si es futuro regular o irregular.

		regular	irregular
1	seremos _____	☐	☐
2	vendrán _____	☐	☐
3	haréis _____	☐	☐
4	permitirán _____	☐	☐
5	estaré _____	☐	☐
6	tendrás _____	☐	☐
7	sabréis _____	☐	☐
8	necesitaremos _____	☐	☐

5b Ahora, escribe la raíz del verbo que falta en estos ejemplos con futuro simple irregular.

1 Si vienes a las nueve, _____**emos** tiempo suficiente. (tener)

2 Te _____**á** todo porque no puede estar en silencio. (decir)

3 La despedida es en el edificio nuevo y _____**á** muchísima gente. (haber)

4 _____**é** todo lo posible, pero no puedo asegurarte nada. (hacer)

5 Quería preguntaros si _____**éis** terminar el trabajo a tiempo. (poder)

6 No te preocupes, _____**án** la mesa para seis personas. (poner)

7 Llámalos, porque al final _____**ás** ir con ellos en el coche. (querer)

8 Yo creo que _____**ás** realizar esas tareas sin problema. (saber)

9 _____**éis** a las nueve de la mañana para estar en el hotel a las cuatro. (salir)

10 Tu plan _____**á** para conseguir lo que te propones. (valer)

11 Mañana _____**emos** lo antes posible y lo terminaremos. (venir)

12 Esta maleta es enorme: no _____**á** en el maletero de su coche. (caber)

Recuerda

En el futuro simple los verbos irregulares tienen la irregularidad solo en la raíz del verbo. Las terminaciones de futuro son iguales para todos los verbos (regulares e irregulares): **-é / -ás / -á / -emos / -éis / -án.**

6 Lee las respuestas de dos personas a la pregunta de un blog y señala a cuál de ellas corresponde cada información de la tabla sobre su futuro.

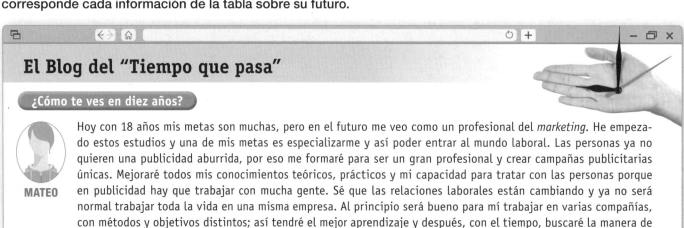

El Blog del "Tiempo que pasa"

¿Cómo te ves en diez años?

MATEO

Hoy con 18 años mis metas son muchas, pero en el futuro me veo como un profesional del *marketing*. He empezado estos estudios y una de mis metas es especializarme y así poder entrar al mundo laboral. Las personas ya no quieren una publicidad aburrida, por eso me formaré para ser un gran profesional y crear campañas publicitarias únicas. Mejoraré todos mis conocimientos teóricos, prácticos y mi capacidad para tratar con las personas porque en publicidad hay que trabajar con mucha gente. Sé que las relaciones laborales están cambiando y ya no será normal trabajar toda la vida en una misma empresa. Al principio será bueno para mí trabajar en varias compañías, con métodos y objetivos distintos; así tendré el mejor aprendizaje y después, con el tiempo, buscaré la manera de crear mi propia empresa.

GEMA

Dentro de diez años tendré 26 años. Me veo una mujer independiente que ya tendrá terminados sus estudios universitarios y que desarrollará una exitosa carrera profesional. Para conseguir una vida confortable, trabajaré mucho y conseguiré buenos contactos porque, en el futuro, pienso tener mi propio estudio de arquitectura. Creo que no me casaré en este tiempo porque así tendré la libertad necesaria para desarrollar mi profesión y seguro que terminaré viviendo en el extranjero. Física y estéticamente estaré muy bien, porque yo me cuido mucho y hago bastante deporte. Seguiré con mi pasión por el arte, y quizás seré famosa por mis dibujos y pinturas. A los 26 años tampoco tendré hijos, pues mi meta será avanzar en mi carrera y disfrutar de mi independencia.

	Mateo	Gema
1 Se especializará en técnicas de mercado y trabajará en ello.		
2 Necesitará trabajar en diferentes empresas para tener más experiencia.		
3 Vivirá fuera de su país y querrá tener su propia empresa.		
4 Se dedicará a crear campañas publicitarias muy especiales.		
5 Hará mucho deporte para mantenerse en forma.		
6 Podrá dedicarse a su gran afición artística.		

7 Piensa en tu futuro dentro de diez años y escribe algunas hipótesis sobre tu trabajo, relaciones, viajes…

En el futuro… Dentro de diez años…:

- Seguro que _____ .
- Seguramente _____ .
- Supongo que _____ .
- Probablemente _____ .
- Posiblemente _____ .
- Quizás _____ .
- Tal vez _____ .

¡Fíjate!

Cuando imaginamos el futuro, podemos hacer predicciones con mayor o menor certeza sobre lo que ocurrirá, y podemos expresar esa probabilidad con esas expresiones y un verbo en futuro simple:
Seguro que tendré un hijo y viviré con mi pareja.
Tal vez trabajaré en el extranjero.

B VIVE TUS SUEÑOS

8 Relaciona cada frase con el uso correspondiente del futuro (A o B).

A Predicciones o hipótesis que no sabemos si se van a cumplir

B Intenciones o planes que pensamos realizar

☐ **1** Los gobiernos de todo el mundo **van a trabajar** en un Tratado Global de los Océanos.

☐ **2** Si lo hacen bien, **abrirán** la puerta a una gran red de espacios marinos para proteger un tercio de los mares del planeta.

☐ **3** Sin unos océanos sanos, **nos enfrentaremos** a efectos catastróficos en la biodiversidad y el clima de la Tierra.

☐ **4** Para conseguir un Tratado de los Océanos real, Greenpeace **va a iniciar** la expedición más importante hasta la fecha: un viaje de polo norte a polo sur.

☐ **5** La primera parada es el Ártico, donde **van a investigar** los impactos del cambio climático y la pérdida del hielo marino, hábitat de los osos polares.

☐ **6** Si nuestros océanos están en crisis, nosotros también **estaremos** en una situación medioambiental difícil.

Recuerda

- Usamos el **futuro simple** para hablar de un hecho futuro que no relacionamos con el presente (no sabemos si se va a cumplir):
Llamaré al dentista esta semana.
- Usamos *ir a* + **infinitivo** para hablar de un hecho futuro que relacionamos con el presente (estamos seguros de que se va a cumplir):
Voy a llamar al dentista para ir esta semana.
- También podemos hablar de un hecho futuro con el **presente** cuando nos referimos a decisiones ya tomadas y a hechos futuros de los que estamos muy seguros:
Mañana me apunto al gimnasio.

9 Completa las frases con el futuro simple o con *ir a* + infinitivo, dependiendo de si hay o no una condición que cumplir.

1 Si el jueves llego pronto del trabajo, te _____ _____ (acompañar, yo) al médico.

2 _____ (quedar, yo) con Mario el sábado para cenar, así que dejamos el cine para otro día, ¿vale?

3 Si sigues trabajando así, _____ (tener, tú) muchos clientes nuevos.

4 No te preocupes: _____ (saber, nosotros) toda la verdad si hablamos con Carmen.

5 _____ (ponerse, yo) este traje azul; ya no tengo tiempo de elegir otra ropa.

6 ¿_____ (venir, tú) a mi fiesta si te invito?

7 Recordad: si os preguntan sobre el tema, _____ (decir, vosotros) que no es vuestra culpa.

8 _____ (salir, nosotros) para Portugal a las siete de la mañana si todo va bien.

10a Lee este fragmento de una canción latina famosa y señala las oraciones condicionales. ¿Cuál de las curvas melódicas representa su entonación?

Si tú me dices ven

Si tú me dices ven, lo dejo todo.
Si tú me dices ven, será todo para ti.
Mis momentos más ocultos,
también te los daré.
Mis secretos que son pocos,
serán tuyos también.
Si tú me dices ven, todo cambiará.
Si tú me dices ven, habrá felicidad.
Si tú me dices ven, si tú me dices ven.

[…]

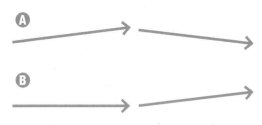

10b Lee de nuevo la letra de la canción anterior y escribe algunos versos más utilizando el futuro simple.

Si tú me dices ven, …
Si tú…, …

_____
_____
_____
_____
_____
_____

¿Sabías que...?

El bolero es un género de música latinoamericano de gran éxito, tanto en América Latina como en España. Sus letras hablan del amor romántico y del desamor.

Puedes escuchar el bolero "Si tú me dices ven" interpretado por el trío musical mexicano Los Panchos y el cantaor flamenco Diego el Cigala. Otros boleros muy conocidos son:

- "Te quiero, te quiero", en las voces de Diego el Cigala y la cantante Rosario.
- "Si nos dejan", interpretado por el cantante mexicano Luis Miguel.

11 Estas frases expresan una acción futura que sucederá si se cumple la condición, pero están desordenadas. Leélas y ordena sus elementos.

1 por la mañana, / te enviaré los documentos / si me llamas
_____

2 ahorrarás / si dejas de comprarte tanta ropa, / para tus vacaciones
_____

3 y Sonia / si Alba llega a tiempo / se reunirán con Manuel
_____

4 se acabarán tus problemas / de camarero / si consigues ese trabajo
_____

5 mañana el contrato / si no firmamos / perderemos esta oportunidad
_____

6 y todo saldrá bien / podré ayudaros / si me decís qué necesitáis,
_____

7 nos veremos / si me quedo a vivir en Madrid, / más a menudo
_____

8 si no nos arreglan / viajaremos en tren / pronto el coche
_____

9 qué ha pasado / si nos lo cuenta Miguel / sabremos
_____

10 si le escribes / te contestará rápido / un mensaje,
_____

Recuerda

Cuando la condición (introducida por la conjunción SI) va en primer lugar, escribimos una coma tras ella. Pero si la condición va al final de la oración, no ponemos la coma:
Si todo va bien, cumpliremos nuestro sueño.
Cumpliremos nuestro sueño **si todo va bien.**

12 Completa estas oraciones condicionales para expresar algunas hipótesis.

1 Todo irá bien _____.

2 _____, conseguiré ese trabajo.

3 Si vienes temprano, _____.

4 Solucionaremos ese problema _____.

5 _____ si me llamas antes de las dos.

6 _____, no cumpliré mis sueños.

7 Si pienso en positivo, _____.

8 _____ si no vienes conmigo.

9 _____ si no reducimos nuestro consumo de energía.

10 Si te esfuerzas a diario, _____.

13 🔊 9 📄 **DELE** Escucha a una mujer hablando del gran cambio que hizo en su vida. Escucharás la audición dos veces. Contesta a las preguntas con la opción adecuada. Tienes 30 segundos para leer las preguntas.

PREGUNTAS

1 La experiencia que nos cuenta se refiere a…
a las profesoras de su hijo.
b su formación como profesora.
c la educación de su hijo.

2 Cuando llevó por primera vez a su hijo al colegio, pensó…
a "todo irá bien".
b "lo sacaré de este colegio".
c "no lo entenderán".

3 En un momento, le interesaba saber…
a las calificaciones de su hijo.
b las actividades y amigos del hijo.
c la relación del hijo con la profesora.

4 Por su interés en un futuro mejor, …
a abrió un colegio en su casa.
b decidió cambiar de colegio a su hijo.
c estudió para ser profesora.

5 Su objetivo principal: cada niño…
a recordará su nombre.
b tendrá una historia.
c aprenderá a estudiar.

6 Según su historia, esta persona…
a no pudo realizar sus planes aunque lo intentó.
b tuvo miedo al futuro y no cambió nada.
c quería cumplir un sueño y lo consiguió.

ESTRATEGIAS PARA EL EXAMEN

Este ejercicio corresponde a la Tarea 2 de la Prueba 2. Vas a escuchar un monólogo y contestar a seis preguntas con tres opciones cada una.
- Lee el enunciado y fíjate en el tema o contexto de la audición.
- En el tiempo para leer las preguntas, piensa si son sobre una persona o más, qué tipo de información tienes que reconocer durante la audición…
- Las preguntas van en orden. Si te pierdes, pasa a la siguiente.
- Contesta a todas las preguntas posibles en la primera escucha; comprueba tus respuestas en la segunda.

14 ¿Tienes miedo al futuro? Relaciona las partes de cada frase para saber qué consejos nos dan ante cada situación.

LÁNZATE SIN MIEDO

1 Si eres más flexible, …

2 No te preocupará cometer errores…

3 Si identificas tus miedos, …

4 Piensa en los buenos momentos, …

5 Podrás centrarte en otras cosas…

a te ayudará a dejar a un lado las dudas.

b si cambias el foco de atención.

c si eres consciente de tus capacidades.

d aceptarás mejor las nuevas experiencias.

e podrás comprenderlos mejor y aceptarlos.

15 ¿Has cumplido alguno de tus sueños? Usa tu experiencia para escribir algunos consejos sobre cómo hacer realidad un plan o un sueño. Utiliza el vocabulario propuesto.

crear un plan

dejar a un lado algo

fracasar

hacer realidad un sueño

ir bien / mal algo

lograr un deseo

marcarse una meta

pensar en positivo

preocuparse

ser optimista / realista

superar una dificultad

imaginar

visualizar

tener esperanzas

planificar

fijar un objetivo

C   ¿SERÁ BUENO?

16 Completa estas frases con el verbo adecuado en futuro simple. Después, marca si expresa una predicción (A) o una suposición sobre el presente (B).

trabajar - ser - vivir - haber (x2) - estar

	A	B
1 Si no ha venido a la oficina, _____ trabajando desde casa, ¿no?		
2 Con 20 años, nosotras _____ juntas en un apartamento.		
3 _____ su madre, se parece mucho a él en los ojos y la nariz.		
4 En unos años, la mayoría de las personas _____ desde casa.		
5 Si todo sigue así, _____ muchos problemas climáticos.		
6 Marcela venía en coche y llega tarde: _____ algún atasco.		

17a Observa las fotografías y marca las frases que indican una suposición.

a La casa es grande.
b ¿Será una casa ecológica?
c Costará mucho dinero.
d No tiene piscina.

a ¿Será para mí?
b Es el regalo de una amiga.
c Lo abriré ahora mismo.
d Será un libro de poemas.

a Es la foto de mi prima.
b Estará enfadada conmigo.
c La llamaré para quedar.
d Querrá verte.

a El bebé no para de llorar.
b Lo dormiré.
c Tendrá hambre, o sueño.
d Le dolerán los dientes.

a Estará de vacaciones.
b En la playa, todo es relax.
c Estará feliz.
d Está sola.

¡Fíjate!

Con el futuro simple podemos hacer suposiciones sobre un momento presente, imaginamos qué está sucediendo en ese momento:
*Hace mucho que no veo a mi prima, ahora **tendrá** 24 años o por ahí.*
*No sé dónde está Ana, ¿**estará** en casa de Eva?*

17b Completa estos diálogos con las frases de la actividad anterior que indican una suposición.

DIÁLOGO 1

● ¿Has visto las fotos que te mandé de la casa?
■ Sí, las vi. La casa tiene un diseño moderno, _____.

● ¡Ojalá!, porque es lo que estamos buscando.
■ Pero _____. Lo mejor es ir a la inmobiliaria para tener más información.

DIÁLOGO 2

● ¿Y este paquete? ¿Cuándo ha llegado? _____, no aparece ningún nombre.
■ Sí, ayer me lo dio para ti tu amiga Mabel.
● Ah, es su regalo por mi cumpleaños. _____.
■ ¡Ábrelo y lo sabrás!

DIÁLOGO 3

● Javier, ¿vamos a casa de tus padres? Están allí Lola y Óscar, y nos invitan a comer. A las dos y media.
■ ¿Hoy? Lo siento, yo no puedo. Pero ve tú y dale un beso a mi prima. _____: nunca la llamo.
● ¿De verdad que no puedes venir? _____.
■ No. Tengo muchas cosas que hacer. Iré a verlos el sábado.

DIÁLOGO 4

● Luis, el niño está llorando. ¿Puedes ver qué le pasa?
■ Voy a ver. _____.
● O _____ porque le están saliendo.
■ Voy a ver si se tranquiliza un poco con el chupete.

DIÁLOGO 5

● ¿Sabes algo de Victoria? No sé nada de ella desde hace una semana.
■ _____. Ya me comentó que quería irse unos días a la playa.
● Pues entonces _____.
■ Sí, porque le encanta el mar. Mañana la llamamos para saber de ella.

EN ACCIÓN

18 En un mundo globalizado, una crisis sanitaria como la que afectó durante meses a todo el planeta, planteó muchas preguntas sobre el futuro. Lee este fragmento de prensa publicado en aquel momento y escribe en tu cuaderno tu opinión sobre algunos de los cambios de futuro que plantea.

Después del coronavirus: ¿cómo cambiará nuestra vida?

Diez pensadores creen que la sociedad será más solidaria y que habrá transformación de la política

¿Qué, cómo y cuánto cambiarán nuestras vidas a consecuencia de la epidemia? Diez pensadores -historiadores, escritores, sociólogos, filósofos...- hablan de cómo nos puede transformar esta pandemia, de a qué valores daremos prioridad en el futuro, de cómo evolucionará la economía, o de qué forma cambiarán las relaciones entre las personas y las sociedades. En un momento extremadamente complejo, las opiniones son también muy diversas: las hay pesimistas y las hay esperanzadoras, pero entre ellas predomina que nuestra sociedad será más solidaria, o debería serlo, y que la política se renovará de verdad. O debería hacerlo. Una impresión, sin embargo, es generalizada: estamos, en términos históricos, en un punto de inflexión, en una curva cerrada al final de una larga recta.

El escritor Fernando Aramburu define de forma gráfica ese cambio: "Ahora mismo ya se percibe la poca importancia que empieza a tener lo que ayer nos deslumbraba", señala. O el analista político Michel Wieviorka, que alude a "la metamorfosis acelerada que nos impone el virus". La cuestión, pues, es hacia dónde nos llevará ese giro. La filósofa Victoria Camps señala un posible camino que tal vez ya se percibe, porque, asegura, estamos descubriendo cosas como el valor del conocimiento científico o el de un buen sistema sanitario y que, a nivel individual, el teletrabajo en el mundo del empleo, y la lectura o escuchar música, en el ocio, son opciones que pasan a un primer plano. "Cambiar de prioridades es posible", señala. "Solo hay que querer hacerlo". La crisis puede desembocar en una sociedad más cohesionada y con más apoyo mutuo, pero no todos confían en ello.

Extraído de *https://www.lavanguardia.com*

1 **Cambiarán las relaciones entre las personas.**
- En tu país, ¿ha cambiado la forma de relacionarse entre las personas?
- ¿Qué otra realidad actual podrá provocar cambios futuros en las relaciones personales o sociales?

2 **El teletrabajo pasará a un primer plano.**
- ¿Tienes experiencia en teletrabajo? ¿Crees que tiene ventajas?
- ¿Qué otras circunstancias podrán extender el teletrabajo en las empresas en un futuro?

3 **Se valorará el conocimiento científico.**
- ¿Qué importancia tiene la investigación científica en tu país?
- ¿Qué campos de la ciencia serán los más desarrollados en un futuro global próximo?

Y PARA ACABAR...

Una predicción para el futuro:

Información interesante de esta unidad:

¿Qué plan vas a realizar próximamente?

Una suposición sobre alguien que no ves hace mucho:

4 TRABAJO

A EL COMPAÑERO PERFECTO

1a Todos tenemos algún rasgo que nos gustaría cambiar. Lee lo que dicen estas personas sobre sus defectos y marca el adjetivo que indica la cualidad que **no** tienen.

1 PABLO: Yo no pienso mucho las cosas y muchas veces no tengo en cuenta las consecuencias que pueden tener mis actos. Me ha pasado desde siempre y quiero cambiar eso.

a creativo   b responsable   c dinámico

2 PATRICIA: Yo, a veces, soy demasiado fría y no me preocupo demasiado por los problemas de los demás, ¡ni por los míos! No me afectan tanto como a otras personas; yo prefiero pensar en otras cosas.

a amable   b sensible   c diplomática

3 SERGIO: Aunque yo sé que no tengo la razón en todo, mi forma de expresarme resulta muy antipática, y parezco una persona mandona y poco tolerante. Me gustaría ser más comunicativo, más cariñoso, sociable…

a activo   b organizado   c amistoso

4 CRISTINA: Entre los defectos que me gustaría eliminar está mi mal carácter, porque a veces pierdo el control, me enfado con facilidad y hablo mal a otras personas, pero estoy trabajando para mejorar esta actitud.

a educada   b apasionada   c previsora

1b ¿Cómo crees que eres en el trabajo? ¿Cómo te gustaría ser? Escribe sobre las cualidades que tienes o los defectos que querrías cambiar. Puedes usar los adjetivos de la actividad anterior y los del siguiente cuadro.

> egocéntrico/a - competitivo/a - innovador(a) - inquieto/a - insensible
> mandón/ona - perfeccionista - vago/a - desordenado/a - movido/a

2 Tu compañero de trabajo ha escrito un correo a una de las jefas de otro departamento porque vais a colaborar en un proyecto. Léelo y corrige las dos frases que deberías cambiar para adaptarlas a la situación.

Para: Inés Hernández Sanz

De: Alessio Carsolio

Asunto: Reunión Proyecto IMEDIA

Estimada señora Hernández:

Como respuesta a su primer correo, le escribimos para confirmar nuestra colaboración en el proyecto, aunque debo avisarla de que una de las personas que iba a participar en la reunión no podrá sumarse a nuestro equipo. Nosotros lo hemos notificado a la dirección, pero aún no hemos obtenido respuesta. ¿Puedes comunicarlo desde tu Departamento? Necesitamos la confirmación antes del jueves 25.

A la espera de su respuesta, reciba un cordial saludo,

Alessio Carsolio

CORRECCIONES

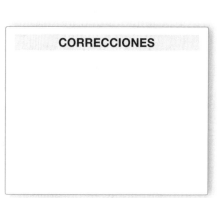

3a Relaciona las siguientes situaciones con la petición adecuada.

SITUACIONES

1 ☐ Le pido un pequeño favor a mi compañera de trabajo.

2 ☐ Le pido un favor difícil de realizar a mi compañera de trabajo.

3 ☐ Le pido un favor a uno de mis jefes (o a un compañero de trabajo con quien no tengo mucha relación).

PETICIONES

a Quería preguntar si sería posible presentar el informe sin los últimos datos. El compañero que tenía que pasármelos no vendrá a trabajar en tres días porque está enfermo. ¿Sería posible retrasarlo dos días?

b ¿Puedes avisar a Carmen y hacemos un descanso para tomar un café? Hoy no he desayunado y necesito tomar algo para seguir con este tema tan complicado. Vamos a descansar 15 minutos, por favor…

c Necesitaría pedirte un favor, ¿podrías sustituirme en la reunión de mañana? Solo tienes que informar del trimestre pasado, pero la cita es muy temprano y un poco lejos: a las 7 de la mañana en la oficina del banco. Tú conoces el tema, sé que lo harás bien. ¿Podrías hacerlo?

Recuerda

Para hacer peticiones o pedir favores usamos:
- **presente + infinitivo:** para situaciones más informales, en las que conocemos a la otra persona o con favores fáciles:
Necesito pedirte un favor.
¿Puedes decirle a Susana el nuevo horario de tarde?
- **condicional simple + infinitivo:** para situaciones más formales, en las que no hay tanta relación con la otra persona o el favor es más complejo:
Necesitaría pedirte un favor.
¿Podrías revisar el informe conmigo?

3b 🔊 10 Escucha la conversación de estos tres amigos que hablan de cómo les ha ido el día en su trabajo. ¿Cuál de las peticiones de la actividad anterior hizo cada uno?

NATALIA ☐   JAVIER ☐   SOLEDAD ☐

4a Relaciona el comienzo de cada frase con su final.

1 ¿No te importa salir…
2 ¿Os importaría planificar…
3 ¿Me harías el favor de revisar…
4 ¿Te es posible enviar…
5 ¿Seríais tan amables de no hablar…
6 ¿Te sería posible organizar…

a las conclusiones por correo?
b de los cotilleos?
c tú solo el viaje de trabajo?
d hoy una hora más tarde?
e juntos la próxima reunión?
f la redacción de esta carta?

4b Escribe cada petición de la actividad anterior en el lugar correspondiente de estos minidiálogos.

1 • _____
_____
■ Por supuesto, sin problema. Déjamela en la mesa, la tienes en cinco minutos.

2 • _____
■ Claro que sí, pero tienes que pasarme las direcciones de envío.

3 • _____
_____
■ No sé, no te lo podemos prometer. La noticia está en todas las conversaciones.

4 • _____
_____
■ Me encantaría, pero la reserva del vuelo es urgente y yo tengo mucho trabajo.

5 • _____
_____
■ Bueno, venga, pero nosotros ponemos la fecha: ¿te parece bien el viernes?

6 • _____
_____
■ No, no pienso hacerlo. Llevo toda la semana llegando a casa a las diez.

5 Fíjate en estos verbos, escribe qué tiempo verbal es cada uno y la forma del condicional simple correspondiente.

había: *pretérito imperfecto; habría*

1 será: _____
2 podían: _____
3 pondréis: _____
4 diremos: _____
5 puedes: _____
6 pidió: _____
7 harás: _____
8 tenían: _____
9 haces: _____
10 hacíamos: _____
11 te importa: _____
12 quisiste: _____

Recuerda

- Las terminaciones del condicional, que se añaden al infinitivo, son las mismas para los verbos regulares e irregulares. Además, son las mismas terminaciones que las del pretérito imperfecto regular de los verbos en *-ER* y en *-IR*:
  necesitar-ÍA/-ÍAS/-ÍA/-ÍAMOS/-ÍAIS/-ÍAN
- Los verbos irregulares en futuro *(decir, haber, salir, querer...)* son también irregulares en el condicional y comparten la misma irregularidad:
  ¿PODRás venir mañana?   ¿PODRías venir mañana?

6 Lee las siguientes frases y fíjate en las palabras marcadas en negrita. ¿Tienen un diptongo (D) o un hiato (H)?

1 Una **buena** ☐ **relación** ☐ es **necesaria** ☐ en este momento y todos los **días** ☐ .
2 **Tiene** ☐ **cualidades** ☐ para este trabajo: es **muy** ☐ **apasionado** ☐ . ¿**Podrías** ☐ citarlo?
3 ¿Te **importaría** ☐ ayudarme con este trabajo? No **voy** ☐ a terminarlo sin tu ayuda.
4 Hace mucho **frío** ☐ , ¿**puedes** ☐ cerrar **bien** ☐ la **puerta** ☐ ?
5 **Acuérdate** ☐ de llamar al **cliente** ☐ . ¿Y te **sería** ☐ posible revisar **ahora** ☐ un **presupuesto** ☐ ?
6 Me **encantaría** ☐ poder ayudarte, pero **estoy** ☐ **demasiado** ☐ ocupado.

¡Fíjate!

- La acentuación de todos los diptongos y de los hiatos de vocales abiertas *(a, e, o)* sigue las reglas generales de colocación de tilde:
  ai-re (palabra llana terminada en vocal)
  o-pi-nión (palabra aguda terminada en "n")
  a-é-re-o (palabra esdrújula)
- Sin embargo, en los hiatos de vocal abierta *(a, e, o)* con vocal cerrada *(i, u)*, la tilde siempre va en la vocal cerrada, sin importar las reglas generales de acentuación: *Ra-úl, frí-o*.

B PERSONAL Y LABORAL

7a Relaciona las palabras para formar expresiones referentes al mundo del trabajo. Hay varias opciones.

1 horario	5 estilo	**a** de lactancia	**e** de trabajo
2 orgullo	6 buen ambiente	**b** especiales	**f** de los trabajadores
3 cuarto	7 facetas	**c** flexible	**g** corporativo
4 permisos	8 bienestar	**d** de vida saludable	**h** de la vida personal

7b Ahora completa estas frases con las cinco expresiones de la actividad anterior adecuadas al contexto.

1 Tener un _____ en el trabajo te permitiría mayor libertad, pero tendrías que ser una persona más organizada y planificar mejor tus actividades extralaborales.
2 Si en tu empresa no hay un _____ _____, no te preocupes: tú sabes bien cómo fomentar el compañerismo.
3 Deberías solicitar el uso del _____ _____ que han instalado en la planta 2. Creo que dan dos descansos de media hora para las mamás que lo necesitan.
4 ¿Podrías informarme de las campañas de salud que promueve la empresa? No estoy en forma y me interesaría mucho adoptar un _____.
5 En la próxima reunión deberíamos plantear el tema de los horarios de salida; crear turnos, por ejemplo, porque ahora no tenemos tiempo para otras _____ _____.

8 📄 **DELE** Vas a leer tres textos con información sobre tres empresas que buscan profesionales. Relaciona las preguntas con los textos (A/B/C).

	A	B	C
1 ¿Qué empresa promueve de forma gratuita actividades fuera del trabajo?	☐	☐	☐
2 ¿En cuál de las empresas el trabajo puede realizarse desde casa?	☐	☐	☐
3 ¿Qué empresa anima a adoptar un estilo de vida saludable?	☐	☐	☐
4 ¿Cuál de las empresas no tiene flexibilidad horaria?	☐	☐	☐
5 ¿Qué empresa ofrece un entorno diferente y buen ambiente de trabajo?	☐	☐	☐
6 ¿Cuál de ellas tiene como objetivo el equilibrio entre vida personal y laboral?	☐	☐	☐

A ADIA S. L.

En el último año, hemos rediseñado nuestra sede hacia un concepto de espacio abierto, con el fin de reforzar el trabajo en equipo. Hoy contamos con una planta completa para usos comunes y espacios de trabajo en zonas verdes. Ofrecemos la posibilidad de trabajar en un ambiente internacional y joven, viajar y crecer en una empresa en la que los empleados comparten su tiempo en un clima familiar y con un horario flexible. Se promueven valores como la participación, el compañerismo, y se premia la productividad en un buen clima laboral. Ofrecemos buenas condiciones salariales y programas de fomento de la actividad física como medida de calidad en el empleo.

B CEGEIS S. A.

En nuestra empresa, el 70 % de los trabajadores puede acogerse al teletrabajo u optar por la posibilidad de adaptar el horario a sus necesidades. La empresa está abierta a todas las ideas innovadoras de sus empleados y equipos. Destacamos por una buena estrategia de gestión del talento, que permite el desarrollo y el crecimiento personal de los más diversos profesionales que trabajan en nuestras áreas. Somos un canal abierto a todas las ideas innovadoras, con un sistema que premia a los empleados capaces de ponerlas en marcha en el futuro. Nuestro actual compromiso es la mejora de las habilidades de nuestros trabajadores y de la relación entre vida y trabajo.

C  SUR & SOCIAL

Nuestra empresa ofrece proyección internacional y cuenta con una buena política de promoción e igualdad de oportunidades, ya que más del 40 % de puestos de responsabilidad están ocupados por mujeres.
Nuestro compromiso se centra en unos valores y una cultura del respeto hacia las personas y el medioambiente, que guían nuestro principal programa de apoyo a diseñadoras e ingenieras para los mejores proyectos ecológicos en el sector. Entre nuestros atractivos: una jornada laboral estable y permisos retribuidos para atención de familiares, además de servicios gratuitos como guardería o una oferta completa de actividades extralaborales. Ofrecemos retos que crecen contigo, nuevas metas y proyectos que se adaptan a tu capacidad y experiencia.

ESTRATEGIAS PARA EL EXAMEN

Este ejercicio corresponde a la Tarea 3 de la Prueba 1. Tienes que leer tres textos (guías de viajes, ofertas de trabajo, noticias, diarios, biografías...) y relacionarlos con seis enunciados o preguntas. Tendrás que localizar información específica en los textos.
- Primero lee los enunciados o preguntas para saber la información que debes buscar en los textos y poder relacionarlos; después, lee los textos por orden.
- Las palabras y expresiones de las preguntas son sinónimos o equivalentes de las que aparecen en los textos. Si marcas las palabras clave en las preguntas, podrás ir comprobando de forma más rápida (mientras lees los textos y, si lo necesitas, volver a las preguntas) cuál es la información que debes buscar.

9a Lee estas frases y ordénalas para componer el diálogo entre dos compañeros de trabajo que hablan de su relación con la empresa.

☐ **a** Sí, pero hay algunas cosas que no están funcionando demasiado bien, ¿no crees?

☐ **b** Sí, a mí me pasa lo mismo: la vida laboral se complica cuando tienes hijos. Pero ahora tendré algunos servicios gratuitos en las propias instalaciones, como consulta de fisioterapia, guardería, gimnasio… ¡Una maravilla!

☐ **c** ¿Tan pronto? ¿Y te interesa dejar el puesto actual? ¿No estás contento?

☐ **d** Pues es que hace unos meses recibí una oferta para unirme a un nuevo proyecto de diseño en 3D y, la verdad, no he podido rechazarla. Así que, a finales de este mes, me voy.

☐ **e** Si esa empresa funciona así… ¡Me alegro! Yo tampoco me lo pensaría. Realmente no hay nada que pensar. ¡Me parece estupendo!

☐ **f** ¡No me digas! ¿Y eso? ¿Por qué te vas?

☐ **g** Si te refieres a que ya no hay compañerismo, estoy de acuerdo contigo: últimamente no hay buen ambiente en el trabajo. Yo creo que es temporal; quiero pensar así porque… yo no me voy…, ¡yo me quedo!

☐ **h** ¿En qué sentido piensas que son mejores? Ahora tienes un buen sueldo y flexibilidad horaria, ¿no?

☐ **i** No es eso, es que las condiciones que me ofrecen son mejores que las actuales.

☐ **j** No. Tienes razón, en nuestra empresa no ocurre. Yo mismo, cuando mi hija se pone mala, tengo grandes dificultades para faltar al trabajo y llevarla al médico.

☑ **k** ¿Sabes que me marcho de la empresa?

☐ **l** Por otra parte, lo del horario flexible, en realidad, no es ninguna ventaja para mí. Me interesa un horario más estable. Yo diría que la flexibilidad es más para la empresa que para los empleados. ¿O conoces a alguien con un horario flexible para cumplir los objetivos de trabajo y atender sin problema, por ejemplo, a sus hijos pequeños?

9b ¿Qué aspectos de los que aparecen en el diálogo anterior serían más importantes para animarte a cambiar de trabajo o actividad? Escríbelo y di por qué.

_____
_____
_____
_____

10a Completa las frases con la forma adecuada del condicional de los verbos del cuadro. Después, señala si tienen la función de aconsejar o sugerir (A) o la de suavizar una afirmación (B).

> decir - tener - deber - poder - preguntar - hacer

		A	B
1	Yo _____ que esas condiciones laborales no son tan buenas como piensas.	☐	☐
2	_____ pedir una cita con el médico: tienes mucha tos y algo de fiebre.	☐	☐
3	No voy a contártelo porque tú no _____ entenderlo.	☐	☐
4	Estoy de acuerdo con Alejandra en prepararlo, pero yo lo _____ como tú dices.	☐	☐
5	Yo en tu lugar le _____ primero si ya ha planificado el viaje.	☐	☐
6	Tú y yo _____ que tomar la decisión cuanto antes, ¿no?	☐	☐

10b ¿Qué le dirías a tu compañera de trabajo? Puedes darle un consejo, sugerirle algo o darle tu opinión con suavidad usando las expresiones del cuadro.

> Deberías + infinitivo
> Podrías + infinitivo
> Tendrías que + infinitivo
> Sería mejor + infinitivo
> Yo en tu lugar + condicional

1 Ya no sé qué hacer con tanto trabajo: todos los días tengo que quedarme hasta muy tarde en la oficina.

_____

2 Este año tengo que coger las vacaciones en agosto, pero yo iba a ir a Italia con mi hermana en septiembre.

_____

3 Me van a cambiar de departamento y no sé muy bien cuáles serán mis nuevas funciones. Estoy preocupada.

_____

4 ¡Estoy muy incómoda en el trabajo! Llevo cuatro meses en una situación complicada: mi jefa me ignora, está todo el día dando órdenes, no muestra ningún interés por mi trabajo, nada de empatía…

11 Marca la opción adecuada de los indefinidos en estas frases.

1 ¿Conoces **algún / ninguna / alguna** empresa de tu país famosa en todo el mundo?

2 ¿Te gustaría trabajar en el proyecto con **alguna / algunas / ninguna** personas del departamento?

3 Creo que no hay **ningún / ninguno / alguno** compañero interesado en este proyecto.

4 ¿Crees que hay **alguien / nadie / algo** capaz de organizar el viaje?

5 Si hay **ningún / algún / ninguno** correo para mí, ¿puedes avisarme?

6 No conozco **ninguna / alguna / ningún** empresa con esas condiciones tan buenas.

7 En la reunión se trataron muchos temas, pero yo no tuve **algo / algún / nada** que comentar.

8 **Algunos / Ningunos / Algunas** jefes de mi empresa fomentan el trabajo en equipo.

9 No tenemos **ninguno / ningún / algún** problema con este nuevo horario laboral.

10 ¿Qué actividades prefieres? ¿Puedes decirme **ninguna / alguna / algunos**?

¡Fíjate!

• Los indefinidos **algún / alguna** (como <u>adjetivos</u> que acompañan a un nombre) tienen el plural **algunos / algunas**:
He tenido algunos jefes muy empáticos.
Conozco algunas empresas españolas que funcionan muy bien.

Pero los negativos **ningún / ninguna** no tienen plural:
*No tengo ningunos jefes. / *No tengo ningunas empresas.

• Los indefinidos **alguno / alguna** (como <u>pronombres</u> que sustituyen a un nombre) tienen el plural **algunos / algunas**:
Sí, algunos (jefes) son muy empáticos.
Sí, conozco algunas (empresas) en la zona de Levante.

Pero tampoco se usa el plural en los negativos **ninguno / ninguna**:
*No he tenido ningunos. / *No conozco ningunas.

C   MI TRABAJO IDEAL

12a Marca la palabra que tiene un significado diferente al resto en cada serie.

1 dinámico - vago - activo - decidido

2 organizada - previsora - desordenada - controladora

3 insensible - empático - comprensivo - amigable

4 creativa - innovadora - imaginativa - planificadora

12b Piensa en una profesión o trabajo que te gustaría realizar y escribe en tu cuaderno qué cualidades hacen falta para esa actividad.

13a Trabajas en la edición de un blog y te han pasado, desordenadas, las respuestas de algunos participantes a unas preguntas. Reordénalas para poder publicarlo sin error.

1 **¿Eres bueno/a organizando?**

A ☐ Aunque no me cuesta demasiado adaptarme, prefiero no tener que estar organizando mi vida familiar en todo momento.

2 **¿Se te dan bien las relaciones personales?**

B ☐ Me cuesta muchísimo, porque tengo que organizar mis pensamientos y, entonces, se me plantean muchas dudas y, aunque soy una persona analítica, se me da fatal elegir entre opciones similares. Me resulta muy difícil.

3 **¿Te resulta posible cumplir con un horario de turnos?**

C ☐ Me considero una persona creativa: se me dan bien las cosas que tienen que ver con la imaginación y la capacidad de innovar. Sin embargo, soy muy mala para el orden y, aunque mi desorden es mi orden, esto me trae muchos problemas de organización.

4 **¿Qué tal se te da tomar decisiones?**

D ☐ Se me dan muy bien porque no soy de esas personas incapaces de llevarse bien con los demás. Me resultan fáciles cuando, como yo, eres una persona tolerante, capaz también de empatizar con la gente.

5 **¿En qué eres un genio y en qué un desastre?**

E ☐ No se me da mal del todo, soy una persona previsora: no me cuesta nada preparar las cosas con antelación y no me resulta complicado planificar. Cuando hay que organizar un viaje en el trabajo, yo soy muy bueno.

13b Estas estructuras sirven para expresar habilidad. Escribe para cada una de ellas un ejemplo de las respuestas de la actividad anterior.

1 Dársele bien o mal a alguien algo

3 Costar mucho o poco a alguien algo

2 Resultar fácil o difícil a alguien algo

4 Ser bueno/a o malo/a en algo

Recuerda

Los verbos *costar, resultar* y *darse* en estas estructuras funcionan igual que el verbo *gustar* y *parecer*:

(A ella)　Le gusta oírte cantar. / Le gustan tus canciones.
　　　　　Se le da bien la guitarra. / Se le dan bien los instrumentos de cuerda.

(A ellos)　Les resulta difícil entenderlo. / Les resultan difíciles las clases.
　　　　　Les cuesta bastante decidir. / Les cuestan bastante las decisiones.

13c Si piensas en tu trabajo ideal, ¿qué se te daría bien? ¿Y qué crees que te costaría más? Escribe en tu cuaderno cuál sería tu trabajo ideal para contestar a estas preguntas.

14a Nuestros defectos y cualidades personales pueden ser nuestras debilidades y fortalezas en el trabajo. Lee este fragmento de una presentación y y complétalo con las expresiones adecuadas.

respetar las opiniones

evitar llamadas o mensajes innecesarios

tener dotes de mando

desarrollar nuevas habilidades

ignorar cotilleos

pedir algo de manera autoritaria

ser puntuales

mejorar el rendimiento

hacer amistades

tener en cuenta los sentimientos

"En nuestro contexto laboral, por ejemplo, suele emplearse esta nomenclatura para hablar de las ventajas y desventajas de un trabajador o empleado, considerando *fortalezas* aquellos aspectos que contribuyen con lo esperado o que superan las expectativas, y *debilidades* aquellas que se encuentran por debajo de lo mínimo esperado. En líneas generales, estos son los principales valores que os quiero destacar hoy al nuevo equipo de trabajo:

- La puntualidad, que es una cualidad asociada al respeto y a la responsabilidad. **(1)** _____ es una forma de cumplir con lo pactado con otras personas.
- La tolerancia: tener la tolerancia como valor implica aceptar y **(2)** _____ y actitudes de otros, incluso si van en contra de los propios valores.
- La empatía, como capacidad de comprender y **(3)** _____ y pensamientos ajenos, la situación por la que pasan otras personas aun siendo diferente a la propia.
- Escuchar a los compañeros y estar abiertos al aprendizaje permite crecer y **(4)** _____. Y en este punto de escucha y respeto por el saber de otros, es muy importante evitar e **(5)** _____.
- **(6)** _____ y crear lazos de confianza, pero siendo conscientes de las formas en el trato con los demás para **(7)** _____, que no respetan la vida privada, o evitar **(8)** _____ o demasiado directa".

14b Imagina que has asistido a la presentación anterior. Responde en tu cuaderno a la pregunta de esta encuesta.

¿Cómo mejorar nuestro rendimiento?
Proyecto IMEDIA - Inés Hernández Sanz
Encuesta sesión 1, 27 de junio

¿Qué tres aspectos de los expuestos le parecen más importantes para cumplir con nuestro objetivo de rendimiento? Escríbalos por orden de importancia y explique brevemente la razón.

En primer lugar, … En segundo lugar, … En tercer lugar, …

EN ACCIÓN

15 🔊 **11-12 Escucha las declaraciones de estas personas sobre "conciliación" (el equilibrio trabajo-familia) y completa las frases con la opción adecuada.**

1 Ambas personas hablan de…
  a que les resulta fácil equilibrar trabajo y familia.
  b que les cuesta mucho conciliar familia y trabajo.
2 Ella aconseja que para evitar el estrés…
  a deberíamos desconectar de la rutina diaria.
  b no tendríamos que mezclar vida laboral y familiar.
3 Para él, la solución sería repartir las tareas…
  a según las habilidades y gustos de cada uno.
  b teniendo en cuenta las aficiones de todos.
4 Ambos hacen referencia a…
  a los cambios que habría que hacer en el trabajo.
  b la familia como entorno para cambiar las cosas.

¿Sabías que...?

En España hay un movimiento social muy activo que trabaja para conseguir la conciliación real de la vida familiar con la laboral y personal. Es el *Club de Malasmadres*, un grupo de mujeres que opinan desde su experiencia que las "buenas madres", las madres perfectas, son un estereotipo que obliga a las mujeres a renunciar a sus deseos profesionales cuando son madres. Y es que 6 de cada 10 mujeres españolas tienen que hacerlo para cuidar de sus hijos. "No soy *superwoman* ni quiero serlo" es uno de sus lemas.

16 📄 **DELE Lee este mensaje publicado en un blog de temática laboral y escribe en tu cuaderno un comentario para enviar. En él deberás decir:**

- por qué te interesa el tema;
- qué problema de conciliación te afecta;
- qué consecuencias tiene en tu vida;
- qué tendría que cambiar en tu trabajo o tu vida personal para lograr un equilibrio.

"Conciliar" y "estrés" nos acompañan a muchos en estos tiempos (en los que hay tanto que hacer y tan pocas horas para hacerlo). ¿Cómo te afecta la conciliación trabajo-familia? Hablemos de cómo nos organizamos para disminuir el estrés y no sentirnos culpables si no llegamos a todo, tanto en el trabajo como en casa. ¡Somos humanos!

ESTRATEGIAS PARA EL EXAMEN

Este ejercicio corresponde a la Tarea 2 de la Prueba 3. Tienes que leer un texto (noticia de revista, blog o red social…) y contestar a ese mensaje con un texto de entre 130 y 150 palabras. Tendrás dos opciones para elegir una e indicaciones sobre los puntos que tienes que contestar.

- Lee las dos opciones de la tarea y la lista de puntos sobre los que tienes que escribir. Decide qué opción vas a escoger.
- Organiza tus ideas y piensa qué información vas a incluir en cada párrafo. Incluye una pequeña introducción y una pequeña conclusión. Puedes usar conectores como *en primer lugar, en resumen*…
- Después de escribir el texto, léelo otra vez y revisa la gramática, la ortografía y que todos los puntos de las instrucciones estén en tu texto.

Y PARA ACABAR…

Tu mejor cualidad y tu peor defecto según los otros:

Lo que más valoras de tu último trabajo o actividad profesional:

¿En qué actividad o tarea eres bueno/a? ¿Y cuál no se te da bien?

Información interesante de esta unidad:

5 BUEN VIAJE

A COSAS QUE NOS ALEGRAN LA VIDA

1 ¿Qué aspectos te preocupan más cuando viajas? Márcalos y escribe por qué en tu cuaderno.

☐ la comida   ☐ el alojamiento
☐ los horarios   ☐ el equipaje
☐ el transporte   ☐ el tiempo (clima)
☐ el idioma   ☐ la gente

2a Reacciona, según el emoticono de la respuesta, para mostrar acuerdo o desacuerdo. Utiliza las expresiones del cuadro.

> A mí también - A mí no - A mí tampoco - A mí sí
> Yo también - Yo no - Yo tampoco - Yo sí

1 😫 No me apasiona la aventura, prefiero un viaje tranquilo.
   🙂 _____

2 😫 Odio el mal tiempo en un viaje corto.
   😫 _____

3 🙂 Me encanta conocer los restaurantes de los lugares que visito.
   🙂 _____

4 😫 No soporto alojarme en grandes hoteles.
   😫 _____

5 😫 No me gustan los cambios de horario de las comidas cuando viajo.
   😫 _____

6 😫 Odio preparar el equipaje porque no sé cuándo terminar.
   🙂 _____

7 🙂 Me gusta hablar con la gente nueva que conozco en mis viajes.
   😫 _____

8 😫 No soporto no tener conexión a internet en el alojamiento.
   🙂 _____

2b Lee estas frases relacionadas con los viajes y expresa tu acuerdo o desacuerdo utilizando las expresiones de la actividad anterior. Añade por qué.

1 Cuando viajo, me encanta tener la oportunidad de hablar otros idiomas.

2 No me gusta comer en los puestos callejeros o probar comidas raras.

3 Me preocupan las conexiones a internet porque no siempre son buenas.

4 Odio no viajar en coche y tener que depender de los horarios del transporte.

5 Me gusta reservar el alojamiento lejos de la zona más céntrica de la ciudad.

6 Odio el equipaje: hacer la maleta y deshacerla, volver a hacerla y deshacerla…

7 No soporto llegar a un sitio y encontrar todo cerrado porque es fiesta.

8 Me gustan los viajes largos porque me dan una gran sensación de libertad.

Recuerda

Podemos expresar nuestros sentimientos con verbos como *encantar, molestar…*, que funcionan como *gustar*, o con verbos como *odiar, soportar…*:

- *Me molestan las esperas en el transporte. ¿Y a ti?*
  A mí también. / A mí no.
- *No me importa viajar solo. ¿Y a ti?*
  A mí tampoco. / A mí sí.
- *Odio el retraso de los trenes. ¿Y tú?*
  Yo también. / Yo no.
- *No soporto las colas en el transporte. ¿Y tú?*
  Yo tampoco. / Yo sí.

3 Lee estas frases y elige la opción adecuada.

1 El avión sale a las seis de la mañana. ¡Qué bien!, porque yo prefiero viajar de **madrugada / noche**.

2 No tengo ningún amigo **nipón / bretón** y no conozco mucho la cultura del país, pero el próximo año viajaré a Japón.

3 Aunque mi amigo piensa que su **subte / colectivo** de Buenos Aires es mejor, a mí me gusta bastante más el metro de Praga.

4 Cuando estuve en Tailandia, mi actividad preferida durante el día era **discutir / regatear** en las tiendas. Siempre conseguía un mejor precio.

5 Cuando Daniela, mi amiga argentina, llegó a Madrid, lo primero que hizo fue buscar un **guardaequipajes / armario** en la estación.

6 Ya no me interesa viajar **cansado / cargado** de maletas. Esta es la última vez que voy con tanto equipaje.

7 Para este viaje, tenemos que pensar cómo vamos a movernos: tenemos que **preferir / escoger** si vamos en moto o en bicicleta.

8 ¿Crees que en este restaurante argentino tendrán **choripán / salchichón**? Es que me encanta ese chorizo asado tan típico.

4a Hay situaciones que son frecuentes cuando viajamos. Relaciona los elementos de las columnas para saber cuáles son. En alguna ocasión, puede haber más de una opción posible.

1	hacer	a	aventuras
2	hacerse	b	de un lugar a otro
3	probar	c	perdido/a
4	compartir	d	hambre / frío / calor
5	descubrir	e	por la compra de un recuerdo
6	vivir	f	fotos en redes sociales
7	sentirse	g	otras formas de vida
8	ir	h	amigos
9	pasar	i	comida diferente
10	regatear	j	entender en otro idioma

4b ¿Qué situaciones anteriores te gustan cuando viajas? ¿Y cuáles no te gustan? Explica por qué. Utiliza las siguientes expresiones.

> no me gusta(n) - me molesta(n) - odio - no soporto
> me gusta(n) - me encanta(n) - me apasiona(n)

_____
_____
_____
_____
_____
_____

5 📄 **DELE** Lee las declaraciones de estas personas sobre su forma de viajar y relaciónalas con los textos publicitarios de viajes de la siguiente página. Hay tres textos que no son necesarios.

0 MARÍA — Viajo con mi mochila para conocer culturas diferentes. Suelo alojarme en albergues y disfruto haciendo amigos en cada lugar. Me interesa conocer otras formas de vida y unirme a otros grupos de viaje mientras hago el recorrido.

1 DANIELA — "Viaje" es "aventura", recorrer tierras desconocidas. No me importa vivir momentos difíciles. Planifico un poco el viaje, pero no quiero saber los detalles. Mi objetivo principal es contactar con la naturaleza y descubrir lugares y gente nueva.

2 RAÚL — Cuando viajo, intento hacerlo con el menor presupuesto posible y sacar el mayor provecho. No es difícil encontrar oportunidades a bajo precio, así que todos quieren viajar conmigo y yo soy quien organiza los viajes familiares o de amigos.

3 MÓNICA — Cuando viajo, planifico todo con un mes de antelación. Me gusta saber a qué sitios iré, dónde me alojaré… No soporto la sensación de estar perdida. Necesito informarme sobre los lugares interesantes que visitaré.

4 JESÚS — Para mí, viajar equivale a descansar en una playa sin hacer nada más que comer, beber y broncearme durante una semana. Simplemente disfrutar de no hacer nada y volver completamente renovado y sin estrés.

5 ANTONIO — Mi verdadero viaje de placer consiste en viajar solo y no preparar nada. Solo necesito un billete de avión y un equipaje mínimo. Me encanta no saber cómo será el viaje, porque lo mejor de todo es descubrir lo desconocido.

6 LORENA — Voy buscando emociones fuertes, como practicar el *windsurf* y otros deportes como el submarinismo o el esquí acuático. Cuando viajo en vacaciones, siempre busco un lugar turístico donde poder hacer mis entrenamientos.

VIAJES A TU GUSTO

A Reserva tu plaza en uno de los circuitos por Galicia. Te proponemos el paquete de viaje *OTreito*: siete días para conocer los verdes parajes característicos de la zona y conocer los monumentos y alojamientos más emblemáticos de las rutas de la Costa da Morte y de las Islas Cíes. Excursiones, gastronomía marina y hoteles que ¡te encantarán!

B *DonTrip* es un viaje emocionante. ¡Descubrirás tu destino en el aeropuerto! Vivirás una experiencia divertida, espontánea y sorprendente. Todos los viajes incluyen vuelos y alojamiento. No incluye la comida ni los desplazamientos por la ciudad: podrás sentirte libre a la hora de moverte y comer donde quieras y a tu ritmo. ¡Déjate sorprender!

C En este viaje tendrás la oportunidad de descubrir ese México menos conocido y que guarda mucha de su verdadera magia. En este recorrido tendrás la ocasión de convivir con pueblos indígenas, caminar por senderos en la selva, descubrir pueblos mágicos, maravillarte con aromas y sabores. ¡Acompáñanos y vive la experiencia!

D Si estás deseando viajar a paisajes increíbles llenos de cultura, hacer amigos aventureros por el camino y dormir en *hostels* a muy buen precio, entonces la opción perfecta para tus vacaciones es hacer una ruta por Sudamérica. El itinerario más popular entre los mochileros incluye Perú, Bolivia y Chile. ¡Hay tantas cosas que ver!

E ¿Te apetece hacer algo diferente durante tus vacaciones? Aquí encontrarás una lista de agencias de viajes y ONG que organizan viajes de cooperación. Si te apetece vivir una experiencia enriquecedora a nivel humano y profesional, los viajes de voluntariado suelen ser una fantástica oportunidad para colaborar en un proyecto social, medioambiental o de salud. ¡Empieza a planear tu viaje!

F No importa si quieres recorrer alguna de las increíbles ciudades españolas o descubrir los encantos del continente americano: si ya has decidido cuál será tu destino, o si aún estás buscando la idea perfecta, nuestras ofertas te ayudarán a organizar tu viaje de forma sencilla y aprovechándote siempre de nuestros mejores precios. ¡Ahorra en tus próximas vacaciones!

G Una escapada para alimentar todos tus sentidos y disfrutar mientras comes, sin renunciar a tu salud y bienestar. Durante estos días podrás hacer un paréntesis en tu rutina. *Casa Girona*, especialmente adaptada para el turismo rural y sostenible, te acogerá entre sus paisajes volcánicos de gran interés turístico. Un ambiente natural perfecto para unos días de completo relax.

H De *camping* en Zumaia. Situado en una de las zonas más bonitas de la costa del País Vasco, a los niños les va a encantar. Dispone de parcelas en las que podéis alojaros en vehículo o en tienda (o en ambas opciones) y de *bungalows* perfectamente equipados. Podéis realizar interesantes excursiones y dar paseos en barco desde Getaria.

I La Costa Brava es un destino inigualable formado por pequeños pueblos con muchas tradiciones históricas. No te pierdas la oportunidad de competir con equipos deportivos internacionales descubriendo los pueblos y disfrutando de la hospitalidad de sus ciudadanos. Todos los deportes son posibles, desde fútbol o ciclismo hasta natación y otros deportes acuáticos. ¡Reserva ahora tu estancia deportiva!

J ¿Te apetece disfrutar de unas vacaciones con el mar como mejor compañero de viaje? El centro vacacional Mediterráneo te ofrece una estancia donde no tendrás que preocuparte de nada: solo de relajarte en el maravilloso *spa*, refrescarte en la piscina o, simplemente, leer un buen libro bajo el sol. ¿A qué esperas para hacer la maleta?

PERSONA	TEXTO
0-MARÍA	D
1-DANIELA	
2-RAÚL	
3-MÓNICA	
4-JESÚS	
5-ANTONIO	
6-LORENA	

ESTRATEGIAS DEL EXAMEN

Este ejercicio corresponde a la Tarea 1 de la Prueba 1. En el examen tienes que leer 9 textos (anuncios, mensajes personales, avisos…) y relacionar seis de ellos con seis declaraciones.
- Fíjate en el ejemplo para ver en qué información de la declaración y del texto se basa la relación.
- Lee las declaraciones y marca, en cada una, la información o ideas que son clave.
- Después, lee los textos y señala las primeras relaciones que ves. Intenta también eliminar los tres textos que sobran.
- Finalmente, vuelve a leer los textos y / o las declaraciones que no has podido relacionar en una primera lectura.

6 Lee las siguientes frases y complétalas con la opción correcta.

1 A María _____ hacer amigos y conocer formas de vida diferentes.

   a le gusta   **b** le gustan

2 A Daniela no le gusta planificar demasiado sus viajes y _____.

   a a nosotros tampoco   **b** nosotros sí

3 A María y a Daniela _____ descubrir nuevos lugares y gente nueva.

   a le encanta   **b** les encanta

4 A ti _____ saber qué lugares turísticos visitarás, pero a Mónica sí le interesa mucho.

   a no te importan   **b** no te importa

5 A vosotros y a Raúl no _____ tener un pequeño presupuesto para viajar, pero a mí sí.

   a os molesta   **b** nos molesta

6 Yo no soporto las emociones fuertes, pero a Lorena _____ sentirlas.

   a le molestan   **b** le apasiona

7 A Antonio _____ viajar solo o llevar pocas cosas de equipaje.

   a le da igual   **b** le dan igual

8 ¿Odias pasar las vacaciones en la playa? Pues _____, y a Jesús le encanta.

   a tú no   **b** yo no

B SORPRÉNDETE

7 Marca en cada serie los dos verbos con participio irregular y escríbelos debajo.

1 llegar - cubrir - salir - volver

_____ _____

2 decir - hablar - escribir - preguntar

_____ _____

3 vivir - oler - morir - ver

_____ _____

4 cerrar - abrir - coger - poner

_____ _____

5 freír - preparar - cocinar - romper

_____ _____

6 buscar - hacer - resolver - encontrar

_____ _____

8 Completa las frases con estos verbos en la forma adecuada del pretérito pluscuamperfecto.

> ver - viajar - llenar - hacer - estar
> pagar - quedarse - leer - llegar - cerrar

1 Llegó a la estación cinco minutos tarde, pero afortunadamente el tren no _____.

2 Cuando me llamó Alejandro a las siete, yo ya _____ las maletas.

3 No tuve que echar gasolina porque mi hermana Victoria _____ el depósito por la mañana.

4 Quise comprarle un recuerdo a mi abuelo, pero _____ sin dinero y no pude comprárselo.

5 No fue necesario confirmar el horario del bus porque nosotros lo _____ el día anterior.

6 No pudimos encontrar un restaurante para cenar porque era tarde y todos _____ ya.

7 Decidimos pasar allí las vacaciones porque ya _____ hacía dos meses y queríamos volver.

8 Mi viaje a Venezuela fue especial: jamás _____ sola por Sudamérica.

9 Cuando Verónica y yo fuimos a pagar nuestra consumición, no hizo falta, porque alguien nos la _____ ya.

10 _____ información en un blog de viajes para ir a Guatemala y le propuse el viaje a un grupo de amigos.

> **¡Fíjate!**
>
> • Con el pretérito pluscuamperfecto podemos referirnos a una acción pasada y terminada, anterior a otra del pasado:
> *Matías se llevó una sorpresa: sus amigos le **habían preparado** una fiesta de bienvenida.* (= los amigos prepararon la fiesta y después llegó él)
> *Cuando compré los billetes para Honduras, mi contrato **había terminado**.* (= terminó mi contrato y después compré los billetes para Honduras)
> • Y también podemos expresar la primera vez que hacemos algo:
> *Nunca **habíamos visto** la nieve y nos encantó.* (= vimos la nieve por primera vez)
> *Jamás **había viajado** sola; fue emocionante.* (= viajé sola por primera vez)

9a Piensa en tu último viaje. ¿Con cuáles de estas expresiones lo valorarías? Márcalas
y escribe en tu cuaderno una breve descripción usándolas.

☐ Lo pasé muy bien. ☐ Dejó mucho que desear. ☐ Pasé unos días increíbles. ☐ Fue todo un desastre.

☐ Fue una gran decepción. ☐ Mereció la pena. ☐ Me encantó todo. ☐ Mejor elegido, imposible.

9b ◀)) 13-14 Escucha a estas personas comentar un viaje. ¿Qué expresiones de la actividad
anterior usan para valorarlo?

JORGE

ADRIANA

JORGE:

ADRIANA:

9c ◀)) 13-14 Vuelve a escuchar los audios anteriores. Responde a las preguntas usando el
pretérito pluscuamperfecto y marca la opción correcta que explica el orden de las acciones.

1 ¿Por qué decidió Jorge viajar en tren?

   a Jorge oyó una opinión y después tomó la decisión de
      viajar en tren.
   b Jorge decidió viajar en tren antes de escuchar
      opiniones sobre el tema.

2 ¿Qué reserva de hotel tenía Adriana y sus amigos?

   a Adriana hizo la reserva de desayuno cuando llegó al
      hotel.
   b Adriana llegó al hotel con la reserva de desayuno
      hecha.

10 Observa estas imágenes y completa las frases usando el pretérito pluscuamperfecto.

Cuando nos **llamaste**, ya _____
_____ .

Te **di** las gracias porque estaba cansado y tú _____ .

Andrea **suspendió** el examen aunque
_____ .

No **salí** anoche con mis amigos porque

_____

hacía una semana.

¿Seguro que vosotros ya _____
_____ la casa cuando **nos**
encontramos en febrero?

Han **estado** muchas veces en la playa,
pero nunca _____
_____ .

11 Lee la opinión de un viajero de *couchsurfing* y marca si los enunciados son verdaderos (V) o falsos (F).

> La primera experiencia haciendo algo que nunca has hecho siempre está llena de incertidumbre y duda. ¿Qué pasará? ¿Qué tengo qué hacer? ¿Lo haré bien? ¿Y si nos caemos mal? Días antes de tomar nuestro vuelo, enviamos solicitudes a los *couchsurfers* que nos parecían mejores. Después de varias respuestas negativas por problemas con las fechas, una pareja joven nos invitó a su sofá. Una vez en nuestro destino, no fuimos capaces de encontrar el lugar y además teníamos problemas con el móvil, así que fuimos a una biblioteca a conectarnos y enviar un mensaje de socorro... ¡¡Y sí!!, en unos minutos, nos dieron más indicaciones y llegamos a su casa. Tuvimos momentos de charlas amenas durante las comidas, nos ayudaron con consejos para ver la ciudad y nos prepararon platos muy ricos. ¡Una forma muy buena de empezar en *couchsurfing*! La primera noche nos llevaron a cenar a un vegetariano con el mejor pastel de chocolate de la historia. Cuando acabamos de cenar, nos explicaron que se estaban mudando de casa y que ellos iban a dormir en la vieja, y ¡nosotros en la nueva! ¡¡Nos dieron las llaves!! ¡¡Nosotros estrenamos esa casa!! Todo nuevo y un sofá-cama comodísimo. ¡Fue una experiencia muy positiva!

		V	F
1	Antes de iniciar su viaje, habían enviado varias solicitudes de alojamiento.	☐	☐
2	Cuando los anfitriones aceptaron su solicitud, ya habían recibido otras muchas invitaciones.	☐	☐
3	Jamás habían probado un pastel de chocolate tan bueno.	☐	☐
4	Cuando recibieron el mensaje con las indicaciones de cómo llegar a la casa, ya habían llegado allí.	☐	☐
5	Antes de cenar, los anfitriones ya les habían explicado que ellos iban a dormir en otra casa.	☐	☐
6	Nunca habían viajado de esta manera y la experiencia fue muy buena.	☐	☐

C AUTÉNTICOS VIAJEROS

12a Estas son algunas preguntas que hizo el público asistente a una charla de Álvaro Neil sobre su viaje. Relaciona cada pregunta con la respuesta adecuada.

PREGUNTAS

☐ **1** Supongo que al dejar todo y decidir recorrer el mundo en bicicleta, tuviste que renunciar a cosas. Entonces, ¿nos podrías comentar a qué cosas o cosa renunciaste?

☐ **2** Hola, Álvaro. Lo primero, que eres un "pro", porque cuentas cosas superinteresantes y muy razonables. Y mi pregunta es: todos sabemos que viajar es una forma de aprender: ¿qué se aprende viajando?, ¿qué has aprendido tú viajando?

☐ **3** Hola, Álvaro. La verdad es que es un lujazo estar aquí y compartir esta experiencia contigo. Uno de los continentes por donde más has viajado es África. Y, bueno, como docente, no puedo evitar conectarlo con aquello que decía Nelson Mandela de que la educación es la mejor arma para cambiar el mundo. ¿Qué piensas de eso?

RESPUESTAS

a La palabra "arma" no me gusta. Pero es muy útil. Si tú deconstruyes la palabra "arma", como hacen los cocineros con un plato de cocina, tienes las mismas letras que en la palabra "amar". Y la palabra "amar" me gusta más. Amar es posiblemente la mejor educación para cambiar el mundo. Es lo que quiso decir Mandela, solo que le tradujeron mal.

b Elegir es un ejercicio de libertad. Vosotros lo habéis hecho esta mañana, ¿no? Tú has elegido ponerte esas zapatillas, seguro que tenías otras. Has renunciado a ponerte otras zapatillas. Sin embargo, yo no veo esa parte negativa de la renuncia, yo me quedo con la positiva: lo que he ganado con la elección. En el momento que eliges un camino, debes olvidarte de los otros caminos. Disfruta ese camino.

c Viajando descubres que todo el mundo quiere lo mismo, todo el mundo tiene los mismos miedos, todo el mundo le tiene miedo a la muerte, porque no hablan con ella todos los días. Viajando descubres que la gente está ahí para ayudarte, que son tus amigos. Descubres que nadie eligió dónde nacer.

Fuente: *https://youtu.be/ThZeEfhs9WA* (BBVA "Aprendemos juntos")

12b 🔊 15 Escucha ahora parte de la charla del viajero de la actividad anterior y completa con la opción correcta.

1 Álvaro cuenta que tenía una enfermedad llamada "mapamunditis" porque…
   a se preguntaba cómo sería China u otros lugares.
   b recorrió toda América del Sur en bicicleta.

2 Cuando terminó ese viaje, la gente pensó…
   a que había recorrido más de 31 000 kilómetros.
   b que ya se había curado de su "enfermedad".

3 Álvaro les dijo a todos que…
   a tenía que cambiar su forma de vida.
   b tenía que dar la vuelta al mundo.

4 El viajero nos dice que trece años después…
   a volvió a la ciudad de la que había partido.
   b regresó porque ya había cumplido su sueño.

5 Álvaro dice que la persona que había llegado…
   a era diferente de la que se había ido.
   b era la misma persona que se había ido.

6 Él nunca pensó que…
   a cumpliría con los objetivos de un gran proyecto.
   b daría la vuelta al mundo sumando pequeños objetivos.

12c ¿Qué ha contado el protagonista del viaje? Completa la tabla para transmitir sus palabras.

ESTILO DIRECTO	ESTILO INDIRECTO
Presente "Los sueños te cambian la vida".	**Pretérito imperfecto** Dijo que _____.
Pretérito perfecto "Ya te has curado".	**Pretérito pluscuamperfecto** Todos pensaron que _____.
Pretérito indefinido "En 2001 empecé a recorrer en bicicleta América del Sur".	**Pretérito pluscuamperfecto** Comentó que _____.
Futuro "¿Será verdad, o será Photoshop?".	**Condicional** Se preguntaba si _____.

12d ¿Qué pregunta le harías tú al viajero o qué le dirías?

_____

13a Lee estas frases de una conversación por teléfono y ordénalas para componer el diálogo.

1 a ¿Lucy? Hola, ¿eres tú? ¿Lucy?

☐ b Bueno, le comenté que hacía unos días que no te veía. Nina me dijo que ella se iría a su pueblo con su hermana; creo que la próxima semana.

☐ c No sé, pero me comentó que estaba estresada y que iba a perderse por ahí un tiempo.

☐ d Ah, vale. Pues luego la llamo. ¿Le dijiste que estaba de vacaciones?

☐ e Eso es lo que le dije, que te lo diría y que la llamarías tú.

☐ f Ya, sí, sí. Te oigo, es que tengo poca cobertura. Perdona.

☐ g ¿Y sabes cuánto tiempo va a estar fuera?

☐ h ¿Y le has dado mi número? Espero que no; prefiero llamarla yo.

☐ i Sí, soy yo. ¿Me escuchas? ¿Gustavo? No. ¡Que te pregunto si me oyes bien!

☐ j Te llamo porque me ha dicho Nina que quería llamarte, pero que había perdido tu número de teléfono.

13b Completa la conversación que tuvieron antes Nina y Lucy.

NINA: Lucy, **(1)** _____ llamar a Gustavo, pero **(2)** _____ su número de teléfono.

LUCY: Yo se lo **(3)** _____ y él te **(4)** _____. Hace unos días que no lo **(5)** _____.

NINA: Yo **(6)** _____ a mi pueblo con mi hermana la próxima semana porque **(7)** _____ estresada y **(8)** _____ a perderme por ahí un tiempo.

13c Une los comienzos de las frases con sus finales según el diálogo de **13a**.

1 Lucy le preguntó a Gustavo…

a si le había dado su teléfono a Nina.

2 Gustavo le preguntó a Lucy…

b cuánto tiempo iba a estar perdida en su pueblo.

3 Nina no comentó…

c con quién se iba a ir a su pueblo.

4 Nina le dijo a Lucy…

d si la oía bien.

14a 📄 **DELE** Has recibido un correo electrónico de un amigo que te pide un favor. Escribe en tu cuaderno un correo para contestar a su petición. En él debes:

- saludar;
- responder a sus preguntas directas;
- decirle que no puedes ver la información que te envía y por qué;
- pedirle alguna información sobre lo sucedido;
- despedirte.

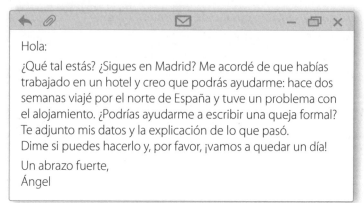

Hola:

¿Qué tal estás? ¿Sigues en Madrid? Me acordé de que habías trabajado en un hotel y creo que podrás ayudarme: hace dos semanas viajé por el norte de España y tuve un problema con el alojamiento. ¿Podrías ayudarme a escribir una queja formal? Te adjunto mis datos y la explicación de lo que pasó.
Dime si puedes hacerlo y, por favor, ¡vamos a quedar un día!

Un abrazo fuerte,
Ángel

> ### ESTRATEGIAS PARA EL EXAMEN
> Puedes ver las estrategias para esta Tarea 1 de la Prueba 3 en la actividad 17 de la unidad 2, página 23.

14b Esta es la carta que recibió Ángel como respuesta a su reclamación. ¿Cuál crees que fue la razón de su queja? Señala la opción adecuada y, después, contesta a la pregunta.

1 Había pedido camas individuales y le dieron una cama de matrimonio.

2 La habitación era muy pequeña y no le permitía una estancia cómoda.

3 Había pedido un menú especial y no se lo sirvieron en ningún momento.

4 La wifi estaba estropeada o era de muy baja calidad.

¿A quién debe dirigirse Ángel para continuar con la reclamación?

_____

_____

Estimado Ángel Segura:

Referente a su reclamación con N.º GA-45789:

En primer lugar, pedirle disculpas si su estancia en nuestro hotel no ha sido de su agrado. Lo lamentamos mucho, ya que la satisfacción del cliente es nuestra prioridad.

No obstante, la suya ha sido la única reclamación recibida en esos días.

Referente a:

- "… el servicio técnico tardó muchísimo…" - Nuestro servicio técnico actúa en el momento de aviso de una avería y, si no se puede solucionar, ofrecemos a nuestros clientes otra habitación y todas las habitaciones del hotel son iguales.

- "… el hotel se negó a devolver el importe…" - Usted no tenía ninguna reserva directa con nosotros y todo se ha hecho vía su agencia de viajes, que son los únicos que pueden hacer una anulación o modificación de servicios no disfrutados.

Sentimos las molestias causadas y quedamos a su disposición para cualquier duda o consulta.

La Dirección
Hotel Puerto Bonito - 29649 La Cala de Mijas

14c Fíjate en el lenguaje de la carta anterior y en su puntuación. Escribe un ejemplo del texto para cada característica.

1 Las fórmulas de saludo y despedida son formales: _____

2 Se dirige a su destinatario en 3.ª persona: _____

3 Se usan los dos puntos para introducir explicaciones: _____

4 Se usan los dos puntos para introducir una enumeración: _____

EN ACCIÓN

15 Lee estos fragmentos de una canción de Calle 13 titulada "La vuelta al mundo". ¿Podría ser la banda sonora de tu vida o tus viajes? Escribe en tu cuaderno por qué sí o por qué no.

La vuelta al mundo

No me regalen más libros
porque no los leo.
Lo que he aprendido
es porque lo veo.
Mientras más pasan los años
me contradigo cuando pienso
que el tiempo no me mueve,
yo me muevo con el tiempo.
Soy las ganas de vivir,
las ganas de cruzar,
las ganas de conocer,
lo que hay después del mar.
Yo espero que mi boca
nunca se calle,
también espero que las turbinas

de este avión nunca me fallen.
No tengo todo calculado
ni mi vida resuelta,
solo tengo una sonrisa
y espero una de vuelta.
[…]
Así que agarra tu maleta,
el bulto, los motetes,
el equipaje, tu valija,
la mochila con todos tus juguetes y…
Dame la mano
y vamos a darle la vuelta al mundo.
Darle la vuelta al mundo.
Darle la vuelta al mundo.
[…]

(Calle 13. Fuente: Musixmatch)

¿Sabías que…?

Calle 13 ha sido la banda con más premios Grammy Latinos y ha sido reconocida por su compromiso social con la cultura y sociedad latinoamericana, también por su mezcla de estilos musicales. Originarios de Puerto Rico, no solo se dedicaron al rap fusión y al reguetón, también al *rock*, merengue, *bossa nova,* folclore latinoamericano, cumbia colombiana, salsa…, a menudo utilizando instrumentos poco convencionales. Su última actuación antes de separarse fue en 2015, con ocasión de la celebración de los Juegos Panamericanos de Toronto (Canadá).

16a Observa las imágenes: ¿en qué situación puedes reconocerte? Toma nota en tu cuaderno sobre las distintas formas de viajar que ves en ellas.

16b Fíjate en el vocabulario del cuadro y completa el esquema con al menos dos ejemplos para cada apartado.

• ser turista	• ser viajero(a)	• consultar un mapa
• hacerse un *selfie*	• visitar monumentos	• llevar maleta
• no hacer reservas	• vacaciones de lujo	• viaje de trabajo
• hacer un crucero	• pasarlo bien	• merecer la pena
• disfrutar de la soledad	• viaje de aventura	• gustarte el riesgo
• escribir un diario	• hacer deporte	• moverse en tren
• alojarse en el centro	• servicio de habitaciones	• escapada en grupo
• viaje de fin de semana	• ser un desastre	• tener vistas espectaculares

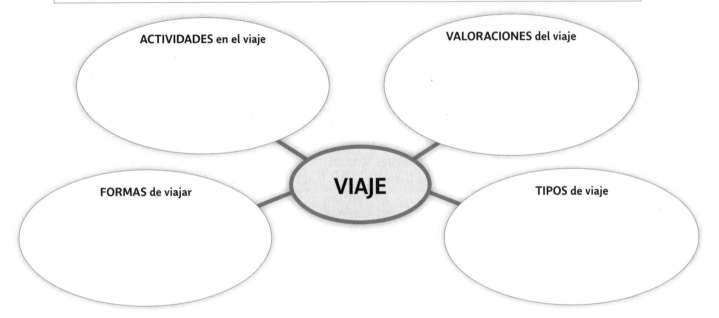

ACTIVIDADES en el viaje

VALORACIONES del viaje

VIAJE

FORMAS de viajar

TIPOS de viaje

16c A partir de tu reflexión en **16a**, utiliza el léxico de la actividad anterior y tu propio vocabulario para explicar qué tipo de viajero eres tú.

_____

_____

_____

_____

Y PARA ACABAR...

¿Qué es lo que más te gusta de viajar?

¿Dónde habías viajado antes de tu último viaje?

Tu mejor viaje: fecha, compañía, destino, lo más espectacular.

Información interesante de esta unidad:

6 VIVIENDA

A UN BARRIO MEJOR

1 Elige la opción correcta en cada caso.

1 Según los datos oficiales, más de 10 000 personas **han recuperado / han participado / han votado** en la manifestación en contra de la construcción del centro comercial.

2 ¿Sabéis dónde van a **reaccionar / surgir / ubicar** el nuevo polideportivo? ¡Espero que esté cerca de mi casa!

3 Mis vecinos han puesto un cartel en su balcón para **denunciar / recuperar / reaccionar** el ruido de las discotecas que sufren todas las noches.

4 En mi barrio no se ha reformado nada en los últimos veinte años, por eso, los edificios públicos están llenos de **descuidados / medidas / desperfectos**.

5 La plataforma de vecinos ha propuesto **reaccionar / votar / recuperar** los antiguos terrenos de la cárcel para construir un hospital público.

6 Con *apps* como "Mejorando mi barrio", los propios vecinos pueden **colaborar / denunciar / sugerir** propuestas para mejorar sus calles, barrios o parques.

2 Lee otra vez el texto de la página 52 del libro del alumno y di si las siguientes informaciones son verdaderas (V) o falsas (F), o si la información no aparece en el texto (X).

	V	F	X
1 "Mejorando mi barrio" es la única *app* colaborativa que permite a los ciudadanos participar en el diseño o en la mejora de sus ciudades.	☐	☐	☐
2 Según el texto, los vecinos tienen más conocimiento que los ayuntamientos sobre los problemas de la ciudad.	☐	☐	☐
3 Para participar en esta *app*, es necesario estar registrado oficialmente como vecino de un barrio específico.	☐	☐	☐
4 Los vecinos que usan "Mejorando mi barrio" pueden proponer medidas contra la contaminación.	☐	☐	☐
5 Todas las personas inscritas en "Mejorando mi barrio" tienen que crear una propuesta nueva.	☐	☐	☐
6 La *app* "Mejorando mi barrio" ha recibido ayuda económica del ayuntamiento.	☐	☐	☐

3a Completa esta tabla con los verbos regulares en presente de subjuntivo.

	colaborar	denunciar	creer	beber	vivir
yo					
tú					
él / ella / usted					
nosotros/as					
vosotros/as					
ellos / ellas / ustedes					

3b Y ahora estos verbos irregulares.

	ser	tener	hacer	ir	decir
yo					
tú					
él / ella / usted					
nosotros/as					
vosotros/as					
ellos / ellas / ustedes					

4 Lee las siguientes frases y señala si son afirmaciones o deseos.

	afirmación	deseo
1 Queremos que el ayuntamiento promueva el uso del transporte público.	☐	☐
2 La calidad del aire en mi barrio es muy mala porque está muy cerca de una autopista.	☐	☐
3 Los vecinos del centro quieren más espacio para poder aparcar.	☐	☐
4 Mi casero soluciona los desperfectos del apartamento en el que vivo.	☐	☐
5 Ojalá que mucha gente vote a favor de la medida de regular el precio del alquiler.	☐	☐
6 He creado una cuenta en la *app* "Mejorando mi barrio" para denunciar el mal estado de los parques.	☐	☐

Recuerda

Para expresar un deseo o una necesidad, usamos verbos como *esperar, querer…*

Si el sujeto es el mismo, usamos infinitivo:

Los vecinos quieren tener más zonas verdes en el barrio.
  sujeto   infinitivo

Si el sujeto es diferente, usamos subjuntivo:

Los vecinos quieren que el ayuntamiento construya un parque.
  sujeto   sujeto   subjuntivo

Normalmente el subjuntivo no va solo y siempre depende de otro verbo (en este caso, *querer*) o de la expresión *ojalá (que)*:

Ojalá (que) los ciudadanos puedan influir en las decisiones de los políticos.

5a "Decide Madrid" es la plataforma de participación ciudadana de Madrid. Lee las propuestas de algunos vecinos y completa con el verbo entre paréntesis en infinitivo o subjuntivo.

⊡ ← → ↻ ⌂ [   ]   — ⬚ ✕

▥ DECIDE
MADRID   Entrar [Registrarse]

---

1 Billete único para el transporte público

Madrid es una ciudad muy bien comunicada, pero si para llegar a mi destino tengo que coger el metro y el autobús, ahora mismo necesito _____ (comprar) dos billetes diferentes. Queremos que el ayuntamiento _____ (crear) un billete con el que viajar durante 90 minutos por toda la ciudad. Esperamos que así más ciudadanos _____ (usar) el transporte público de la ciudad.

👍 👎

---

2 Multas para los dueños de perros que no recogen los excrementos

Me encanta pasear por la ciudad, pero no quiero _____ (mirar) constantemente al suelo por si hay excrementos de animales. Yo tengo un perro y siempre recojo sus excrementos, y espero que todos los ciudadanos también lo _____ (hacer), pero tristemente no es así. Por eso, deseo que el ayuntamiento _____ (multar) económicamente o con servicios a la comunidad a las personas que no recogen las caquitas…

👍 👎

---

3 Camiones de la basura eléctricos

¿Estás harto de que te despierte el camión de la basura? Yo también. Quiero _____ (dormir) una noche ocho horas, sin interrupción. No es tanto pedir, ¿no? Por eso quiero que los camiones que recogen la basura _____ (ser) eléctricos y no _____ (hacer) tanto ruido. De esta forma, los ciudadanos podremos dormir y será mejor para el medioambiente. Ojalá el ayuntamiento _____ (aceptar) pronto esta propuesta, porque no puedo más…

👍 👎

5b Piensa en tu barrio o ciudad y escribe una propuesta similar a las anteriores sobre algo que te gustaría cambiar o mejorar.

_____

_____

_____

_____

_____

6a ¿Qué frase para expresar petición o deseo **no** es correcta?

1 Los vecinos del Parque Lucero quieren…
   a que el ayuntamiento ponga columpios para niños.
   b el ayuntamiento construya zonas infantiles.
   c más instalaciones deportivas en su barrio.

2 Los participantes de "Mejorando mi barrio" desean…
   a participan en el diseño de la ciudad.
   b que haya cambios en los servicios de los barrios.
   c mejorar la calidad de vida de los vecinos.

3 Ojalá que el ayuntamiento de mi ciudad…
   a favorezca el uso del transporte público.
   b recupera más espacios verdes para los vecinos.
   c tenga en cuenta nuestras peticiones.

4 Los barrios más pobres de la ciudad necesitan…
   a recibir más ayudas económicas.
   b que se solucionen sus problemas.
   c pasen a la acción y hagan una asociación de vecinos.

5 Los ciudadanos quieren…
   a que el ayuntamiento escuche sus propuestas y sugerencias.
   b mejore la calidad del aire en los barrios con más coches.
   c votar las propuestas más interesantes.

6b Corrige las frases incorrectas del ejercicio anterior para expresar correctamente esa petición o deseo.

1 _____

_____

2 _____

_____

3 _____

_____

4 _____

5 _____

B HOGAR, DULCE HOGAR

7 Completa las frases con una de estas palabras.

> persianas - urbanización - fuga - plantas
> instalar - constar - aseo - alarma - techo - avisar

1 Cuando voy de viaje y me quedo en un hotel que no tiene _____, siempre lo paso muy mal, porque me cuesta mucho dormir. Me molesta la luz que entra por la ventana.

2 Estos días me estoy duchando en el gimnasio porque en mi calle ha habido una _____ y el ayuntamiento corta el agua unas horas al día para solucionar este problema.

3 Vivir en una _____ es normalmente más caro, pero para mí, tener piscina, zonas infantiles, portero y garaje… ¡no tiene precio! Además, me siento mucho más segura.

4 Mi tía vive en una casa muy grande, con cuatro _____. Una noche, bajó a la cocina a beber agua y, de repente, empezó a sonar la _____. ¡Se había olvidado de desconectarla!

5 ¿Estás pensando en comprar una casa? Yo me acabo de _____ esta *app,* que te puede _____ de las ofertas y de las nuevas casas disponibles en tu zona, ¿por qué no te la descargas?

6 Vivir en un piso de estudiante a veces es complicado. Todavía recuerdo el primero en el que viví: el _____ era tan bajo que tenía que tener cuidado para no hacerme daño en la cabeza. ¡Qué horror!

7 Aunque en mi casa hay un baño, usamos muchísimo más el _____: para lavarnos las manos, cuando vienen invitados…

8 El gobierno va a construir un complejo deportivo cerca de mi casa. Va a _____ de un polideportivo, una piscina, pistas de tenis y una de atletismo. ¡Por fin voy a poder hacer deporte cerca de casa!

8 ◀)) 16 Isabel está interesada en alquilar una casa. Ha visto un anuncio en internet y llama al propietario para pedir más información. Escucha y decide qué casa quiere alquilar Isabel.

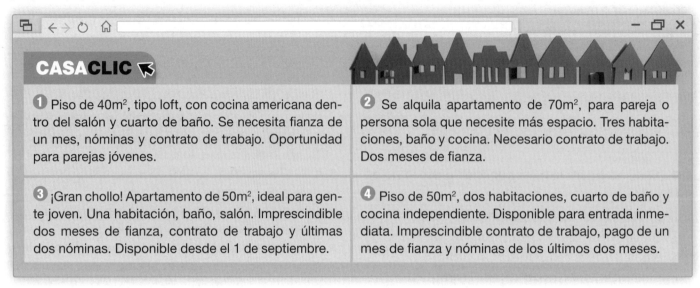

CASACLIC ▶

❶ Piso de 40m², tipo loft, con cocina americana dentro del salón y cuarto de baño. Se necesita fianza de un mes, nóminas y contrato de trabajo. Oportunidad para parejas jóvenes.

❷ Se alquila apartamento de 70m², para pareja o persona sola que necesite más espacio. Tres habitaciones, baño y cocina. Necesario contrato de trabajo. Dos meses de fianza.

❸ ¡Gran chollo! Apartamento de 50m², ideal para gente joven. Una habitación, baño, salón. Imprescindible dos meses de fianza, contrato de trabajo y últimas dos nóminas. Disponible desde el 1 de septiembre.

❹ Piso de 50m², dos habitaciones, cuarto de baño y cocina independiente. Disponible para entrada inmediata. Imprescindible contrato de trabajo, pago de un mes de fianza y nóminas de los últimos dos meses.

9a Completa las siguientes opiniones con los verbos entre paréntesis en presente de indicativo o de subjuntivo.

Compartir piso o vivir solo

a) Sin duda, cuando eres joven, creo que la mejor opción _____ (ser) vivir con otras personas. Me parece que todo el mundo lo _____ (pasar) mejor cuando convive con más gente.

b) No sé, no sé… Imagino que _____ (haber) momentos divertidos, pero creo que yo _____ (necesitar) mis momentos de intimidad. No pienso que pasar 24 horas al día rodeado de otras personas _____ (ser) tan divertido. A mí me agobia.

Alquilar o comprar una casa

c) Pienso que la decisión de comprar o alquilar _____ (depender) de la situación económica de cada uno, pero no creo que alquilar _____ (ser) "tirar el dinero", como dicen muchos…

d) Pues yo creo que la compra _____ (representar) una mejor inversión a largo plazo; me parece que _____ (ser) mucho más rentable, pero no me parece que los jóvenes _____ (poder) ahorrar tanto dinero fácilmente.

Vivir en un apartamento o en un chalet

e) Creo que un chalet _____ (estar) mejor si te gusta la naturaleza, tomar el sol en el jardín, hacer barbacoa los fines de semana, pero imagino que _____ (costar) más dinero y _____ (ser) más difícil de mantener mes a mes.

f) Yo, sin duda, prefiero vivir en un piso. No creo que los chalets _____ (ser) muy cómodos, con tantas escaleras… Además, me parece que _____ (haber) menos seguridad, ¿no? Creo que los ladrones siempre _____ (preferir) robar en chalets…

Controlar el precio del alquiler

g) Me parece que el ayuntamiento _____ (deber) controlar los precios del alquiler para garantizar que todos puedan acceder a una vivienda de calidad.

h) A mí no me parece que _____ (ser) responsabilidad del ayuntamiento fijar los precios. Tengo derecho a alquilar mi casa al precio que yo quiero.

9b ¿Qué opinas tú sobre cada uno de los temas anteriores? Escribe tu opinión usando las expresiones de la página 55 del libro del alumno.

Compartir piso o vivir solo

_____

_____

_____

Vivir en un apartamento o en un chalet

_____

_____

_____

Alquilar o comprar una casa

_____

_____

_____

Controlar el precio del alquiler

_____

_____

_____

10 Dos amigos hablan sobre una noticia reciente. Ordena el diálogo completando los espacios con uno de estos verbos en presente de indicativo o de subjuntivo.

> poder (x2) - ir (x2) - tener - necesitar - ser (x2) - costar

☐ **a** ¿Y eso por qué? A mí me parece que muchísimos jóvenes _____ a poder comprar una casa así, y si no, no podrían.

☐ **b** Sí, en eso tienes razón…

☐ **c** Bueno, no sé, yo no pienso lo mismo…, no creo que _____ necesario.

☐ **d** Bueno, lógicamente creo que _____ bueno ayudar a los jóvenes, pero… ¿no crees que se _____ usar ese espacio para construir otros servicios más necesarios, como una biblioteca o un hospital?

☑ **e** Oye, ¿has visto que el ayuntamiento va a construir más de 5000 viviendas para jóvenes?

☐ **f** Sí, tienes razón, pero no me parece que realmente _____ que comprar una casa. Creo que también _____ vivir de alquiler unos años, ¿no? Eso es lo que hicimos nosotros y me parece que no nos _____ tan mal…

☐ **g** ¡Qué va! Fueron unos años fantásticos. Pero imagino que ahora _____ más alquilar que comprar, ¿no?

☐ **h** Sí, lo he leído esta mañana. Qué bien, ¿no?

☐ **i** Sí, eso está claro, pero pienso que los jóvenes _____ una oportunidad, ¿no?

C TU CASA HABLA DE TI

11 Relaciona el principio y el final de estas frases.

1 He pintado las paredes de casa en tonos…
2 Tengo una pared del salón llena…
3 Noe ha comprado una mesa…
4 Para mí es fundamental tener una buena iluminación…
5 Mi antiguo jarrón de cerámica da…
6 Cuando visito la casa de mis abuelos, retrocedo…

a de recuerdos: hay muchas fotos, entradas de cine, invitaciones de boda…
b en el tiempo: está llena de antigüedades y objetos de épocas pasadas.
c neutros: esos colores me aportan paz y tranquilidad.
d natural gracias a la orientación de la casa.
e un toque muy especial a la mesa del comedor.
f de segunda mano a través de una *app*.

12 📄 **DELE** Lee el texto y completa con los fragmentos adecuados. Hay dos fragmentos que no son necesarios.

a o renunciar a llenar la nevera de imanes de cada uno de nuestros viajes

b que es el verdadero objetivo del minimalismo

c ¿En qué consisten estas casas?

d considerada la gurú de la organización del hogar

e que va más allá de un estilo decorativo

f suelen vestir con la misma ropa

g famoso por sus libros sobre organización

h Como su propio nombre indica

ESTRATEGIAS PARA EL EXAMEN

Este ejercicio corresponde con la Tarea 4 de la Prueba 1. Tienes que leer un texto y completar con seis fragmentos entre ocho posibles.

- Lee bien el texto y piensa en la información que falta: ¿es información nueva o información adicional sobre algo ya mencionado?
- Busca palabras que ayudan a cohesionar y conectar la información *(esto, esa, además, por eso…)*.
- Piensa si puedes descartar algún fragmento directamente.
- Busca información relacionada en el texto y en los fragmentos.

EL MINIMALISMO

Hace algunos años todos saldríamos corriendo al escuchar la palabra "minimalismo". Sin embargo, en los primeros años del siglo XXI, y con tantas preocupaciones sobre el futuro de nuestro planeta, son muchos los que han adoptado este estilo, **(1)** ____, y se ha convertido, en la mayoría de los casos, en una forma de vida.

Pero… ¿en qué consiste exactamente el minimalismo? Como decíamos, hay muchos tipos: nos podemos centrar en tener poca decoración en casa, **(2)** ____. Sin embargo, también podemos adoptar un "minimalismo digital". ¿Cuántas aplicaciones tienes en tu teléfono móvil?, ¿y cuántas usas realmente? ¿Cuántos boletines con ofertas y promociones recibes diariamente? Este minimalismo nos ayuda a no complicarnos la vida y a usar realmente lo imprescindible y necesario. Por eso los defensores de esta corriente no compran objetos innecesarios para sus casas y **(3)** ____; si estás cómodo con un par de vaqueros y una camiseta sencilla, ¿para qué necesitas tener decenas de camisas diferentes y varios pantalones? Si siempre llevas el mismo estilo o las mismas prendas, ahorras mucho tiempo comprando y pensando en qué ponerte, y vas a poder dedicar ese valioso tiempo a lo que realmente te importa, ya sea practicar tu deporte favorito o pasar tiempo con tu familia, **(4)** ____.

En los últimos años, los libros y pódcasts sobre minimalismo han aumentado, y hay incluso programas de televisión que nos ayudan a deshacernos de esos objetos que llevan años en nuestra casa, y que nosotros llevamos años sin usar. La japonesa Marie Kondo, **(5)** ____, defiende que solo tenemos que quedarnos con aquellos objetos que nos hagan realmente felices y tirar, o donar, el resto. ¿Para qué perder tiempo eligiendo una taza de desayuno entre las quince que tengo si siempre uso la misma? ¡Tira las demás y punto!

Hay algunos minimalistas que, tras vaciar su bandeja de correos electrónicos, reducir su armario y donar todo lo que tenían en casa, han decidido dar un paso más allá y se han mudado a una minicasa. **(6)** ____, las minicasas son casas pequeñas, en las que, sin embargo, podemos encontrar todas las necesidades básicas. Estas casas, que en la mayoría de los casos no superan los 40m², tienen un precio muy inferior a las casas tradicionales, por lo que suponen un gran atractivo para aquellas personas que no tienen dinero para comprar una casa. En las minicasas no podemos acumular objetos innecesarios: todo lo que tenemos cumple una función. Nos centramos en lo realmente importante y nos olvidamos del resto: esa es la esencia del minimalismo.

13 Las minicasas están de moda. ¿Sabes cómo se llaman estos otros tipos de casas?

1 El á _ i _ o

2 La c _ b _ ñ _

3 El l _ _ t

4 El _ ú _ _ _ x

5 La m _ _ s _ ó _

6 El c _ a _ e _

7 El a _ a _ _ a _ n _ o

14 Elige la opción adecuada.

1 Este jarrón lleva en mi familia varias generaciones, tiene más **que / de** 200 años. Así que, aunque no es muy bonito, para mí es más importante **que / de** muchos otros muebles u objetos.

2 Quiero decorar un poco mi habitación, pero quiero gastarme menos **que / de** 100 euros. ¿Conoces alguna tienda más barata **que / de** Decorarte.com?

3 Si quieres ahorrar dinero, puedes restaurar muebles. En menos **que / de** unas horas y por menos **que / de** 50 euros, puedes tener un mueble casi como nuevo.

4 Mi amiga Alejandra vive en una mansión: tiene seis cuartos de baño, tres salones, una biblioteca más grande **que / de** muchas librerías y más **que / de** doce habitaciones.

5 El apartamento del Arenal me gusta un poco menos **que / de** la casa del centro, pero también es mucho más barato: el alquiler mensual es menos **que / de** 5000 pesos.

6 No me gusta tener muchos objetos de decoración en mi casa. Con no más **que / de** tres o cuatro fotos, unas flores y una alfombra *vintage* decoro toda mi casa. ¡Realmente menos es más!

7 En la casa de mis padres hay muchísimas más cosas **que / de** en la mía. Por eso, cuando voy a visitarlos, me gusta abrir cajones y encontrarme con recuerdos de hace más **que / de** 30 años.

8 Tengo que hacer limpieza en mi armario porque tengo muchísimas cosas. Me da vergüenza contarlo, pero tengo más **que / de** 60 pares de zapatos.

> **Recuerda**
>
> Usamos *más / menos* + adjetivo / adverbio / sustantivo + *que* para hacer una comparación entre dos personas, cosas o lugares, y *más / menos de* con una cantidad.

15 Mira estas dos fotos de dos salones muy diferentes. Escribe frases comparándolos y usa *tanto/-a/-os/-as... como, más / menos que* y *más / menos de.*

El sofá del salón 2 es más grande que el sofá del salón 1.

_____

_____

_____

_____

_____

_____

_____

EN ACCIÓN

16 Tus compañeros de piso y tú estáis buscando a un nuevo compañero para la cuarta habitación de la casa. Completa este formulario de alquiler y, después, escribe el anuncio.

Tipo de inmueble:
- ☐ Casa
- ☐ Piso
- ☐ Local comercial
- ☐ Oficina

Buscas:
- ☐ Chico
- ☐ Chica
- ☐ Indiferente

Mascotas:
- ☐ No se admiten mascotas
- ☐ Se admiten mascotas
- ☐ Consultar

Fumadores:
- ☐ Indiferente
- ☐ Prohibido fumar
- ☐ Se puede fumar

Personas en la vivienda:
- ☐ Una persona
- ☐ Dos personas
- ☐ Tres o más personas

Características:
- ☐ Aire acondicionado
- ☐ Calefacción
- ☐ Ascensor
- ☐ Baño privado

Y PARA ACABAR...

Algo que cambiarías de tu barrio:

Información interesante de esta unidad:

Algo que te encanta de tu barrio:

Tipo de casa donde te gustaría vivir:

7 RELACIONES HUMANAS

A LA GENTE QUE ME GUSTA

1a Completa las frases con las palabras del cuadro.

> humilde - cercano - agradable - prudentes - auténtica - atenta - abiertos - discretas

1 ¡Qué _____ es Nerea! Siempre tiene en cuenta tus necesidades.

2 Me gustan las personas _____, porque puedes confiar en ellas.

3 David es muy _____: es fácil hacerse amigo de él.

4 A Jorge no le gusta presumir de sus logros. Es bastante _____.

5 Es una mujer muy _____, siempre está sonriendo. ¡Me encanta hablar con ella!

6 Chicos, deberíais ser más _____ con la intimidad de la gente.

7 Ser tan coherente, original, _____… es su mayor cualidad.

8 Tus padres son muy _____, sabes que no te van a juzgar.

1b ¿Qué comportamientos de la actividad anterior valoras más en una persona? Escribe en tu cuaderno por qué y si tú también eres así.

Me gusta la gente que es… porque…
Yo (no) soy una persona…

2 Lee estos fragmentos de una canción y escribe algunas estrofas más para decir qué hace la gente que te gusta y qué te gusta hacer con ella.

Con la gente que me gusta

[…]
Me gusta la gente
que cuando saluda,
te aprieta la mano
con fuerza y sin duda.
Me gusta la gente
que cuando te habla,
te mira a los ojos,
te mira de frente,

te dice a la cara
aquello que siente
y nada se calla y no tiene dobleces.
Me gusta esa gente.
[…]
Con la gente que me gusta,
me encanta hablar de proyectos,
de esos que se lleva el viento
y que se olvidan después.

(*Edición especial 20 años.* A Dos Velas y José Manuel Soto)

Me gusta la gente
que cuando _____
_____
_____

Con la gente que me gusta,
me encanta _____
_____
_____

3a Elige la opción equivalente a la palabra en negrita. Si no entiendes alguna de las opciones, puedes usar el diccionario.

1 • ¿Qué te parece el nuevo director del proyecto?
  ▪ Yo creo que es una persona **cercana**.
  a distante   b auténtica   c accesible

2 • ¿Te cae bien por alguna razón concreta?
  ▪ Sí, me gusta porque es muy **humilde**.
  a sencilla   b presumida   c tímida

3 • ¿Serás **discreto** y guardarás mi secreto?
  ▪ Por supuesto, no se lo diré a nadie.
  a reservado   b indiscreto   c valiente

4 • ¿Sabes por qué nos llevamos tan bien?
  ▪ Porque… ¿ambos somos **prudentes**?
  a imprudentes   b reflexivos   c tolerantes

3b Fíjate en estas series de adjetivos de carácter. ¿Qué palabra **no** está relacionada con las demás? Táchala.

1 divertido - gracioso - aburrido
2 tolerante - cerrada - abierta
3 auténtica - falsa - natural
4 generosa - amable - egoísta
5 agradable - antipático - encantador
6 tímida - sociable - comunicativa

4 Relaciona los elementos de las columnas para formar cinco frases posibles.

Su marido	me caen		y yo a ellos también.
Luisa y Ana	se lleva	fatal / mal	pues es una mujer muy humilde.
Sus amigos	me gusta	genial / fenomenal	porque es muy falso.
Sofía	me cae	mucho	con su compañera de piso, está cansado de ella.
Carlos	se llevan		porque las dos son abiertas.

> **Recuerda**
>
> • El verbo *caer* cuando va seguido de *bien / mal / genial / fatal / fenomenal…* funciona igual que *gustar*:
> *Elena (no)* **me cae** *bien.* → *Elena (no)* **me gusta**.
> • Para hablar de una buena o mala relación, usamos el verbo *llevarse* seguido de *bien / mal / genial / fatal / fenomenal…*:
> *Lucía y Paco* **se llevan** *muy bien.*   *Lucía* **se lleva** *fenomenal* **con** *Paco.*

5a ◄)) 17 Escucha a estas personas hablar de cómo influyen las relaciones sociales en nuestra felicidad y marca a quién corresponde cada información.

	Miriam	Carlos
1 Siente que no se lleva bien con nadie.	☐	☐
2 Duda sobre qué es primero: la felicidad, o las buenas relaciones.	☐	☐
3 Cree que las buenas relaciones producen felicidad, y al revés.	☐	☐
4 Puede sentirse feliz más fácilmente en sus relaciones con la familia.	☐	☐
5 Conoce la clave para tener una buena relación con otras personas.	☐	☐
6 Su jefe no es simpático y no le cae nada bien.	☐	☐

5b Relaciona para formar expresiones que hablen del comportamiento personal positivo.

1 tener   a por los demás
2 no tener   b la intimidad del otro
3 interesarse   c de manera natural
4 respetar   d prejuicios
5 comportarse   e confianza en uno mismo
6 usar   f un lenguaje corporal positivo

5c ¿Cuál de los comportamientos anteriores resume la clave de una buena relación según Carlos?

_____
_____

6a Lee las frases y sustituye las palabras en negrita por un superlativo equivalente. Hay dos opciones posibles.

1 Estos zapatos son **supercaros**. _____
2 La casa donde vive es **muy vieja**. _____
3 Le gastó una broma **buenísima**. _____
4 Tu abuela Ángela estará **supercontenta** con la noticia.

_____

5 Mi vecino Ramón antes era una persona **muy discreta**.

_____

6 Mi amiga Alejandra siempre se levanta **tempranísimo**.

_____

7 Tu hermana es **muy agradable**. _____
8 Hoy ha comido **muy poco**. _____

6b Cambia la palabra adecuada de estas frases por un superlativo que intensifique su significado. En ocasiones hay más de una opción posible.

1 Estoy enfadada con el comportamiento de mi vecino.

2 Mejor, vamos a las dos porque ahora habrá mucha gente.

3 Tu pareja es una persona simpática.

4 Pedro habla mucho y no escucha.

5 Es una situación triste: no sé si lo superará.

6 Conocí a tu profesora y me pareció amable.

B NO LO SOPORTO

7a Marca si estas cosas te gustan o si las odias.

	Me gusta(n)	Odio
• levantarme tarde un domingo	☐	☐
• conducir por la noche	☐	☐
• vivir en esta ciudad	☐	☐
• la comida picante	☐	☐
• viajar solo/a	☐	☐
• los días lluviosos	☐	☐

7b Reacciona a estos enunciados según tu respuesta en la actividad anterior.

1 • Quiero invitarte a cenar en algún restaurante mexicano. Me encanta la comida picante.

2 • Odio levantarme tarde, pero el domingo es el único día que tengo para descansar.

3 • ¡Fíjate cómo llueve! Me encantan estos días de lluvia. ¿Salimos a dar un paseo?

4 • He reservado una ruta cultural por Argentina, Bolivia y Perú. ¡Ya tenía ganas de hacer un viaje así, sola!

5 • Me gusta vivir en esta ciudad porque tiene muchas zonas verdes y es tranquila.

6 • ¿Qué tal si salimos para Sevilla esta noche mejor que mañana? Así evitamos el tráfico y los atascos.

8a Relaciona las expresiones con las emociones o los sentimientos.

1 Me molesta
2 Me preocupa
3 Me sienta fatal
4 Me da mucha pena
5 Me gusta / Me encanta
6 Me da miedo
7 No me importa / Me da igual
8 Odio / No soporto
9 Estoy harto/a de

a Gusto
b Disgusto
c Tristeza
d Indiferencia
e Preocupación
f Miedo

8b Elige la expresión que corresponde según el sentimiento que expresa cada frase.

1 Me **da mucho miedo / Me sienta mal** el futuro. No saber qué va a pasar **me da igual / me preocupa**.

2 Marta **está harta de / le preocupan** los cotilleos en la oficina y ha dicho muy enfadada que se tienen que acabar. Yo también **me molestan / odio** los cotilleos.

3 **No me importan / No soporto** las bromas pesadas; sin embargo, **me gustan / me dan pena** las personas que saben gastar una broma.

4 **Me encantaría / Me daría igual** conocer gente nueva, pero **me dan pena / me dan miedo** las relaciones y me cuesta mucho hacer amigos.

5 **No me importa / Me da mucha pena** no llevarme bien contigo en estos momentos y ver que a ti **te da igual / te molesta**.

6 ¿**Te ha sentado mal / Te ha preocupado** lo que te he dicho? Pues escúchame mejor, por favor, y no **te molestará / te gustará** tanto.

9 Repasa las expresiones de la actividad anterior y úsalas en estas frases. Completa las frases como quieras.

1 _____ estudiar _____ .
2 _____ la comida _____ .
3 _____ que mis compañeros _____ .
4 _____ cocinar _____ .
5 _____ los coches _____ .
6 _____ que tú _____ .
7 _____ que la casa _____ .
8 _____ trabajar _____ .

> **¡Fíjate!**
>
> Cuando expresamos sentimientos o emociones, usamos el verbo de sentimiento seguido de:
>
> • un infinitivo o un sustantivo:
> *Me gusta* | ***estar*** *con gente sincera.*
> | ***la gente*** *(que es) sincera.*
>
> • ***que*** + subjuntivo:
> *Me molesta **que** la gente **no sea** sincera.*

10 Completa con el verbo que falta en infinitivo o en la forma adecuada de presente de indicativo o de subjuntivo.

1 Me gusta la gente que _____ (dedicar) tiempo a los demás.
2 Tego miedo de que el examen _____ (ser) muy difícil.
3 No soporto que la gente _____ (hablar) todo el rato con superlativos.
4 A mí no me importa _____ (llevar) el coche al taller hoy.
5 Nos encanta que ellas _____ (llevarse) bien con todo el mundo.
6 Siempre ha odiado que la gente no _____ (saber) guardar un secreto.
7 Estoy harta del frío que _____ (hacer) en esta ciudad.
8 Le molesta muchísimo _____ (trabajar) en esas condiciones.
9 No me gusta que tú _____ (ir) solo a la reunión.
10 Me ha sentado fatal que Carla no _____ (querer) salir esta noche.

> **Recuerda**
>
> • Cuando expresamos los sentimientos o emociones que nos produce la acción de otras personas, podemos usar las expresiones de la actividad **8a** seguidas de **que** y un verbo en subjuntivo:
> *Me da igual **que** vengan o no.*
> A MÍ   ELLOS
> *Me encanta **que** tengas tan buen humor.*
> A MÍ   TÚ
> *No soporto **que** seáis egoístas.*
> YO   VOSOTROS
>
> • Con las expresiones de gusto o disgusto, tristeza, miedo, preocupación o indiferencia, podemos hablar de sentimientos hacia:
> - OTRA(S) PERSONA(S) → expresión + *que* + subjuntivo → *Odio **que** Rocío **hable** así.*
> - UNO MISMO → expresión + infinitivo → ***Odio hablar** así.*

11 Fíjate en estas situaciones y escribe qué sentimientos te provocan. Utiliza las expresiones del cuadro.

> no soporto - me molesta - me sienta fatal - no me importa - me preocupa - odio

Un amigo te critica o no parece estar nunca contento con lo que haces.
Estoy harta de que me critique siempre y de que nunca esté contento con lo que hago.

1 Hay demasiada gente en el restaurante donde has reservado mesa.
_____
_____

2 La gente no mira por dónde va o no se da cuenta de que bloquea el paso.
_____
_____

3 Algunas personas hablan muy alto en el autobús.
_____

4 En casa alguien siempre deja la pasta de dientes abierta o las cosas tiradas por ahí.
_____
_____

5 Los fines de semana te levantas muy temprano y te acuestas muy tarde.
_____
_____

6 Tu compañero de clase está triste y no sabes por qué.
_____

C ¿ESTÁ MAL VISTO?

12 📄 **DELE** Lee este texto y contesta a las preguntas con la opción adecuada.

¿NORMAS SOCIALES?

Las normas sociales son reglas que habitualmente no están escritas ni se enuncian claramente y sin embargo dirigen el comportamiento dentro de una sociedad. El objetivo de las normas sociales es lograr una buena convivencia. Varían de una sociedad a otra: son el producto de usos, costumbres y tradiciones. Se van formando a lo largo de los años y también cambian de una generación a otra.

Existen diferentes normas sociales dependiendo de los grupos a los que se pertenezca. En el ámbito profesional son diferentes de las que rigen las relaciones en contextos de amistad. También son muy diferentes dependiendo de la clase social.

Las normas sociales existen en cada grupo porque una parte significativa del mismo las considera importantes. No cumplirlas significa ir en contra de las costumbres y de los valores de ese grupo, y por lo tanto es posible provocar el rechazo de sus miembros. Las normas sociales se distinguen no solo de las normas jurídicas (establecidas por los gobiernos) sino también de normas pertenecientes a grupos específicos, como las normas internas de una familia. Existen también normas en lugares de trabajo que pueden coincidir con las normas sociales (como la puntualidad) o no (la obligación de usar casco).

Ejemplos de normas sociales:

1. Saludar a los presentes al llegar a un lugar.
2. No permanecer demasiado tiempo mirando a otra persona, para no incomodarla. Esta norma social se suspende cuando una persona llama nuestra atención (si nos habla, si está realizando un espectáculo, si le hablamos...).
3. No abrir la boca para hablar mientras se come.
4. Mantenerse aseado en espacios públicos es una norma social que no se cumple en contextos deportivos. En esos casos, es socialmente aceptado que los jugadores de cualquier deporte estén sudados o incluso sucios en deportes como el rugby.
5. No interrumpir a otros cuando hablan.
6. Ceder el asiento a personas ancianas, a quienes tienen alguna discapacidad de movimiento y a embarazadas.
7. Aunque una norma social generalizada es no hablar muy alto, en determinados grupos amistosos puede ser un comportamiento aceptado.
8. No hacer ruido cuando la noche está avanzada es una norma social que se sigue en las calles donde están ubicadas viviendas.
9. La puntualidad es una norma social que debe ser respetada en casi cualquier contexto.
10. La vestimenta adecuada también es una norma social que cambia radicalmente en diferentes sociedades. Incluso en nuestra sociedad, las normas sociales señalan diferentes tipos de vestimenta para diferentes actividades y situaciones.
11. El respeto por las opiniones distintas a la propia.

Adaptado de https://www.ejemplos.co

1 Según el texto, las normas sociales…
 a tienen como objetivo el buen comportamiento.
 b condicionan el comportamiento de la sociedad.
 c están anunciadas habitualmente por escrito.

2 En el texto se dice que las normas…
 a son iguales en muchas sociedades.
 b pasan de una generación a otra.
 c están relacionadas con las costumbres.

3 El texto nos informa de…
 a cuál es el objetivo de las normas sociales.
 b en qué momento se forman estas normas.
 c cómo deben cumplirse las normas sociales.

4 Según el texto, no cumplir las normas sociales…
 a puede provocar no ser aceptado.
 b produce comportamientos antisociales.
 c significa rechazar las tradiciones.

5 Un ejemplo de norma social, según el texto, es…
 a el lenguaje que usan los grupos sociales.
 b la diferente forma de vestir de las personas.
 c el transporte que se utiliza habitualmente.

6 Otro ejemplo de norma social es…
 a escuchar sin prejuicios las opiniones de otros.
 b interesarse por las opiniones compartidas.
 c mostrar buena educación cuando opinamos.

ESTRATEGIAS PARA EL EXAMEN

Este ejercicio corresponde a la Tarea 2 de la Prueba 1. Tienes que leer un texto informativo y responder a seis preguntas con tres opciones.

- Primero, lee las preguntas y las opciones para saber qué ideas esenciales o informaciones específicas debes buscar en el texto; después, lee el texto y marca las frases o fragmentos que pueden contener la respuesta para encontrarla más fácilmente.

- Las palabras y expresiones de las preguntas son sinónimos o equivalentes de las que aparecen en el texto. Si marcas las palabras clave en las preguntas, podrás ir comprobando de forma más rápida (mientras lees el texto y relees las preguntas) cuál es la información exacta que debes buscar.

- Normalmente, el orden de las preguntas sigue el orden de los fragmentos que contienen la respuesta, así que procura no perder ese orden para responder las preguntas una detrás de otra según vas leyendo el texto.

13a Observa las fotografías y escribe un título para cada una como resumen de lo que ves. ¿Cuáles crees que son normas sociales y cuáles normativas o leyes?

NORMAS SOCIALES: fotos _____   NORMATIVAS O LEYES: fotos _____

13b ¿Qué imágenes de las anteriores muestran una costumbre o norma social en tu país? Explícalo brevemente.

14a Fíjate en estos aspectos relacionados con normas sociales y marca si es algo normal o no en tu país.

	Es muy normal	No es habitual
1 Quedar sin concretar la hora.	☐	☐
2 Comer con los dedos.	☐	☐
3 Entrar con el perro en el transporte público.	☐	☐
4 Hablar alto.	☐	☐
5 Dejar salir antes de entrar.	☐	☐
6 Dejar propina en un restaurante.	☐	☐
7 Hacer largas sobremesas en las comidas.	☐	☐
8 Hacer cola en la parada del bus o de taxis.	☐	☐
9 Tirar papeles o pequeña basura al suelo en la calle.	☐	☐
10 Saludar cuando entras a un espacio público.	☐	☐
11 Interrumpir la conversación del otro.	☐	☐
12 Abrir un regalo cuando te lo dan.	☐	☐

14b Según tu respuesta en la actividad anterior, selecciona los elementos de las columnas y escribe frases con presente de subjuntivo.

En mi país	no está permitido	
En mi ciudad	está prohibido	
En mi trabajo	es (muy) normal	
En mi grupo de amigos	es (muy) habitual	que...
En mi familia	es (muy) frecuente	
Para mí	es (un poco) raro	
...	está mal visto	

15a ◄)) 18-27 Escucha y completa las frases. Pon atención a las palabras *que* / *qué*.

1 ¡_____! No recuerdo _____.

2 ¡_____ que vengas mañana! ¡_____!

3 ¡Hasta luego, _____ un buen día!

4 ¡_____! ¡_____! ¿_____ el móvil?

5 _____, hasta mañana.

6 Ellos quieren saber _____.

7 _____ y te lo pases muy bien.

8 ¡_____ hace!, ¡_____ más bonito!

9 No te entiendo... ¿_____ mañana? ¿Y _____ no vienes?

10 ¡_____!, ¡_____ te veo!

15b Escribe las frases anteriores en la tabla según su función y el valor de *que* / *qué* en cada enunciado.

Ⓐ Formular un deseo - QUE conjunción 🖤

Ⓑ Expresar un sentimiento - QUÉ pronombre exclamativo ❗

Ⓒ Confirmar una información - QUE conjunción 🙂

Ⓓ Preguntar sobre algo, o referirse a ello - QUÉ pronombre interrogativo ❓

¡Fíjate!

- Cuando expresamos un deseo y omitimos el verbo *(espero, deseo, ojalá...)*, *que* no lleva tilde:
Espero que tengas mucha suerte. → *¡**Que** tengas mucha suerte!*

- *Qué* lleva tilde cuando tiene valor interrogativo o exclamativo:
*¡**Qué** casa más grande!* (exclamativa directa)
*Me ha preguntado **qué** he comprado.* (interrogativa indirecta)
*¿**Qué** vas a hacer este fin de semana?* (interrogativa directa)

Que no lleva tilde en las interrogativas directas cuando queremos confirmar una información (porque no tiene valor interrogativo):
*¿**Que** te has comprado una casa? // ¿**Qué** te has comprado?, ¿una casa?*

EN ACCIÓN

16 Imagina estas situaciones y formula un deseo. ¿Qué dices en estas situaciones?

1 Una amiga se casa con el amor de su vida.

_____

2 Un familiar celebra su cumpleaños.

_____

3 Un amigo empieza en un nuevo trabajo.

_____

4 Un compañero de trabajo se va de viaje.

_____

5 Unos amigos queridos han tenido un hijo.

_____

6 Tu mejor amigo se marcha a vivir a otro país.

_____

17a Observa la fotografía y fíjate en las personas que aparecen. ¿Cómo crees que se sienten?
Escribe algunas frases que describan su situación utilizando las expresiones del cuadro.

está harto/a de (que)…
le preocupa (que)…
le molesta (que)…
le da miedo (que)…
le sienta fatal (que)…
no soporta (que)…
odia (que)…
le gusta (que)…
le da pena (que)…

AL / EL CHICO

A LA / LA MUJER

A LA / LA CHICA

17b 📄 **DELE** Describe oralmente, con detalle, la fotografía anterior a partir de la situación que imaginas. Grábate en el móvil teniendo en cuenta los siguientes puntos para hacer una descripción completa.

- Las personas: dónde están, cómo son y qué hacen.
- El lugar en el que se encuentran: cómo es.
- Los objetos: qué objetos hay, dónde están, cómo son.
- ¿Qué relación crees que existe entre estas personas?
- ¿De qué crees que están hablando?

ESTRATEGIAS PARA EL EXAMEN

Este ejercicio corresponde a la Tarea 3 de la Prueba 4. Tienes que elegir una fotografía entre dos y, durante 2-3 minutos, describir lo que ves e imaginar lo que está ocurriendo. Después, durante un minuto, el entrevistador te hará algunas preguntas relacionadas con tu experiencia personal.

Esta tarea no se prepara, pero en la lámina del examen te indican los aspectos que debes describir.

- Usa el vocabulario de descripción física de personas y de objetos habituales en espacios interiores (*casa, oficina, gimnasio, restaurante, aula…*) o exteriores (*calle, parque, campo…*).
- Sitúa los elementos que describes en el espacio: *arriba / abajo, al fondo, a la derecha / izquierda, en primer plano, encima / debajo de, al lado de…* Al describir lo que se ve, debes ser ordenado y preciso, pero puedes imaginar libremente lo que pasa (cómo se sienten las personas, qué ocurre…).
- No dejes puntos sin responder. Aunque hables más de unos que de otros porque te sea más fácil o te interese más, asegúrate de decir algo de todos.

17c Contesta a estas preguntas. Son el tipo de cuestiones que puede plantearte el entrevistador en la actividad anterior.

1 Cuando tienes un problema, ¿lo compartes con alguien, o te molesta que la gente lo sepa?

_____

_____

2 ¿Qué comportamiento de un familiar o amigo te sentó fatal en algún momento?

_____

_____

3 Si alguien cercano a ti tiene un problema, ¿cómo actúas? ¿Cómo eres con él?

_____

_____

4 ¿Has tenido alguna vez problemas de relación con alguien? ¿Puedes describir la situación brevemente?

_____

_____

5 ¿Cómo tiene que ser el carácter de una persona para que te lleves bien con ella?

_____

_____

_____

17d Escucha la grabación de un compañero de la actividad **17b** y prepara algunas preguntas para hacerle similares a las anteriores. Si no tienes esta opción, escucha tu grabación y plantea tres preguntas posibles a partir de tu descripción.

Y PARA ACABAR...

¿Cómo es el compañero, o compañera, que mejor te cae?

Información interesante de esta unidad:

¿Qué no soportas de un amigo?

Alguna costumbre de tu país que está mal vista o no es normal en otros lugares del mundo:

8 ¡QUE APROVECHE!

A CULTURA GASTRONÓMICA

1a Mira estas imágenes de platos tradicionales de América Latina y relaciónalas con la descripción que corresponde.

1 Ají de gallina ☐

2 Pastel de chucho ☐

3 Chan ☐

4 Empanada de pino ☐

5 Chipa ☐

6 Mate ☐

a Esta infusión a base de hierbas se toma en varios países de América Latina. Es similar a un té verde, se puede tomar frío o caliente y es una parte muy importante de la vida social de estos países.

b Este plato se parece a una lasaña, pero no lleva pasta, sino capas de plátano con pescado y queso. Se cocina en el horno.

c Esta bebida fría se prepara con pocos ingredientes. Lleva varias cucharadas de semillas de chía, limones, esencia de fresa y azúcar.

d Estos bollitos, consumidos especialmente durante festividades religiosas, llevan mandioca, queso, leche, huevos, aceite y sal.

e Esta delicia, que se suele comer el día de la fiesta nacional, lleva una masa pintada con huevo y está rellena de carne picada, cebolla, harina y alguna especia picante.

f Este plato, especialmente popular en la costa, también se puede cocinar con pollo. Además de la carne, lleva cebolla, pimiento picante y leche evaporada. Se suele servir con patata o arroz.

1b ¿De qué país es típico cada plato? Si lo necesitas, busca en internet.

- **Venezuela:** foto _____
- **Chile:** foto _____
- **Paraguay:** foto _____
- **El Salvador:** foto _____
- **Argentina:** foto _____
- **Perú:** foto _____

2 Contesta a las preguntas con información sobre ti.

1 ¿Cuál es el ingrediente estrella en la gastronomía de tu país?

2 ¿Y cuál es el plato más representativo?

3 ¿Has descubierto algún plato recientemente que te ha sorprendido? ¿Por qué?

4 ¿Sin qué comida no podrías vivir?

3 Lee este texto sobre la comida peruana y responde a las siguientes preguntas.

1 ¿Cuál es su historia gastronómica?

_____

_____

2 ¿Cuáles son los ingredientes principales?

_____

_____

_____

3 ¿Cuáles son los platos más populares?

_____

_____

La comida peruana

Es una de las más reconocidas en Sudamérica. Se remonta a los incas y más tarde a la influencia de las colonias españolas. Posteriormente también se han ido incorporando otras influencias de diferentes grupos de inmigrantes, especialmente chinos, europeos, africanos y japoneses.

Los ingredientes principales que se encuentran en casi todos los platos peruanos son el arroz, las papas, el cerdo, el cordero y el pescado.

Entre los platos peruanos más populares destaca el ceviche, declarado Patrimonio Cultural de la Nación. Actualmente hay muchas variantes, pero la base es pescado crudo cortado en trozos pequeños y mezclado con jugo de limón, después se añade ají, cebolla roja, sal y pimienta. Otro plato muy popular es el pollo a la brasa: se trata de un pollo asado que se acompaña con patatas fritas, ensaladas, salsas e incluso plátano frito. Y también es muy característico el arroz chaufa, una fusión entre la comida peruana y la china.

4 Fíjate en estas series de palabras relacionadas con la cocina. ¿Qué palabra **no** está relacionada con las demás? Táchala.

1 el tenedor - el plato - el marisco - la sartén

2 a la plancha - la ostra - al vapor - al horno

3 congelado/a - sabroso/a - picante - dulce

4 cocido/a - crudo/a - hervido/a - sano/a

5 el frijol - el garbanzo - el aguacate - la legumbre

6 la tortilla - la cebolla - la milanesa - la hamburguesa

5 En las siguientes frases, elige la opción correcta.

1 Beni, ¿me pasas la sal? La sopa está un poco **picante / sosa / salada**.

2 No me gusta el sushi porque la comida **frita / muy hecha / cruda** me da un poco de asco.

3 Después de una comida tan **pesada / ligera / congelada**, vamos a necesitar una buena siesta.

4 ¿Que si quiero ostras? Me encantaría, pero soy alérgica **a los frutos secos / al marisco / a la mayonesa**.

5 Este plato tradicional se cocina siguiendo la famosa receta **desconocida / amarga / ancestral** de los incas.

6 Cuando no tengo tiempo para cocinar, me llevo a la oficina comida **precocinada / mechada / hervida**.

6 Escribe el nombre de estas acciones frecuentes en la cocina.

1 P __ L __ R

2 O X __ __ A __ S E

3 __ __ A __ I R

4 H __ __ V __ __

5 __ O __ __ R

6 F __ __ Í __

7 H __ __ E __ A L __ P __ __ N __ __ A

7 Lee los siguientes trucos relacionados con comida. Primero, completa con el presente de subjuntivo o con el infinitivo y, después, relaciónalos con el final adecuado.

1 Para que la *pizza* de la noche anterior no _____ (quedarse) tan seca, …

2 Para que las albóndigas _____ (tener) la forma perfecta, …

3 Para no _____ (perder) demasiado tiempo cortando fruta para zumo, …

4 Para que tus plantas _____ (crecer) mejor, …

5 Para _____ (aprovechar) ese postre que ha salido mal, …

6 Para _____ (comprobar) si un huevo está bien, prueba a meterlo en agua: …

a puedes cortarla antes y congelarla.

b puedes usar una cuchara para helados.

c si flota, está malo; si va al fondo, puedes comerlo.

d caliéntala junto a una taza con agua en el microondas.

e échales los restos del café o el agua de hervir verduras.

f usa un vasito y crea un dulce "deconstruido".

8 Ahora escribe nuevos consejos de cocina, como en el ejemplo.

(el arroz, no pegarse a la cazuela) - (echar una cucharadita de aceite de oliva)
Para que el arroz no se pegue a la cazuela, echa una cucharadita de aceite de oliva.

1 (la pasta, comprobar si está bien hecha) - (lanzar un espagueti contra la pared)

2 (el aguacate, no ponerse negro) - (echar un poco de zumo de limón)

3 (la cebolla, no llorar cuando la cortas) - (lavarla antes)

4 (el helado, salir mejor del envase) - (usar una cuchara caliente)

5 (las zanahorias, conservarse frescas) - (poner debajo una servilleta en la nevera)

6 (los restos de verduras, aprovechar) - (congelarlos y usarlos para hacer caldo)

B NEUROGASTRONOMÍA

9 ¿Con qué sentido asocias estas actividades? En algunas hay más de una respuesta posible.

1 Relajarte con música clásica. _____
2 Acariciar a un perro. _____
3 Disfrutar de una buena película. _____
4 Ir a una cata de vinos. _____
5 Recibir un ramo de flores. _____
6 Ir a un concierto de *rock*. _____
7 Leer un texto en braille. _____
8 Asistir a un espectáculo de fuegos artificiales. _____

10a ◀)) 28 Escucha esta noticia sobre el restaurante más caro del mundo y di si las afirmaciones son verdaderas (V) o falsas (F).

1 Comer en este restaurante cuesta 650 euros. V F
2 Necesitas solo dos horas para comer en este restaurante. V F
3 En este restaurante trabajan profesionales de todo tipo. V F
4 Solo veinticinco personas pueden comer al día en Sublimotion. V F
5 La decoración y el espectáculo parecen del futuro. V F
6 El espectáculo nos lleva a diferentes lugares. V F

10b ¿Te gustaría comer en el restaurante anterior? ¿Por qué? Escríbelo en tu cuaderno.

11 ¿Qué crees que llevan los siguientes platos? Haz hipótesis usando las expresiones estudiadas en el libro del alumno, como en el ejemplo.

Seguro que lleva naranja, pero dudo que sea un postre. Probablemente sea un entrante, una ensalada o algo así. Quizás tenga aceite y alguna verdura.

Quizás _____
_____.

Probablemente _____
_____.

Posiblemente _____
_____.

A lo mejor _____
_____.

Puede que _____
_____.

Dudo que _____
_____.

12 Dos amigas están eligiendo un restaurante para organizar una cena sorpresa a una amiga en común, Marga. Completa el diálogo con presente de indicativo o de subjuntivo. En alguna ocasión, las dos opciones son válidas.

Sara: Bueno, ¿qué? Parece que nos toca organizar la fiesta de cumpleaños para Marga, ¿no?

Carolina: Pues sí… Yo he pensado que ya no tenemos edad para ir a una discoteca toda la noche. Posiblemente **(1)** _____ (pasárselo) mucho mejor si vamos a un restaurante donde podamos estar tranquilos, ¿no crees?

Sara: Pues no es mala idea, no. Así probablemente **(2)** _____ (venir) más gente.

Carolina: Genial, pues cenita tranquila entonces. Supongo que no **(3)** _____ (haber) duda sobre el restaurante: un japonés, ¿verdad?

Sara: Pues por mí no hay problema, pero a lo mejor no le **(4)** _____ (gustar) a todo el mundo, ¿no crees? Además, si invitamos a sus compañeros de trabajo, tal vez **(5)** _____ (haber) algún alérgico. Puede que **(6)** _____ (ser) mejor reservar en un restaurante más variado.

Carolina: ¡Ay! ¡Con las ganas que tenía yo de comer sushi! Pero supongo que **(7)** _____ (tener) razón. ¿Qué te parece entonces ese restaurante tan mono que estaba en la sierra? Ese al que fuimos con Toni y con ella. Creo que le gustó mucho.

Sara: Seguro que a ella le **(8)** _____ (encantar), pero hay que ir en coche, y quizás algún invitado no **(9)** _____ (querer) conducir tanto. Puede que la mejor opción **(10)** _____ (ser) algún restaurante por el barrio, ¿no?

Carolina: ¡Odio darte la razón tantas veces! Pero sí, a lo mejor el Montiz no **(11)** _____ (ser) tan mala idea: está cerca de casa, la comida es buena y barata, y hay de todo. ¡Quizás **(12)** _____ (poder, nosotros) reservar la zona de atrás, solo para nosotros!

Sara: Puede que sí… ¡Venga, vamos a llamar!

13a Completa con los sustantivos o verbos correspondientes.

	SUSTANTIVO	VERBO
1	productor(a)	
2		consumir
3	exportador(a)	

	SUSTANTIVO	VERBO
4		importar
5	vendedor(a)	
6		comprar

13b Ahora completa estas frases con una palabra del ejercicio anterior. En alguna ocasión, hay más de una respuesta posible.

1 En España se produce muchísimo aceite de oliva, por eso, puede _____ parte de su producción a otros países.

2 Cuando voy de viaje, me encanta pasear por los mercados tradicionales y ver a los _____ locales. ¡Es muy interesante ver cómo promocionan sus productos!

3 ¿Sabes que Brasil es el primer país _____ de café? Yo pensaba que era Colombia, pero en Brasil fabrican casi el doble.

4 Cada vez hay más _____ que venden sus frutas, verduras… Así no tienen que pagar a intermediarios y los _____ reciben la compra directamente en su casa. ¡Es fantástico! ¡Todo son ventajas!

5 En todos los restaurantes hay hojas de reclamación a disposición del _____. Si no le ha gustado la comida, el trato… que ha recibido, puede quejarse oficialmente.

C NUEVOS ALIMENTOS

14 Mira estas dos etiquetas y marca a qué producto se refiere cada pregunta.

A Galletas saludables con copos de avena

Valores medios por:	100 g	% IR
Valor energético	2021 kj 483 kcal	3 %
Grasas de las cuales saturadas	20 g 8 g	4 % 7 %
Hidratos de carbono de los cuales azúcares	60 g 20 g	3 % 3 %
Fibra	6 g	-
Proteínas	7 g	2 %
Sal	0,84 g	1 %

Fecha de caducidad: 17/07/2022
Ingredientes: copos de avena 30 %, harina de trigo 20 %, grasa vegetal (palma), azúcar, gasificante, sal.
Origen: ES
Puede contener trazas de cacahuetes.

B Galletas de desayuno

Valores medios por:	100 g	% IR
Valor energético	1841 kj 437 kcal	1 %
Grasas de las cuales saturadas	11 g 4,9 g	1 % 2 %
Hidratos de carbono de los cuales azúcares	75 g 3 g	2 % 2 %
Fibra	2,1 g	-
Proteínas	7,5 g	1 %
Sal	1 g	2 %

Fecha de caducidad: 1/08/2021
Ingredientes: harina de trigo 74 %, azúcar, grasa de palma, suero de leche en polvo, gasificantes, agente de tratamiento de la harina, aroma.
Origen: UE
Puede contener trazas de leche y soja.

	Producto A	Producto B
1 ¿Cuál es el producto más calórico?		
2 ¿Qué producto no puedo comer si tengo alergia a los frutos secos?		
3 ¿Qué producto tengo que consumir antes?		
4 ¿Qué producto se ha fabricado en España?		
5 ¿Qué producto tiene más ingredientes?		
6 ¿Qué producto aporta menos grasas saturadas?		

15 🔊 29 📄 **DELE** Vas a escuchar a dos amigos que hablan sobre la revolución de los alimentos. Escucharás la audición dos veces. ¿A quién corresponde cada opinión? Tienes 25 segundos para leer las preguntas.

	Candela	Miguel	Ninguno de los dos
1 Prefiere la comida de toda la vida.			
2 Le preocupa su físico y la posibilidad de ganar peso.			
3 No piensa que la comida artificial disminuya los problemas medioambientales.			
4 Le encanta probar restaurantes nuevos que sean famosos.			
5 No le importaría probar la comida de una impresora 3D.			
6 Ya ha comido insectos alguna vez.			

ESTRATEGIAS PARA EL EXAMEN

Este ejercicio corresponde a la Tarea 5 de la Prueba 2. Escucharás una conversación informal entre dos personas y tienes que relacionar seis enunciados con la persona a la que corresponde cada uno de ellos (hombre, mujer o ninguno de los dos).

- Lee bien los enunciados antes de escuchar y busca las palabras clave. Probablemente en la audición se usen palabras similares, sinónimos…
- En la primera audición, intenta identificar quién da la información que expresa cada enunciado.
- En la segunda audición, escucha con atención para confirmar tus respuestas y contestar a las preguntas que no respondiste en la audición anterior.

16 Antonio y Antonia nunca se ponen de acuerdo. ¿Puedes escribir la opinión del otro?

Antonia: Estoy segura de que en el futuro todos vamos a comer insectos.
Antonio: *Pues yo no estoy seguro de que en el futuro todos vayamos a comer insectos.*

1 **Antonia:** Está claro que hay que hacer un cambio en la forma de alimentarnos.
Antonio: _____

2 **Antonio:** Es evidente que la comida tradicional está mucho mejor que esta cocina moderna.
Antonia: _____

3 **Antonia:** No está claro que la humanidad pueda continuar comiendo tanta carne.
Antonio: _____

4 **Antonio:** No es cierto que las nuevas hamburguesas artificiales sepan como las reales.
Antonia: _____

5 **Antonia:** Es verdad que el uso de las impresoras 3D puede revolucionar la gastronomía.
Antonio: _____

17 ¿Qué te parecen las siguientes noticias? Escribe en tu cuaderno tu opinión usando las expresiones del cuadro.

> posiblemente - tal vez - seguro que - a lo mejor - es posible que - puede que - es probable que

1 Un hombre de 50 años muere después de comer en una pizzería

2 Las explotaciones ganaderas para producir carne contaminan más que los coches

3 Los expertos aseguran que en 100 años solo comeremos insectos y pastillas

4 Un famoso restaurante de comida rápida sirve hamburguesas veganas con trozos de carne y los clientes no lo saben

5 Joven de 20 años bate el récord: bebe cuatro litros de refresco al día

18 Estas frases tienen expresiones con comida. Léelas y relaciónalas con su significado.

☐ **1** Argggg… **¡Estoy de mala leche!** No sé dónde he puesto las llaves y tengo que salir ya de casa.

☐ **2** No le hables demasiado, estos días **está como un flan** porque tiene el examen la semana que viene.

☐ **3** ¡Venga! ¡Que **vas pisando huevos**! Si vamos a este ritmo, seguro que llegamos tarde.

☐ **4** Yo estoy harta de los políticos, ¡**son unos chorizos** que roban el dinero público!

☐ **5** Antes siempre estaba preocupada por no tener pareja, quería **encontrar mi media naranja**. Pero mi media naranja… ¡soy yo!

☐ **6** ¡Qué detalle tan bonito ha tenido Jorge! La verdad es que **es un trozo de pan**.

SIGNIFICADOS

a Ser buena persona, ser amable.

b Caminar lentamente.

c Tener enfado o mal humor.

d Conocer a la persona perfecta, al alma gemela.

e Ser un ladrón.

f Sentirse nervioso.

---

19 Relaciona el principio de estas frases con el final más adecuado.

1 Si estás teniendo problemas para ir al baño, …

2 Tener una mente activa, hacer ejercicio y llevar…

3 Tengo intolerancia a la lactosa, …

4 La idea de comer el cerebro de un animal me da tanto asco, …

5 La clave para perder peso es comer…

6 Este plato tiene una pinta increíble, …

a alimentos no muy calóricos.

b una dieta sana es básico para estar bien.

c ¡seguro que está exquisito!

d por eso bebo leche de almendras.

e que me duele el estómago solo de pensarlo.

f lo mejor es que tomes alimentos ricos en fibra.

20 Lee las siguientes frases y decide en qué casos se fusionan las vocales. Subráyalo.

1 Come espinacas todos los días.

2 ¿Pido ostras para desayunar?

3 ¿Pongo orégano a la pasta?

4 Compra agua, por favor.

5 Tengo otro postre nuevo.

6 Coma hamburguesa, está riquísima.

Recuerda

Cuando tenemos la misma vocal al final de una palabra y al principio de otra, las pronunciamos seguidas si el acento está en la primera vocal o si ninguna de las dos vocales tiene acento. Si el acento está en la segunda palabra, pronunciamos las dos vocales de forma independiente.

EN ACCIÓN

21a Relaciona estos adjetivos para referirse a la comida con su descripción.

☐ **1** soso/a

☐ **2** salado/a

☐ **3** muy hecho/a

☐ **4** poco hecho/a

☐ **5** quemado/a

☐ **6** crudo/a

☐ **7** escaso/a

☐ **8** abundante

a Cuando hablamos de carne que no se ha cocinado demasiado. Se puede ver un poco de sangre del animal.

b Cuando hablamos de una ración que es pequeña, no muy grande.

c Una comida que tiene poca sal y poco sabor.

d Cuando hablamos de carne que se ha cocinado mucho. No se ve sangre y puede estar un poco dura.

e Ración de comida en la que hay demasiada cantidad.

f Comida que ha pasado demasiado tiempo cocinándose y ahora tiene color negro.

g Comida que casi no se ha cocinado. A veces puede ser incluso peligroso.

h Comida que tiene demasiada sal.

21b Ahora completa esta valoración sobre un restaurante usando los adjetivos de la actividad anterior.

De los peores sitios en los que he estado ☆☆☆☆☆

"He comido en restaurantes malos, pero este, sin duda, ha sido uno de los peores. Para empezar, teníamos reserva, pero tuvimos que esperar más de 30 minutos para nuestra mesa. No nos pudimos sentar, así que tuvimos que esperar de pie. Cuando finalmente nos sentamos, nos trajeron una tapa muy **(1)** _____: ¡dos aceitunas para cada uno! Por si eso fuera poco, el mantel tenía agujeros y en mi vaso había una mancha de pintalabios. A esas alturas debimos irnos del restaurante, pero era domingo y estaba todo lleno. Cuando por fin trajeron la comida..., ¡vaya desastre! Mi marido pidió la carne **(2)** _____: dice que así es como recomiendan comerla los expertos, pero le trajeron un filete **(3)** _____, ¡más bien parecía una zapatilla! Yo opté por pescado, pero no lo dejaron suficiente tiempo al horno porque estaba casi **(4)** _____: si quiero pescado sin hacer, voy a un restaurante de sushi, no a un restaurante que se define como "lo mejor que has probado". Además, al cocinero se le fue la mano con la sal: estaba muy **(5)** _____ y tuve que pedir más de tres botellas de agua (porque, encima, en este restaurante no querían servir jarras de agua del grifo). Llegados a este punto, mi marido y yo queríamos irnos sin postre, pero mi hija vio crema catalana en la carta y no se pudo resistir. Se supone que la crema catalana va un poco tostada en la superficie, pero esta estaba completamente **(6)** _____ y dura. ¡Un horror! Lo peor, sin embargo, todavía no había llegado. Y es que los tres platos, las bebidas y el postre costaron más de 80 €. Como digo, de los peores sitios en los que he estado".

21c 📄 **DELE** ¿Has tenido alguna vez un problema similar en un restaurante? Lee la situación que se plantea y prepara un diálogo para hacer una reclamación.

Unos amigos le recomendaron un restaurante nuevo y tenía muchas ganas de probarlo. Finalmente ha reservado una mesa, pero todo va mal: ha tenido que esperar demasiado tiempo, la mesa es muy pequeña y la comida es congelada y no fresca.

Imagine que el entrevistador es el encargado del restaurante; hable con él siguiendo estas indicaciones. Usted debe:

- Hablarle de todos los problemas que ha encontrado.
- Pedirle otras alternativas o soluciones (cambiarles de mesa, servir otros platos…).
- Pedir un vale para una comida gratis otro día o no pagar la cuenta.
- Pedir una hoja de reclamaciones.

ESTRATEGIAS PARA EL EXAMEN

Este ejercicio corresponde a la Tarea 4 de la Prueba 4. Tienes que mantener una conversación con el entrevistador en una situación simulada en la que tienes que pedir un cambio, hacer una queja o una consulta, solicitar información, confirmar una cita…

- La conversación durará entre 2 y 3 minutos.
- Esta tarea no se prepara con antelación y se basa en algún aspecto de la fotografía de la Tarea 3.
- Recuerda que es un diálogo, una conversación, así que tienes que hacer preguntas al entrevistador y estar atento a sus respuestas.

Y PARA ACABAR…

Alguna comida que quieres probar:

Un truco de cocina que siempre utilizas:

Tu opinión sobre los nuevos alimentos:

Información interesante de esta unidad:

9 ECONOMÍA Y CONSUMO

A Y TÚ, ¿AHORRAS MUCHO?

1a ¿Eres un consumidor responsable? Contesta a las preguntas del test para evaluar tu comportamiento como consumidor.

	Sí	No
Antes de salir de compras:		
1 ¿Llevas tu propia bolsa?		
2 ¿Piensas si realmente necesitas lo que quieres comprar?		
Durante la compra:		
3 ¿Lees la etiqueta?		
4 ¿Te fijas en la caducidad del producto?		
5 ¿Consultas las condiciones de compra del producto / servicio?		
6 ¿Tienes en cuenta la procedencia y las condiciones de producción?		
Cuando has terminado de utilizar un producto:		
7 ¿Reutilizas su envase o recipiente?		
8 ¿Se lo das a otra persona si todavía se puede aprovechar?		
9 ¿Lo reciclas?		

1b Consulta los resultados del test anterior: ¿estás de acuerdo? Explícalo brevemente y escribe algún ejemplo de las acciones que realizas como consumidor.

CONSUMIDOR MUY RESPONSABLE
(de 9 a 7 respuestas afirmativas)
¡Felicidades, eres un consumidor responsable! Sabes que los recursos no son ilimitados y que debemos hacer un uso racional de productos y servicios, teniendo en cuenta su ciclo total de vida: producción, tiempo de uso y canal de desecho. Sigue así.

CONSUMIDOR ALGO RESPONSABLE
(de 6 a 4 respuestas afirmativas)
¡Enhorabuena! Estás en el camino, comienzas a conocer qué es ser un consumidor responsable y cómo debes comportarte para conseguir serlo.

CONSUMIDOR POCO RESPONSABLE
(de 3 a 0 respuestas afirmativas)
¡Nunca es tarde para empezar! Todavía queda mucho por conocer y aplicar en tu vida cotidiana, pero sabemos que pondrás todo de tu parte para subirte al tren del consumo responsable.

2a Lee estos titulares en medios *online* y relaciónalos con la información que transmiten.

① El dinero no da la felicidad pero puede comprarla ☐

② Los gastos imprevistos son el principal motivo de ahorro de los españoles ■

③ *Lo que se enchufa, se recicla: nueva campaña para fomentar el reciclaje* ☐

④ El gasto aumenta a medida que aumentan los ingresos ☐

a ¿Cuántas veces hemos soñado con ahorrar si nos subían el sueldo? Pero cuando esta deseada mejora llega, realmente sentimos que nuestra capacidad de ahorrar es la misma: nuestro nivel de vida sube y nos creamos nuevas necesidades, cubrimos más gastos pero tampoco ahorramos.

b Este proyecto quiere evitar los efectos negativos de los artículos que usan la electricidad (como su basura incontrolada o las prácticas ilegales de su gestión), y concienciar a la sociedad sobre la importancia de su colaboración: reparar, reutilizar, reciclar.

c Según una investigación de la universidad de Harvard en la que se preguntó a 6000 personas sobre cuánto dinero destinaban cada mes a tener más tiempo libre, aquellos que "compraron tiempo libre" (que contrataron a alguien para ayuda doméstica…) mostraron una mayor satisfacción con su vida.

d Una avería del coche o quedarse sin trabajo son situaciones repentinas que llegan en la vida y, si no tenemos ahorros, nos pueden crear una situación difícil. Por eso, las emergencias y los gastos inesperados son la razón fundamental de ahorro para el 45,6 % de la población.

2b Relaciona las dos columnas para crear expresiones relacionadas con la economía y el consumo.

1	aumentar	a	de primera necesidad
2	disminución	b	los ingresos
3	temporada	c	responsable
4	productos	d	imprevistos
5	renunciar	e	del gasto
6	consumidor	f	del dinero ahorrado
7	acumular	g	financiero
8	rentabilidad	h	de rebajas
9	colchón	i	a un capricho
10	gastos	j	riqueza

2c Completa el texto con algunas de las expresiones de la actividad anterior.

_____ **APRENDER A AHORRAR** _____

La educación financiera no se basa únicamente en la **(1)** _____ _____, sino también en gestionar correctamente el presupuesto para llegar a fin de mes. Y una forma de conseguirlo es ser un **(2)** _____ o inteligente, capaz de tomar las decisiones adecuadas para gestionar el dinero.

Gastos programados como las vacaciones o una boda deben estar incluidos en nuestro presupuesto, pero es aconsejable también contar con un **(3)** _____ para cubrir **(4)** _____ _____. El gasto en **(5)** _____, como alimentos y ropa, o los consumos de luz o agua, no podemos evitarlo, pero sí podemos **(6)** _____ o a esas pequeñas compras que son innecesarias y representan más o menos el 30 % del presupuesto de una persona. También el medioambiente nos lo agradecerá.

3a Estos amigos hablan de ahorro. Ismael (I) es muy ahorrador pero Julia (J) no tanto. ¿De quién es cada opinión?

	I	J
1 Si piensas que eres capaz de vivir con el 80 % de lo que ganas y no solo que puedes guardar el 20 % de tus ingresos, es más fácil ahorrar.	☐	☐
2 Lo mejor de cobrar a principios de mes es que puedo comprarme todos los caprichos en unos días y olvidarme de esos gastos hasta la próxima nómina.	☐	☐
3 Normalmente apunto los gastos que tendré en el mes porque me ayuda a planificar las compras necesarias, pero realmente nunca miro la lista.	☐	☐
4 También es una buena costumbre económica crear un presupuesto y gestionar las finanzas por objetivos.	☐	☐
5 Algo que ayuda a no gastar mucho es usar la banca electrónica, porque te permite gestionar tu dinero desde el móvil en cualquier momento.	☐	☐
6 No creo que gastar más porque ganes más sea algo negativo: creo que es lo más normal y lo hacemos todos.	☐	☐

3b ¿Piensas como Julia o como Ismael? Elige una de sus ideas para afirmarla o negarla desde tu experiencia.

_____

_____

_____

4 Señala el número que aparece en cada frase y escribe con letras el ordinal correspondiente.

En el *ranking* de los países más felices del mundo, Costa Rica ocupa el puesto 13 y el primero entre los países latinoamericanos.
13 - décimo tercer(o), decimotercer(o)

1 Cuando vivía en Buenos Aires, vivía en un precioso apartamento en la planta 11. _____

2 El colegio El Madroño ganó el III Premio al "Ahorro, eficiencia energética y cambio climático".

3 Ocupo el puesto 15 en la lista provisional de admitidos al curso y tú estás por delante de mí.

4 Septiembre es el mes elegido para celebrar en Canfranc la IX Carrera de montaña. _____

5 En el *ranking* mundial de redes sociales por número de usuarios, LinkedIn se situó en el puesto 14. _____

6 La directora de cine Icíar Bollaín inaugurará la 23.ª edición del Festival de Málaga. _____

Recuerda

- Los números ordinales pueden ir antes o después del sustantivo, pero normalmente van delante: *Vivo en el **undécimo** piso.*
- Si el ordinal se escribe en una sola palabra, no lleva tilde, aunque la lleve cuando se escribe en dos palabras: ***decimosexto** / **décimo sexto**.*
- Cuando se escribe en una sola palabra, el género y número solo cambian en el segundo elemento, pero si se escribe en dos palabras, cambian en ambas: *Es la **vigesimocuarta** / **vigésima cuarta** vez que veo esta película.*

5 🔊 30 📄 **DELE** Vas a escuchar seis noticias del programa radiofónico "Tu consumo, la economía de todos". Escucharás el programa dos veces. Contesta a las preguntas con la opción adecuada. Tienes 30 segundos para leer las preguntas.

PREGUNTAS

Noticia 1

El Día Internacional anunciado se celebra para…
a reflexionar sobre la importancia de aprovechar los alimentos.
b conocer el ahorro del año anterior en compra de alimentos.
c concienciar sobre el gasto anual en alimentos en los hogares.

Noticia 2

Según la estadística, las personas son más felices…
a si tienen un nivel alto de ahorro anual.
b cuando pueden ahorrar a fin de mes.
c si se sienten cómodas con su ahorro.

Noticia 3

Según la encuesta, viajarán con la familia…
a más del 50 % de las personas encuestadas.
b menos de un tercio de los encuestados.
c el 36 % de los que respondieron a la encuesta.

Noticia 4

El *ranking* de profesiones sitúa en primer lugar a…
a los profesores, con un 9,7 % de niños que quieren serlo.
b los *youtuber* y arquitectos, con un 18,9 % de niños.
c los futbolistas, con casi un 20 % de todos los niños.

Noticia 5

En la noticia se informa sobre…
a la cantidad de basura que generan los hogares españoles.
b las acciones que realiza un consumidor responsable.
c el porcentaje de residuos que se reduce en España.

Noticia 6

Según la noticia, los españoles prefieren…
a ser propietarios de vivienda para alquilarla.
b comprar su vivienda, como el 70 % de europeos.
c alquilar su vivienda, a diferencia de Europa.

ESTRATEGIAS PARA EL EXAMEN

Esta actividad corresponde a la Tarea 3 de la Prueba 2. Vas a escuchar seis noticias de un programa informativo de radio o televisión y tienes que contestar a seis preguntas con tres opciones de respuesta cada una.

- Lee las preguntas para comprobar qué tipo de información tienes que identificar durante la audición. Y señala las palabras clave de las opciones para centrarte en la escucha de esa información o contenido.
- Responde, en la primera audición, a las preguntas que te resultan más fáciles de contestar y resuelve las dudas que tengas del resto en la segunda audición.

B CONSUMISMO

6 Completa las frases con información sobre ti.

1 Utilizo internet principalmente para _____.

2 Mi red social preferida es _____.

3 Suelo usar el móvil para _____.

4 La última *app* que me he instalado es _____.

5 Un problema de internet es _____.

6 Me entusiasma de internet que _____.

7 Por internet compro productos como _____.

8 Nunca visito tiendas *online* para comprar _____.

7a Fíjate en este vocabulario en inglés usado en el lenguaje de internet. ¿Sabes qué palabras en español se usan en su lugar? Relaciónalas.

1 *download*
2 *link*
3 *spam*
4 *email*
5 *password*
6 *blogger*
7 *like*
8 *post*
9 *tweet*
10 *inbox*
11 *app*
12 *laptop*

a bloguero(a)
b publicar
c (ordenador) portátil
d "me gusta"
e correo no deseado
f aplicación
g contraseña
h correo electrónico
i descargar
j tuit
k enlace
l bandeja de entrada

7b Completa estos mensajes con las palabras en español de la actividad anterior.

1 Me gustó mucho la _____ que me recomendaste. Te envío dos vínculos para visitar la página web; creo que el primer _____ te va a interesar bastante.

2 Gracias por su suscripción. Le hemos enviado un correo para confirmar su dirección. Por favor, si no está en su _____, mire en el _____.

3 ¿Has visto el _____ que publiqué? En solo dos horas ha recibido 345 _____.

4 Tengo un problema con el _____: desde hace unos días la pantalla no se ve bien y ayer ya no pude entrar con mi _____.

5 ¿Puedes enviarme otra vez el archivo a mi otra dirección de _____? Ya no tengo acceso a Gmail y no he podido _____ el archivo adjunto.

6 Es una _____ de viajes muy conocida y poca gente se resiste a _____ un comentario en su blog.

8a Lee estos fragmentos de la canción del grupo mexicano Tres Tristes Tigres. ¿Qué palabras reconoces propias del léxico de internet? Relaciónalas con su descripción.

MI NUEVA CUENTA

Te escribí un wasap y no me contestaste.
Y en el Facebook tienes otra relación.
Como no quise por inbox reclamarte,
mejor subiré a YouTube esta canción.

Cerré mi cuenta por vivir feliz contigo
y eliminé a las viejas* que te caían mal.
Por tu culpa fui perdiendo a mis amigos
y a mis estados ya nadie les daba like.

*La palabra "vieja" se usa en el español mexicano coloquial para referirse a "mujer" (esposa, novia, amiga…). Según el contexto y el tono, su uso puede expresar cariño o puede ser despectivo.

1 Registro de datos e información personal como usuario de servicios de internet: _____

2 Canal de vídeos de internet con más usuarios en el mundo: _____

3 Mensaje enviado a través de una aplicación de mensajería: _____

4 Símbolo gráfico en el que hacemos clic para valorar un contenido compartido: _____

5 Una de las redes sociales más usadas en el mundo: _____

6 Lugar del correo electrónico donde te llegan los mensajes: _____

7 Información compartida en una red social sobre nuestro ánimo o nuestra actividad: _____

8b Fíjate en las palabras anteriores. ¿Qué palabras se usan en tu idioma con el mismo significado?

_____

_____

9 Completa las frases con el infinitivo o la forma adecuada del subjuntivo según el sujeto de la oración subordinada.

1 Me parece bien que Juan y Carol _____ (tener) opiniones diferentes.

2 Es sorprendente _____ (usar) el dispositivo para ese fin.

3 No nos parece razonable _____ (comprar) *online* ese producto.

4 ¿Os parece adecuado que mi hermana _____ (venir) esta tarde para hablar del problema?

5 Es bastante normal que los adolescentes no _____ (saber) qué hacer.

6 Les parece importante _____ (cerrar) la cuenta esta misma semana.

7 Me parece mal que ellos no _____ (querer) estar aquí ahora.

8 Es perfecto que las cosas _____ (seguir) tan bien como dices.

Recuerda

A la expresión de valoración le sigue:

- un **infinitivo**, cuando valoramos en general, no especificamos el sujeto, o el sujeto de la oración subordinada coincide con la persona que valora:
Es fantástico <u>trabajar</u> aquí.
YO

- **que + subjuntivo**, cuando el sujeto de la oración subordinada no coincide con la persona que valora:
Es ridículo que nos <u>den</u> consejos.
ELLOS

10a Une los elementos de las frases para hacer todas las valoraciones posibles.

1 No me parece sensato…
2 Está bien…
3 Es bueno…
4 Me parece una locura…

a relacionarse con la gente, pero es malo hacerlo solo por internet.
b estar chateando a todas horas: yo no estoy en ningún grupo de wasap.
c que te compres otro móvil porque son caros y necesitamos ahorrar.
d que los niños conozcan la tecnología, pero no que pasen tanto tiempo con los móviles.

10b Reacciona a estas declaraciones o informaciones con las expresiones del cuadro.

> me parece una vergüenza - me parece muy bien / mal - es injusto
> está bien / mal - me parece genial - es lógico

1 Se sabe que las empresas más importantes nos espían por internet.

_____

_____

2 La *app* que me recomendaste es un poco aburrida.

_____

_____

3 La frecuencia de las compras *online* es cada vez mayor.

_____

_____

4 No sé si soy un buen candidato para ese trabajo.

_____

_____

5 Ahora hay más control en la publicidad de los juguetes infantiles.

_____

_____

6 Llevo un año ahorrando para el coche y estoy agobiado.

_____

_____

11a Lee estas declaraciones y relaciona a cada persona con el tema del que habla. Sobran cuatro.

IRENE ☐

Creo que el uso de emojis ha revolucionado nuestra forma de comunicarnos en los últimos años porque se han convertido en un nuevo código que nos permite relacionarnos y expresar nuestras emociones sin utilizar demasiadas palabras. ¡Es genial!

MIGUEL ☐

Da igual que te compres un teléfono inteligente de última generación: al poco tiempo ya no lo será porque cuando lo ponen a la venta, ya están preparando el modelo superior. Está mal que nos obliguen a consumir más y más, pero ¿qué podemos hacer?

SEBAS ☐

Me parece estupendo que todavía haya personas que necesitan tocar, ver y sentir el producto antes de comprarlo. Muchos negocios *online* lo saben y la mayoría ofrecen una devolución completamente gratuita si no estás contento con tu compra: no quieren perder la batalla frente a las tiendas físicas.

MARTA ☐

He leído que un estudio reciente ha comprobado que los niños de dos años pasan dos horas y media al día delante de pantallas y que un tercio de los bebés las utiliza desde antes de caminar. Me parece terrible que los padres sustituyan el contacto físico y el uso de la palabra por ese "chupete electrónico".

TEMAS

a La caducidad programada en productos tecnológicos como los teléfonos móviles.

b Las compras en las tiendas de barrio.

c El uso del lenguaje en los chats de las redes sociales.

d El uso de internet para mejorar la educación de los niños más pequeños.

e El uso cultural de los emojis para expresar emociones.

f Las principales ventajas de hacer compras en tiendas *online*.

g La competencia de las plataformas *online* al pequeño comercio.

h La influencia de la tecnología sobre la educación y el desarrollo personal.

11b Elige uno de los cuatro temas que no ha tratado ninguna de las personas anteriores y escribe tu opinión sobre él. Utiliza las expresiones de valoración.

_____

_____

_____

_____

12 📄 **DELE** Lee una noticia compartida en el blog "Las cosas de internet" y escribe un comentario con tu opinión. En él debes incluir:

- si estás de acuerdo o no con la decisión;
- las ventajas de la compra *online*;
- las desventajas de comprar por internet;
- si prefieres o no las tiendas tradicionales y por qué.

> **Una tienda de Bilbao cobrará 15 euros a los clientes por probarse sus trajes de novio.** Los dueños defienden que su objetivo no es ganar más dinero, sino defender su trabajo, porque los clientes se prueban los trajes y luego los compran a un precio menor en internet.

> **ESTRATEGIAS PARA EL EXAMEN**
>
> Puedes ver las estrategias para esta Tarea 2 de la Prueba 3 en la actividad 16 de la unidad 4, página 40.
> * Puedes usar expresiones para opinar como *Me parece bien que…*, *No creo que sea…*, *Es increíble que…*, *Está mal que…*

13 Lee el texto y selecciona las cuatro ideas principales sobre el uso de la diéresis en la lengua cotidiana.

La diéresis   :-)   :)   : (;)   :-/   :D

No tiene la sensualidad de la ondulada rayita que lleva la letra ñ. No tiene la alegre ligereza de los puntos suspensivos… No tiene la seguridad del punto sobre la i. Y no hay duda de que le falta el gancho indiscutible de los signos de interrogación. La diéresis es tan humilde que en la lengua española tan solo se utiliza sobre la letra "u" y única y exclusivamente en las sílabas "gue" y "gui". Cuando aparece, es para indicar que la "u" se tiene que pronunciar. Pero, además, la diéresis puede utilizarse de un modo más desconocido y sin duda más poético: algunos poetas la emplean en sus versos para romper un diptongo ("¡Qué descansada vida la del que huye del mundanal rüido…!").
No son demasiadas las palabras que llevan diéresis, pero suelen plantear problemas de escritura. Porque mientras algunas no la llevan, sus derivados sí. Es el caso de "lengua", que no lleva diéresis, mientras que sí la llevan "lengüeta" o "lingüista". Tampoco "ambiguo" la necesita, pero sí "ambigüedad".
A esa dificultad se añade el hecho de que en el ciberlenguaje, la escritura que se emplea en chats y redes sociales, son muchos los que suelen evitar los signos ortográficos. Ni siquiera los emoticonos han sido capaces de darle un nuevo impulso a la diéresis. Mientras su primo el de los dos puntos, escritos en vertical, ha arrasado junto con los paréntesis y los guiones a la hora de componer caritas felices como esta :-) o rostros tristes como este otro :-(, la pobre diéresis sin embargo no ha conseguido colarse en esas imágenes.

Adaptado de www.bbc.com/mundo/noticias

1 No tiene la importancia de otros signos ortográficos como la interrogación.
2 Se escribe sobre la *u* en las sílabas *gue, gui* para indicar que hay que pronunciarla.
3 Es un signo ortográfico de uso poco frecuente en español: no son muchas las palabras que la llevan.
4 Su uso en palabras derivadas de otras que no llevan diéresis crea confusión.
5 La diéresis se ha usado en la poesía para separar dos vocales de una misma sílaba.
6 El lenguaje del nuevo mundo digital también ha dificultado el uso de los dos puntos horizontales.

14a Escribe la diéresis en las palabras marcadas que la necesitan para su correcta pronunciación.

1 Esta casa es muy **antigua.** Tiene una **antiguedad** de 100 años.
2 Nació en **Nicaragua**, pero tiene nacionalidad **nicaraguense** y española.
3 Coge el **paraguas**, está lloviendo. Está en el **paraguero**.
4 Soy **bilingue**; hablo las dos **lenguas** de mis padres, el español y el ruso.
5 Le encanta el **piraguismo** y se ha comprado una nueva **piragua**.
6 Los **pinguinos** y las **cigueñas** son aves que me fascinan.

14b ¿Cuáles de estas palabras conoces? Márcalas y escribe en tu cuaderno por qué no llevan diéresis.

☐ guerra ☐ guapo ☐ guardarropa ☐ averiguo ☐ espaguetis
☐ ambiguo ☐ guisar ☐ guitarra ☐ guacamole ☐ agua

C PEQUEÑAS IDEAS, GRANDES INVENTOS

15a Clasifica las palabras del cuadro según la característica del objeto que describen.

> sentarse - cuadrado - suave - redondo - tela - triangular - ovalado - jugar - madera - duro - cortar - papel
> metal - circular - alargado - plástico - brillante - regar - educar - elástico - beber - oloroso - cristal - blando

1 ¿Qué FORMA tiene? ¿Cómo es?	2 ¿De qué MATERIAL es? ¿De qué está hecho?

3 ¿Qué OTRAS CARACTERÍSTICAS tiene? ¿Cómo es?	4 ¿Qué UTILIDAD tiene? ¿Para qué sirve?

15b Observa las imágenes y completa la descripción con las palabras de la actividad anterior.

A

El objeto A es **(1)** _____, tridimensional (3D) y tiene seis caras. Está hecho de **(2)** _____ u otro material **(3)** _____. Las caras giran y pueden moverse. Es un rompecabezas; sirve para **(4)** _____ pensando. Es útil para entretenerse y **(5)** _____.

El objeto B parece uno de esos objetos divertidos o curiosos pero inútiles: es una tijera que no sirve para **(6)** _____: son dos tijeras sin puntas unidas en forma de equis. El material es **(7)** _____ y también tiene plástico en los cuatro aros de forma **(8)** _____ por donde se meten los dedos.

B

16a ¿Crees que estos objetos existen o solo son la idea de un invento? Observa las imágenes y completa los comentarios con la forma adecuada del presente de indicativo o de subjuntivo.

1 He visto por internet que han inventado una burbuja de agua que se _____ (comer).
2 Es urgente inventar una máquina que _____ (polinizar) las flores.
3 Me gustaría probar ese invento que _____ (ser) tan ecológico.
4 Será muy difícil conseguir que un dron _____ (comportarse) como una abeja.
5 No sé el nombre de la marca que _____ (vender) las burbujas de agua.
6 Busco alguna noticia que _____ (hablar) del dron para mi trabajo sobre la extinción de las abejas.

16b Relaciona las frases de la actividad anterior con el uso correspondiente de indicativo o subjuntivo.

a Hablo de algo que conozco o tengo identificado. Frases: _____
b Hablo de algo que no conozco o no tengo identificado. Frases: _____

17 ◄)) **31** Escucha la conversación de Ángela y Elías sobre la exposición "Objetos imposibles". Marca cada enunciado como verdadero (V) o falso (F).

	V	F
1 Elías quiere ir a la exposición con Ángela.	☐	☐
2 Cada objeto del artista Jacques Carelman es un invento práctico.	☐	☐
3 La exposición muestra objetos que fueron útiles en el pasado.	☐	☐
4 A Ángela le fascina una mesa de pimpón que tiene ondas.	☐	☐
5 El artista con su obra denuncia el consumismo de países desarrollados.	☐	☐
6 A Ángela le parece lógico que el objetivo del *marketing* sea vender más.	☐	☐

18 Lee estas preguntas y fíjate en el verbo: ¿con subjuntivo o indicativo? Marca la única opción **incorrecta** en cada una de ellas.

1 ¿Me vas a presentar a alguien…
  a que quiere colaborar conmigo? ¡Qué bien!
  b que quiera colaborar conmigo? Sería estupendo.
  c que quiere colaborar conmigo? Te lo vuelvo a pedir.

2 ¿Quieres contarme otra vez esa historia…
  a que me gusta? No me canso de escucharla.
  b que me guste? No la recuerdo.
  c que me gusta? Es que me encanta.

3 ¿Es una película de ciencia-ficción…
  a que hable del cerebro humano? Me interesa.
  b que habla del cerebro humano? Ya sé cuál es.
  c que habla del cerebro humano? No me interesa.

4 ¿Su vivienda es una casa…
  a que tenga un jardín por detrás? La vi el otro día.
  b que tiene un jardín por detrás? No estoy segura.
  c que tiene un jardín por detrás? ¡Qué bonita!

5 ¿Conoces a un compañero…
  a que siempre está bromeando? Me cae fenomenal.
  b que siempre esté bromeando? Me llamó ayer.
  c que siempre está bromeando? ¡Preséntamelo!

6 ¿Tienen un plato…
  a que lleva frijoles negros y plátano? No recuerdo cómo se llama.
  b que lleve frijoles negros y plátano? Se llama "pabellón".
  c que lleve frijoles negros y plátano? Me gustaría probarlo.

EN ACCIÓN

19a Fíjate en este vocabulario y busca en el diccionario las palabras que no conozcas.

- pescador
- puerto
- barca
- barco pesquero
- flota de barcos
- red
- cubo
- pez
- captura
- pescar
- salir a faenar
- preparar las redes

19b Completa las frases con las palabras adecuadas de la actividad anterior. Algunas palabras se repiten.

1 Regala un _____ a un hombre y le darás alimento para un día; enséñalo a _____ y lo alimentarás para el resto de su vida.

2 Superar una situación crítica, difícil o peligrosa siempre es llegar a buen _____.

3 Cuida de los pequeños gastos porque un pequeño agujero hunde una _____, y un barco.

4 La pesca es algo así como la poesía: hay que nacer _____.

5 Internet es la _____ que nos puede _____.

6 Si te diviertes y estás en tu ambiente, estás como _____ en el agua.

7 Un barco está más seguro en el _____, pero no se construyó para eso.

8 La paciencia, la observación y la dedicación hacen al buen _____.

19c Elige una de las frases anteriores y explica qué significa para ti.

_____

_____

20a Lee estos enunciados y completa con ellos el texto.

a nunca disfrutan de lo que hacen
b el peligro de perder sus costumbres
c contemplar desde fuera nuestra civilización
d todavía quieren tener más

e no ha perdido el contacto con la naturaleza
f tampoco necesitaban el dinero
g las formas de vida de Occidente
h la vida sencilla y despreocupada

Los Papalagi

Tuiavii de Tiavea, jefe de una tribu en el Pacífico Sur, viajó a Europa a principios del siglo XX y allí descubrió un mundo incomprensible, muy diferente de **(1)** _____ de los habitantes de Samoa. Los samoanos no conocían ni **(2)** _____ («el metal redondo»), ni los grandes edificios («canastas de piedra»), los cines

(«locales de pseudovida»), ni los periódicos («los muchos papeles»). Tuiavii nunca entendió por qué «los Papalagi» («los hombres blancos») siempre tienen prisa; o por qué **(3)** _____ y se pasan el día pensando en lo que harán después; o por qué, con todas las cosas que tienen, **(4)** _____. Años después de su visita a Europa, Tuiavii escribió unos discursos dirigidos al pueblo polinesio para alertar a su pueblo contra **(5)** _____ si imitaban **(6)** _____. Un amigo alemán, Eric Scheurmann, recopiló los textos y los publicó en Occidente. Desde entonces han sido traducidos a muchos idiomas. Tuiavii transmite a través de estos discursos su sencilla sabiduría, con unas descripciones que tienen la ventaja de **(7)** _____. Quizá fue esta la primera vez que se habló de «antiglobalización». Además, la cultura occidental se convierte aquí en objeto de estudio por parte de un pueblo que **(8)** _____. Se trata de un documento que algunos críticos califican de ficticio y, otros, de hecho real, además de una obra enormemente divertida.

Adaptado de *https://www.casadellibro.com*

20b Escribe en tu cuaderno un cuento corto con Tuiavii como protagonista. Piensa en cómo es el personaje, qué le pasó y dónde, si va a dialogar con otro personaje secundario… y qué idea quieres transmitir: la moraleja o conclusión de la historia.

- No hagas un resumen. Haz hablar a los personajes y a la acción. No cuentes lo que pasa: haz que pase.
- Sé breve en las descripciones: no des demasiados detalles.

Y PARA ACABAR…

¿En qué *ranking* ocuparías la primera posición?

Información interesante de esta unidad:

Una breve valoración sobre internet:

¿Qué invento te parece necesario inventar?

10 CUERPO Y MENTE

A ¿CÓMO LLEVAR UNA VIDA SANA?

1a Clasifica los siguientes hábitos dependiendo de si son saludables o no.

> comer bollería industrial - dormir mínimo siete horas al día - pasear animales - reír a menudo
> acostarse cada día a una hora diferente - tomar mucha medicación - hacer deporte solo una vez a la semana
> comer ligero - hablar con otras personas - estar siempre de mal humor - comer dos o tres frutos secos cada día
> mirar el móvil antes de dormir - beber poca agua - hacerse revisiones médicas frecuentemente

Hábitos saludables	Hábitos no saludables

1b Ahora añade dos hábitos más para cada columna de la tabla anterior.

2a Completa estas frases con las expresiones del cuadro.

> favorecer la relajación - aportar beneficios - fortalecer los músculos
> cultivar un huerto - mejorar la autoestima - reducir el estrés - relajar la mente

1 Acciones tan simples como mirarse al espejo, pintarse los labios o peinarse pueden ayudar mucho a _____ y a querernos un poco más.

2 Cuando haces yoga o meditación, es importante cerrar los ojos, _____, no pensar en nada, y ponerse en una postura cómoda. También puedes encender una vela y poner música tranquila; son cosas que van a _____.

3 Las ventajas para nuestro cuerpo de comer comida sana son obvias, pero ahora se está descubriendo que una alimentación saludable también puede _____ psicológicos.

4 Si pasas muchas horas delante del ordenador, es recomendable _____ del cuello para evitar dolores de cabeza y otros problemas más serios.

5 ¿Conoces alguna técnica para _____? He probado de todo: trabajar menos horas, trabajar desde casa, hacer meditación, hablar con mis jefes, pero nada funciona, sigo teniendo problemas.

6 _____ es una excelente manera de relajarnos: prestamos atención a cosas pequeñas, como regar o plantar, estamos en contacto con la naturaleza y nos olvidamos, al menos por unos minutos, de las preocupaciones diarias.

2b Contesta a las siguientes preguntas según tus hábitos u opinión.

1 ¿Qué haces tú para relajar la mente? _____
2 ¿Cómo podemos fortalecer los músculos de las piernas? _____
3 ¿Qué beneficios te aporta el deporte? _____
4 ¿Cómo podemos mejorar la autoestima de nuestros amigos? _____
5 ¿Qué es lo más complicado de cultivar un huerto? _____

3a Relaciona cada principio de frase con el final más adecuado.

1 Pintátelos, …

2 Dátelo, …

3 Escóndelo, …

4 Estíralo bien, …

5 Enciéndelas…

6 Háztelo de vez en cuando, …

a si vas a hacer meditación o para crear un ambiente agradable en casa.

b si no lo ves en la despensa, ¡no lo comerás!

c así podrás saber si tienes algún problema de salud.

d seguro que así mejora tu autoestima y te sentirás más guapa.

e sobre todo antes y después de trabajar con el ordenador.

f ya verás qué bien te sientan las burbujas y el agua calentita.

3b Ahora imagina a qué sustantivo se refiere el pronombre al final del imperativo, según la frase que has formado en la actividad anterior. No hay una única respuesta correcta.

1 Pintátelos: _____

2 Dátelo: _____

3 Escóndelo: _____

4 Estíralo bien: _____

5 Enciéndelas: _____

6 Háztelo: _____

4 En cada frase, identifica el objeto directo y, si lo hay, también el objeto indirecto. Después, transforma la frase usando pronombres, como en el ejemplo.

Echa <u>crema</u> en la cara <u>a ti</u> → *Échatela en la cara*
    OD   OI

1 Lava las manos antes de comer a ti

2 Reduce el número de horas delante de una pantalla

3 Estira bien el cuello antes de trabajar

4 Pon gafas de sol a ti si vas a estar al sol mucho tiempo

5 Quita el pijama si hace calor a ti

6 Bebe dos litros de agua al día

7 Da abrazos a las personas importantes en tu vida

8 Haz revisiones médicas frecuentes a ti

Recuerda

Cuando el objeto directo y el objeto indirecto aparecen en forma de pronombres con un imperativo afirmativo, los escribimos en una única palabra junto con el verbo: primero el indirecto y luego el directo *(dímelo)*.

5a Relaciona los siguientes problemas con los consejos más adecuados.

PROBLEMAS

1 No consigo motivarme para hacer deporte.

2 Me cuesta mucho decir "no", por eso siempre tengo mucho trabajo.

3 Me parece muy estresante estar siempre pendiente de mi aspecto.

4 Me resulta muy duro dejar de comer azúcar y ultraprocesados.

5 No consigo que mis hijos dejen el ordenador y la consola.

6 Me resulta bastante aburrido comer tanta fruta y verdura.

CONSEJOS

a Haz una lista de prioridades y si no tienes tiempo, ¡dilo!

b Hazlo solo si lo consideras necesario: muchas veces mejora la autoestima.

c Piensa formas diferentes de consumirlas: en batidos, como aperitivo…, ¡incluso en *pizzas*!

d Ayúdalos a buscar alternativas: juegos de mesa, libros, paseos al aire libre…

e Busca el momento más adecuado, o invita a un amigo a ir contigo.

f ¡Normal! ¡Es bastante complicado! Empieza reduciendo cantidades.

5b Ahora, escribe un consejo para estos problemas.

1 Me meto en la cama y no consigo relajarme, no dejo de pensar en mis problemas.

_____

2 Me cuesta mucho organizarme con las comidas y al final siempre acabo pidiendo una *pizza*.

_____

3 Todos los días como fuera de casa y nunca me lavo los dientes.

_____

4 En general llevo una alimentación sana, pero me resulta casi imposible no comer chocolate.

_____

5 Últimamente trabajo desde casa y me parece muy complicado organizarme y tener una rutina.

_____

B SALUD EMOCIONAL

6 Fíjate en las palabras del cuadro y completa las frases con ellas.

pérdida desaprender transformar envenenarse irracional ira

1 Un sentimiento o una acción que no tiene razones lógicas es _____.
2 Cambiar algo, hacer que algo evolucione es _____.
3 Olvidar o cambiar la forma en la que habíamos aprendido algo es _____.
4 Otra palabra para hablar de la muerte es _____.
5 Cuando estamos muy enfadados, sentimos rabia o _____.
6 Tomar algún producto tóxico que puede provocar la muerte es _____.

7 Elige la opción correcta en cada caso.

1 Si aprendemos a gestionar nuestras emociones durante la **mudanza / infancia / burla**, seremos adultos más estables mentalmente.

2 Las personas que son emocionalmente **inmaduras / racionales / educadas** tienen problemas para gestionar lo que sienten.

3 Si **evitamos / filtramos / desaprendemos** siempre los sentimientos negativos, los niños no sabrán cómo enfrentarse a los problemas de la vida real en el futuro.

4 La **burla / ira / muerte** de un ser querido puede provocar mucha confusión en los niños; no saben qué ha pasado con esa persona ni dónde está.

5 Cuando perdemos algo que **valoramos / nos envenena / ignoramos**, normalmente sentimos tristeza.

6 Si tenemos tendencia a **expresar / reprimir / gestionar** nuestras emociones, es probable que a largo plazo "explotemos" y las consecuencias de este hecho sean negativas.

8 El texto de la página 90 del libro del alumno habla de varias emociones básicas. ¿Con cuál de ellas relacionas las palabras del cuadro?

enfado - felicidad - soledad - tranquilidad - horror - odio - temor - pena - desagrado - preocupación

Alegría 😊	Tristeza 😔	Ira 😠	Asco 😣	Miedo 😮

9 Completa esta tabla con los verbos en imperativo negativo.

	hacer	decir	venir	tener	salir	ir	ser	poner
tú		no digas				no vayas		
usted				no tenga				no ponga

10 Completa las siguientes frases con la forma correcta del imperativo en la forma *tú*.

1 _____ (escuchar) tus sentimientos y _____ (valorar, los sentimientos).

2 _____ (explorar) tus emociones y _____ (conocerse) a ti mismo.

3 _____ (mantener) la calma en situaciones complicadas.

4 _____ (tomarse) las cosas con filosofía.

5 No _____ (juzgar) a los demás, todos tenemos nuestros problemas.

6 _____ (sentarse) a hablar con tus hijos cada día. No se lo niegues.

7 _____ (tener) el valor de sentirte mal si lo necesitas.

8 _____ (esforzarse) por comprender tus emociones.

9 _____ (hacer) preguntas abiertas para obtener respuestas interesantes.

10 Si algo tiene solución, no _____ (preocuparse) demasiado.

> **Recuerda**
>
> Cuando el objeto directo y el objeto indirecto aparecen en forma de pronombres con un imperativo negativo, escribimos primero el indirecto y luego el directo, pero en palabras separadas: *No me lo digas.*

11a Lucía es una persona con gran inteligencia emocional. En cambio, Pedro no tiene demasiada. ¿Qué crees que van a decir cada uno de ellos en estas situaciones? Escribe recomendaciones, como en el ejemplo.

"Estoy un poco perdido y no sé qué hacer con mi vida. Acabo de perder mi trabajo, no tengo pareja, no tengo energía…".

Lucía: *Anímate, todo el mundo pasa por situaciones así. Tienes que relajarte y pensar las cosas con tranquilidad.*

Pedro: *Pues tienes una situación difícil: hay poco trabajo y menos a tu edad. Tienes demasiados problemas.*

1 "Cuando tengo un problema, no sé muy bien con quién hablar y me siento frustrado".

Lucía: _____   Pedro: _____

_____   _____

2 "Llevo trabajando quince años en esta empresa, pero han ascendido a un compañero que llegó hace seis meses. Siento rabia; creo que yo también me merezco un ascenso".

Lucía: _____   Pedro: _____

_____   _____

3 "Mi hija adolescente se pone muy nerviosa cuando tiene exámenes y no sé cómo ayudarla".

Lucía: _____   Pedro: _____

_____   _____

4 "Mi mejor amigo no me ha felicitado por mi cumpleaños y a mí nunca se me olvida el suyo".

Lucía: _____   Pedro: _____

_____   _____

11b ¿Qué consejos darías tú para los problemas anteriores? Escríbelos en tu cuaderno.

12a 🔊 32 Escucha la primera parte de este programa sobre la gestión de las emociones y selecciona la opción correcta.

1 Las personas que no comparten sus problemas con los demás…
  a tienen un 40 % más de problemas que otras personas.
  b van con más frecuencia al médico que el resto de la gente.
  c sufren enfermedades más graves que el resto de personas.

2 Si hablamos de nuestros problemas con un amigo, …
  a seguro que no quiere saber nada de nosotros.
  b probablemente nos va a recomendar ir a un terapeuta.
  c posiblemente tengamos miedo de su reacción.

3 La técnica desarrollada por James Pennebaker…
  a ha sido demostrada en experimentos científicos.
  b funciona solo para problemas de amor y desamor.
  c preocupa mucho a la comunidad científica.

4 Para la mente humana es importante…
  a detectar cuáles son nuestros problemas.
  b eliminar las causas de los nuevos problemas.
  c exponer abiertamente nuestros problemas.

12b 🔊 33 Escucha ahora el resto del programa e identifica qué consejos de esta lista se mencionan.

1 Escribe cuatro días a la semana.
2 Intenta escribir un mínimo de 30 minutos cada día.
3 Si estás inspirado, escribe más tiempo.
4 No te fijes demasiado en la ortografía.
5 Revisa tu texto después para hacer cambios.
6 Piensa en el posible público que va a leer tu texto.
7 Si tienes hijos, escribe cuando ellos estén en la cama.
8 Después de escribir, reflexiona sobre tu texto.
9 Busca una solución a cada uno de los problemas sobre los que escribes.
10 Usa el tiempo que necesites para expresar tus sentimientos.

C EL DEPORTE EN LA VIDA

13 Completa estas frases con una palabra del cuadro.

| títulos - entrenar - equipos - cicatrices - habilidad - enloquecer - cazatalentos - debutar |

1 A los partidos importantes de las ligas infantiles suele ir siempre un _____, buscando posibles nuevas estrellas para jugar en la liga profesional.

2 La suerte y el talento son muy importantes para el deporte, pero lo fundamental es _____ varias horas todos los días, es decir, lo importante es el trabajo.

3 Cuando era pequeña, tuve un accidente bastante aparatoso montando en bici. Me rompí varios huesos y todavía tengo las piernas llenas de _____, ¿las quieres ver?

4 Por suerte, los periódicos y programas deportivos cada vez dedican más tiempo y espacio a los _____ femeninos.

5 Es normal que esté tan nerviosa, ¡va a _____ en una competición internacional! Y las primeras veces siempre estamos así, ¿no?

6 Este equipo nunca ha ganado una final del campeonato, pero este año son los favoritos y tienen muchas probabilidades. Está claro que los aficionados van a _____ y a alegrarse muchísimo si finalmente ganan.

7 ¿Recuerdas cuántos _____ europeos ha ganado tu equipo en los últimos años?

8 Jorge tiene una gran _____ para el golf y podría jugar de forma profesional, pero prefiere hacerlo solo en su tiempo libre.

14 Elige en cada caso la perífrasis más adecuada.

1 Ese piloto tan famoso de motos sufrió un accidente tan grave que tuvo que **volver a pilotar / dejar de pilotar** para siempre.

2 Mi amigo Javi **lleva montando / dejó de montar** en bici desde los 15 años ¡y desde entonces no ha parado!

3 Michael Jordan **se puso a jugar / dejó de jugar** al baloncesto durante unos años, pero lo echaba tanto de menos que, después de un tiempo, **estuvo a punto de competir / volvió a competir**.

4 Mi equipo favorito **estaba a punto de ganar / volvió a ganar** la final de la Champions League, cuando el otro equipo marcó dos goles en los últimos minutos.

5 ¿Todavía **llevas haciendo / sigues haciendo** yoga todos los días? ¿Cómo lo haces? Yo nunca encuentro el momento.

6 Un buen día, de repente, **estuve a punto de correr / me puse a correr** y me di cuenta de que no era tan duro, aunque solo hice tres kilómetros.

15 Completa el texto con una de las perífrasis del cuadro y el verbo entre paréntesis en infinitivo o gerundio.

> ponerse a / estar a punto de / volver a / dejar de (+ infinitivo)
> seguir / llevar (+ gerundio)

Mi padre, Jesús, tiene casi 65 años, pero todavía está muy en forma. Siempre ha practicado mucho deporte, especialmente deportes de riesgo como escalada o descenso de barrancos. Dice que, cuando era niño, un buen día **(1)** _____ (subir) por unas piedras y que la experiencia le encantó, de ahí su afición a la escalada. Ha escalado las montañas más altas de España y de Europa y nunca ha tenido ningún problema, excepto una vez, hace muchos años, cuando **(2)** _____ (tener) un accidente muy grave, ¡menos mal que estaba bien asegurado gracias a una cuerda! Esa experiencia tan mala no le afectó demasiado y **(3)** _____ (practicar) estos deportes hasta que cumplió los 50 aproximadamente. En ese momento se pasó a la bici y al *squash*, y no **(4)** _____ (ir) a la montaña, dice que se pondría muy nostálgico.
Hace un par de años, cuando sus rodillas **(5)** _____ (funcionar) tan bien como antes, empezó a caminar varios kilómetros al día, y eso es lo que hace ahora. En definitiva, mi padre **(6)** _____ (hacer) deporte toda su vida, por eso ahora sigue en forma. Quizás yo debería seguir su ejemplo, ¡porque yo no soy tan deportista!

16 Contesta a estas preguntas sobre ti.

1 ¿Alguna vez has estado a punto de tener un accidente?

2 ¿Qué llevas haciendo desde principios de este mes?

3 ¿Qué has dejado de hacer en los últimos meses?

4 ¿Has vuelto a hacer algo que dejaste de hacer en el pasado?

5 ¿Qué hacías de pequeño y sigues haciendo hoy en día?

6 ¿En qué momento te pusiste a estudiar español?

17 Reescribe las siguientes frases usando la perífrasis en negrita para que tengan un significado similar.

1 Mi hermano juega al tenis desde el año 2010.
llevar + gerundio

2 El atleta salió unos segundos antes, por eso, todos se pusieron en posición otra vez.
volver a + infinitivo

3 ¿Cuándo jugó por última vez ese futbolista de los anuncios de TV?
dejar de + infinitivo

4 Los dos pilotos españoles casi se chocan en la última curva del circuito.
estar a punto de + infinitivo

5 Aunque mi tía es un poco mayor, todavía nada en el mar todos los días, ¡incluso en invierno!
seguir + gerundio

6 En la segunda parte del partido llovió tan fuerte de repente que lo cancelaron.
ponerse a + infinitivo

18 📄 **DELE** Lee esta carta al director sobre el deporte femenino y elige la opción correcta en cada caso.

¿Y EL DEPORTE "DE LAS CHICAS"?

Cada vez que pongo la televisión o escucho los programas de deporte en la radio, veo cómo se dedican minutos y minutos **(1)** ___ hablar del deporte masculino. En ocasiones, son noticias que no tienen que ver con el deporte, como qué ha pasado en la vida personal de un tenista o el dolor de estómago que sufre otro futbolista. ¿Qué pasa **(2)** ___ el deporte femenino? Somos muchas las mujeres que practicamos deporte, tanto de forma *amateur* **(3)** ___ profesional. Hacemos muchos esfuerzos **(4)** ___ compatibilizar nuestra vida personal con nuestra carrera deportiva y también son miles los aficionados que nos siguen semana tras semana, nos acompañan a competiciones internacionales y nos muestran su apoyo diariamente. ¿Por qué no hacen lo **(5)** ___ los medios de comunicación? Esos medios tan preocupados por mostrar cierta igualdad, por ejemplo, en los presentadores de televisión, pero que a la hora de la verdad prefieren hablar del nuevo coche de un futbolista que hablar de los títulos "de las chicas". ¿Cómo vamos a llegar a llenar estadios si nadie habla de nosotras? Estamos en **(6)** ___ siglo XXI y ya es hora de que haya igualdad real.

	a		b		c
1	a	**b**	de	**c**	por
2	por	**b**	con	**c**	de
3	igual	**b**	que	**c**	como
4	en	**b**	con	**c**	por
5	igual	**b**	mismo	**c**	tanto
6	pleno	**b**	lleno	**c**	completo

ESTRATEGIAS PARA EL EXAMEN

Este ejercicio corresponde a la Tarea 5 de la Prueba 1. Lees un texto corto (una carta, un correo…) y tienes que completar seis espacios. Tienes tres opciones para cada espacio.
- Lee bien el texto antes de completar. Busca palabras antes o después de los espacios que te puedan ayudar (palabras que necesitan un tiempo verbal específico, verbos que funcionan con una preposición determinada…).
- Normalmente, de las tres opciones, hay una que se puede descartar más fácilmente.
- Al final, lee el texto otra vez y comprueba si algo te suena mal.

EN ACCIÓN

19a Lee los siguientes fragmentos de una presentación y señala a qué tema de la actividad **1a** de la página 94 del libro del alumno corresponden. Escribe en tu cuaderno a qué punto del tema contestan.

		Tema 1	Tema 2
1	Personalmente, a mí no me cuesta demasiado, especialmente si lo hago con personas cercanas y en las que confío. Sin embargo, puedo entender que a las personas más tímidas les resulte más complicado.	☐	☐
2	Por último, quiero mencionar algunas otras propuestas. Además de potenciar la inteligencia emocional, es necesario hacer deporte con frecuencia, llevar una alimentación saludable y dormir suficiente. Creo que así podremos llevar una vida sana.	☐	☐
3	Como ya he mencionado antes, practicar algún tipo de deporte me parece esencial. En mi caso, intento caminar un poco todos los días y no usar tanto el coche, y los fines de semana me gusta hacer rutas de senderismo en la sierra. Además, cuando no hace mucho frío, voy a nadar un par de veces a la semana. Los gimnasios no me gustan, me aburren.	☐	☐
4	En primer lugar, creo que aunque no somos conscientes de estas relaciones, realmente nuestra forma de ser puede afectarnos más de lo que pensamos. Si somos personas tranquilas, no nos enfadaremos tan a menudo y podremos evitar ciertos sustos, como por ejemplo, un ataque al corazón. Por otro lado, si somos extrovertidos, tendremos una vida social más rica, lo que hará que no nos sintamos solos y quizá ayude a no sufrir ciertas enfermedades mentales.	☐	☐
5	No obstante, soy consciente de que pasear los fines de semana no es suficiente. Lamentablemente, mi vida profesional ocupa gran parte de mi día a día, pero, por supuesto, me gustaría poder hacer algo más de deporte a diario. Quizás debería levantarme un poco antes y hacer yoga por la mañana en casa.	☐	☐
6	Soy consciente de que el tiempo es un problema para mucha gente, pero tengo algunas sugerencias para seguir activos. Por ejemplo, podemos poner una alarma en el móvil y dar un par de vueltas a la oficina cada hora. También podemos bajarnos una o dos paradas de autobús antes de llegar al trabajo y caminar el resto del trayecto. ¡Ah! Y una propuesta muy fácil de seguir es usar siempre las escaleras, nunca el ascensor.	☐	☐

19b Ahora escribe en tu cuaderno respuestas similares a las anteriores para las preguntas de la actividad **2** de la página 94 del libro del alumno.

20a Lee esta presentación y completa los espacios con las expresiones del cuadro.

en segundo lugar - por ejemplo - en conclusión - a mí me parece que - por último
el tema que he elegido es - respecto a - en primer lugar - por otro lado

Mens sana in corpore sano

(1) _____ "Los beneficios de practicar actividad física". **(2)** _____, creo que a estas alturas todos somos conscientes de que es necesario practicar algún tipo de deporte o ejercicio para tener una vida sana. **(3)** _____, numerosas investigaciones científicas han demostrado que, además de llevar una alimentación saludable, dormir 8 horas o tener cierta vida social, practicar deporte es fundamental, ya que nos ayuda a liberar endorfinas, que son las sustancias que provocan la felicidad. **(4)** _____, si estamos en forma y activos, podemos retrasar el envejecimiento de nuestro cuerpo.

(5) _____ las actividades que yo realizo, intento salir a correr dos o tres veces a la semana y siempre monto en bici uno de los días del fin de semana. Personalmente, **(6)** _____ es imprescindible hacer algo de deporte con frecuencia; si no lo hago, me noto más cansado y triste, sin energía. **(7)** _____, soy consciente de que debería hacer algo más de deporte, pero no tengo tiempo. Sé que este problema lo comparte mucha gente, pero siempre podemos hacer algo, por poco que sea, **(8)** _____ podemos comprarnos una bici estática para hacer deporte mientras vemos una serie de televisión.

(9) _____, todos necesitamos incorporar el deporte en nuestras vidas para sentirnos mejor. Ya se sabe, "mens sana in corpore sano".

20b Relaciona estas expresiones con otras de significado similar de la actividad anterior.

1 Voy a hablar de… → _____
2 En relación con… → _____
3 En resumen… → _____
4 Yo pienso que… → _____
5 Primeramente… → _____
6 A continuación… → _____

Y PARA ACABAR...

Alguna actividad que haces para llevar una vida sana:

Información interesante de esta unidad:

Un consejo para gestionar nuestras emociones negativas:

Algún deportista ejemplo de superación:

11 EXPRESIÓN ARTÍSTICA

A EL ARTE EN LA VIDA

1 ¿Qué es el arte para ti en tres palabras?

_____ , _____ , _____

2a Lee estas opiniones sobre el arte y complétalas con las palabras del cuadro.

> innovación - arte - técnicas - realidad
> cultura - sentimientos - obra - comunicación

1 Para mí, el arte es la representación exacta o realista de la _____. Por ejemplo, el cuadro *Lavabo y espejo*, del pintor realista español Antonio López, que nos muestra la pared de un baño con más detalle que una fotografía. También cuando los autores no expresan cómo es algo realmente, sino los _____ que les provoca esa realidad y lo que significa para ellos.

2 Yo creo que también podemos entender el arte como un relato sobre la realidad, donde los artistas representan no lo que ven, sino lo que saben. El arte es un acto de _____ y en él participan tanto la persona que lo crea como la que lo observa. Esa experiencia compartida puede ser intelectual, emocional, estética, o una mezcla de todas; pienso que esto depende de nuestra _____ y de lo que sabemos.

3 Tal vez yo veo arte en cosas que tú no. Y tú verás arte en cosas que nadie considerará _____.
Yo reconozco que algo es arte cuando, estando frente a la _____, siento algo. Si te emociona, si te hace feliz, si te da asco, si te hace pensar, si te hace viajar en la obra, eso es arte.

4 Hoy el concepto de arte se refiere a muchas más _____ y formas que antiguamente, donde solo se consideraba arte a la pintura, la escultura, la arquitectura, la poesía, la danza y la música. El avance de la tecnología ha cambiado nuestra percepción del arte y la _____ nos permite hoy hablar de arte digital o de videocreación, por ejemplo.

2b Escribe en tu cuaderno tu opinión a partir de las palabras escritas en la actividad **1**.

3a Completa el cuadro con el sustantivo o el verbo que falta.

	el / la artista	hacer arte
la fotografía		
		diseñar una colección de ropa
la pintura		
	el / la escultor(a)	
		diseñar un edificio
la literatura		
	el / la cineasta	

3b Elige la palabra adecuada en cada frase.

1 Estoy de acuerdo en que el **arte / cine / cineasta** sea llamado el séptimo arte, porque las buenas películas pueden concentrar todas las artes.

2 Entre mis artistas favoritos está el **escritor / pintor / fotógrafo** Eduardo Naranjo, con cuadros como *Las manos de mi madre*.

3 Me gustan mucho las **fotografías / esculturas / artes** de la artista Ouka Leele y su técnica de hacerlas en blanco y negro para colorearlas después.

4 En el curso de escritura creativa, la profesora nos ha pedido que leamos un poema de la **arquitecta / escritora / literatura** argentina Alejandra Pizarnik.

4a Lee estos consejos y escribe el infinitivo o la forma adecuada de presente de subjuntivo para completar las frases.

1 Si prefieres ver una exposición de pintura, te recomiendo que _____ (ir) al Museo Sorolla.

2 Aunque sea una buena adaptación, os aconsejo _____ (leer) el libro antes de ver la película.

3 Lo mejor es que me _____ (esperar) para ver la Catedral de Santiago las dos juntas.

4 Para visitar el museo en estas fechas, le aconsejo que _____ (comprar) una entrada *online*.

5 Como les gusta la música de cine, les recomiendo _____ (asistir) a un concierto de la Film Symphony Orchestra.

6 Lo mejor es _____ (contratar) un guía para ver esta exposición en el MACBA.

> **Recuerda**
>
> • Cuando damos un consejo o hacemos una recomendación, podemos usar las expresiones *te recomiendo / te aconsejo / lo mejor es* seguidas de:
> - un sustantivo: *Te recomiendo **la lectura** de un libro de Almudena Grandes.*
> - infinitivo: *Te aconsejo **visitar** el Museo del Prado.*
> - *que* + subjuntivo: *Lo mejor es **que estudies** lo que te gusta.*
> • También podemos aconsejar con las expresiones *yo que tú / yo en tu lugar* seguidas de condicional: ***Yo que tú, compraría** la entrada para el concierto ¡ya!*

4b Escribe en tu cuaderno las frases de la actividad anterior cambiando la expresión de consejo por estas otras con infinitivo o condicional.

Frase 1: tendrías que…   **Frase 3:** deberías…   **Frase 5:** podrían…
Frase 2: yo en vuestro lugar…   **Frase 4:** yo que usted…   **Frase 6:** es conveniente…

5 Lee las opiniones de estas personas y relaciónalas con el consejo que recibieron.

1 Nunca voy a los museos porque creo que son para la gente que entiende de arte.

2 Llevo dibujando desde los 8 años y ahora, con 20, veo que me equivoqué cuando decidí estudiar Medicina.

3 A cualquier cosa lo llaman arte. Creo que mi sobrino de 4 años lo puede hacer mucho mejor.

a Nunca es tarde si sabes lo que te gusta. Si eso es lo que te emociona, yo que tú, buscaría la forma de seguir por ese camino del arte.

b Para disfrutar del arte contemporáneo, yo te recomiendo que abras tu mente y dejes los prejuicios a un lado. No es necesario que nos guste todo: cada autor es un mundo.

c Deberías perder el miedo al arte y sentir que estás preparado para comprenderlo. Todos somos capaces de sentir emociones ante un cuadro o una escultura.

6 ¿Qué consejo les darías a estas personas en su situación? Utiliza las expresiones de **4a** y **4b**.

1 Creo que es mejor que vayas tú: ya sabes que soy muy tímido y no me gustan esas situaciones.

2 Este domingo hay una exposición de escultura al aire libre, pero no quiero ir sola.

3 Es el cumpleaños de un compañero y voy a regalarle una "tarjeta Amiga" del museo Thyssen para visitar museos con descuento.

4 Tengo que preparar una presentación sobre algún director de cine y estoy pensando en hacerlo sobre Pedro Almodóvar.

5 Me gustaría decorar el salón con alguna lámina artística o algún cuadro bonito, pero no sé muy bien qué comprar.

6 Antes dedicaba mi tiempo libre a la fotografía y lo echo de menos porque ahora no tengo tiempo para nada.

7 ◀)) 34 📄 **DELE** Vas a escuchar seis anuncios de radio sobre eventos artísticos. Escucharás cada anuncio dos veces. Contesta a las preguntas con la opción correcta. Tienes 30 segundos para leer las preguntas.

PREGUNTAS

Anuncio 1

1 La exposición de la Casa de Iberoamérica…

  a es una muestra de la fotografía argentina actual.

  b ofrece información sobre edificios emblemáticos.

  c tiene un tema común que comparten los autores.

Anuncio 2

2 La exposición está dedicada a…

  a la lectura de los poemas de Joan Brossa.

  b la arquitectura del Museo de Barcelona.

  c la obra poética y visual del artista catalán.

Anuncio 3

3 Con su obra, la artista mexicana Pía Camil…

  a transforma el espacio exterior del museo.

  b diseña un puente de 8 metros de largo.

  c decora la plaza interior del museo.

Anuncio 4

4 El espectáculo de danza *Fuego* reúne…

  a los estilos de tres bailarines españoles.

  b el arte de un bailarín, un cineasta y un músico.

  c tres obras durante el mes de octubre.

Anuncio 5

5 La Bienal Internacional de La Habana…

  a presentó las obras en 52 galerías de arte.

  b se celebra en la ciudad durante un mes.

  c muestra la obra de 12 artistas cubanos.

Anuncio 6

6 La obra *Emocionarte* es…

  a un cuadro pintado por Carlos del Amor.

  b una historia de ficción y viajes en el tiempo.

  c un libro que destaca la pintura de mujeres.

ESTRATEGIAS PARA EL EXAMEN

Este ejercicio corresponde a la Tarea 1 de la Prueba 2. Vas a escuchar seis avisos, anuncios publicitarios, mensajes personales… y contestar a seis preguntas con tres opciones.

- En el tiempo de lectura de las preguntas, marca la información o palabras clave para centrarte en esos contenidos que tendrás que reconocer durante la audición.

- Cada mensaje se escucha dos veces seguidas. Primero, marca la respuesta que reconoces como correcta y, después, confírmala o marca una opción si no pudiste responder antes.

B EL PLACER DE LA MÚSICA

8 ¿Reconoces a qué tipo de música se refieren las palabras del cuadro? Completa con ellas estas declaraciones sobre gustos musicales.

> flamenco - vallenato - salsa - *jazz* - pop - reguetón

1 Lo que más me gusta del _____ es ir a clubs por la noche y sentir el sonido de la trompeta. Junto con la música clásica, es el género instrumental que más disfruto. En casa siempre suenan discos de Ella Fitzgerald o Miles Davis…

2 Me encantan los ritmos latinos y es una forma ideal de pasarlo bien y sudar mucho. La _____ es mi género tropical preferido: solo necesitas una pareja que sepa moverse al ritmo y practicar un poco con la música de Celia Cruz.

3 Elijo música según el estado de ánimo, pero me interesa mucho que la música sea innovadora, por eso me gusta tanto Rosalía, por la mezcla de estilos y cómo canta el _____, aunque ella no es de Andalucía.

4 Yo me identifico con la música _____ porque me pone de buen humor y es una música tan pegadiza, que siempre me entran ganas de bailar. ¡Soy fan de Michael Jackson y de Cher!

5 Para mí es importante compartir la música con la gente y eso me ocurre con el _____. Es ideal para bailar en la discoteca, pero a veces sus letras pueden ser un poco ofensivas, ¡especialmente con las mujeres!

6 No conocía el ritmo musical típico de la costa caribeña de Colombia, el _____, hasta que escuché "La bicicleta", de Carlos Vives y Shakira. Su principal instrumento es el acordeón. Me interesa mucho la música latina.

9 Marca la palabra que **no** pertenece a la serie.

1 bachata - salsa - estilo - cumbia

2 dopamina - adrenalina - cerebro - telonero

3 neurona - letra - ritmo - melodía

4 melancolía - merengue - añoranza - alegría

5 mental - físico - desbordante - emocional

6 instrumento - pop - reguetón - *rock*

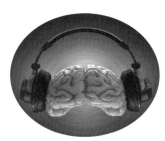

10 Relaciona los elementos de las columnas.

1 géneros   4 tocar
2 estimular   5 melodía
3 estilo   6 conexión

☐ **a** los sentidos   ☐ **d** musical
☐ **b** de una canción   ☐ **e** musicales
☐ **c** neuronal   ☐ **f** un instrumento

11 Contesta a estas preguntas sobre tus gustos en la música.

1 ¿Qué tipo de música o estilo te gusta más?

_____

2 ¿Prefieres que la música active tu adrenalina o tu dopamina?

_____

3 ¿Qué es lo que más te interesa de una letra?

_____

4 ¿Tu canción preferida te provoca melancolía o alegría?

_____

5 ¿Qué beneficio emocional te produce la música?

_____

6 ¿Tocas algún instrumento? ¿Cuál te gustaría tocar?

Recuerda

Podemos hablar de nuestras preferencias, gustos e intereses con expresiones como las siguientes, seguidas de un sustantivo o un verbo en infinitivo o subjuntivo:
Lo que más me gusta es la letra.
Me gustan (más) los bailes latinos.
Me interesa tocar el violín.
Prefiero que escuchemos pop.
Usamos el subjuntivo (y no el indicativo) porque no afirmamos un hecho o acción, sino nuestra preferencia sobre ese hecho o acción:
La salsa se baila y ***me gusta que las canciones sean bailables***.

12a Fíjate en las fotos, ¿qué ves en ellas? Relaciónalas con el texto correspondiente.

Ⓐ☐    Ⓑ■    Ⓒ☐    Ⓓ■    Ⓔ■

❶

El flamenco es una expresión artística que surgió en Andalucía (sur de España) como resultado de la mezcla cultural gitana, árabe, judía y cristiana. Se compone de cante, baile y música, principalmente del sonido de la guitarra. A través de las letras, el sonido y el baile, los artistas expresan sus emociones, usando el movimiento del cuerpo, la música, el ritmo, el cante y el sentimiento.

❷

Shakira no solo destaca por su voz o sus increíbles movimientos de cadera, también por sus constantes cambios de *look*, que parecen acompañar a la evolución de su estilo musical. Pelo largo, liso y teñido de negro para transmitir su imagen rockera; pelo rubio ondulado en sus conciertos de *gipsy-pop*... La cantante colombiana es considerada la "reina del pop latino".

❸

La salsa es una mezcla de *jazz* y ritmos afrocaribeños que se baila en pareja. Poca gente puede resistirse a su música, que hace que el cuerpo se mueva solo. Surgió entre las comunidades cubanas y puertorriqueñas de Nueva York, durante la década de 1960. Artistas como Rubén Blades o la "reina de la salsa", Celia Cruz, popularizaron esta música.

❹

Descubrió su poder de emocionar cantando a los 7 años: cuando abrió los ojos después de cantar una copla, todos los comensales estaban llorando. Rosalía, con sus "¡illo!" y sus "olés" andaluces, nació y se crio en el extrarradio de Barcelona, el lugar donde se inspira el mundo gitano y obrero que aparece en sus vídeos. Su música mezcla el flamenco tradicional con pop, rap, hiphop...

❺

El cantante puertorriqueño Luis Fonsi es el intérprete del éxito mundial "Despacito", que ejemplifica su evolución musical hacia un estilo "más movido" que sus habituales baladas y canciones románticas, adaptándose a los nuevos tiempos y a la fusión del pop con los sonidos urbanos. Se arriesgó con un tema que mezclaba el reguetón con el pop y los sonidos electrónicos.

12b Ahora escribe un título para cada uno de los textos anteriores.

1 _____   4 _____

2 _____   5 _____

3 _____

13 🔊 35 Escucha a estas personas hablando de sus gustos musicales. Contesta si los enunciados son verdaderos (V) o falsos (F).

	V	F
1 La cantante que más emociona a Ana es Rosalía.	☐	☐
2 Cuando necesita relajarse, Paco escucha al grupo *Triana*.	☐	☐
3 A Luz le gustan cantantes como Luis Fonsi o Alejandro Sanz.	☐	☐
4 Actualmente, el género que escucha Julen es el flamenco.	☐	☐
5 A Iria le encanta escuchar reguetón en el coche y nada de salsa.	☐	☐
6 Nicolás siente tristeza cuando escucha una canción de Shakira.	☐	☐

14a Imagina que tomaste la foto de la siguiente actividad en un viaje a Uruguay y que vas a enviarle a tu profesor(a) de español un mensaje de audio para describirle ese momento. Para no olvidar ningún detalle, antes de grabarlo, prepara por escrito un esquema de lo que hiciste ese día y cómo te sentías.

14b 📄 DELE Describe oralmente, con detalle, la fotografía a partir de la situación que ves e imaginas. Grábate en el móvil teniendo en cuenta los siguientes puntos para hacer una descripción completa.

- Las personas: dónde están, cómo son, qué hacen.
- El lugar en el que se encuentran: cómo es.
- Los objetos: qué hay, dónde están, cómo son.
- Qué relación crees que existe entre estas personas.
- ¿Qué crees que están diciendo o pensando?

ESTRATEGIAS PARA EL EXAMEN
Puedes ver las estrategias para esta Tarea 3 de la Prueba 4 en la actividad 17b de la unidad 7, página 67.

14c Contesta a las siguientes preguntas. Son el tipo de cuestiones que puede plantearte el entrevistador en la actividad anterior después de describir la fotografía.

1 ¿Conoces este tipo de música y baile? ¿Sabes de dónde es originario? _____

2 ¿Te gusta la música latina? ¿Y la española? ¿Qué cantantes o grupos conoces? _____

3 ¿Qué otros estilos de música o géneros te gustan? ¿Por qué? _____

4 ¿Qué música o cantante de tu país me recomiendas escuchar? _____

15a Lee estas preguntas de una entrevista a Stefan Koelsch, profesor de psicología de la música. Relaciona cada una con su respuesta.

1 [...] Nada tiene más impacto sobre el cerebro que la música, en el sentido de que afecta a la memoria, incluso afecta el movimiento, las emociones [...] ¿La música es tan importante como dicen?

2 Según parece, has llevado a cabo unos experimentos en Camerún, [...] juntaste [a] un aborigen [y a] un ingeniero muy sofisticado, procedentes de dos hemisferios del mundo totalmente distintos y, sin embargo, [...] reaccionaron igual [ante la música].

3 Déjame que te haga una pregunta: [...] ¿Cómo puede ser que la música te anime o, por el contrario, te tranquilice? [...]

4 Lo realmente fascinante es esa cohesión social que tú señalas en la música [...]. ¿Es cierto?

5 Me gustaría saber si se trata de una capacidad innata o si es algo que adquirimos, quiero decir, la capacidad de "entender la música" [...].

☐ a [...] Uno de mis estudiantes [...] hizo una investigación con personas que nunca habían escuchado música occidental antes. Estas personas fueron capaces de decir: "esta pieza suena bastante alegre, esta otra bastante triste y aquella bastante aterradora". [...] Parece ser que, cuando se codifica en forma de música, aunque nunca hayamos escuchado dicha música antes, somos capaces de reconocer qué emoción expresa la pieza en cuestión.

☐ b Sí. Y no solo es cierto, sino que creo que es [...] uno de los grandes poderes de la música. [...] Hay experiencias emocionales en las que, después de hacer música juntos, todos nos sentimos felices, mientras antes, en cambio, quizás estábamos enfadados [...]; nos gustamos más que antes, estamos más unidos que antes, confiamos más los unos en los otros [...].

☐ c [...] Sí. [...] Necesitamos esas capacidades para aprender a hablar. Cuando nacemos no sabemos qué significa "pechos", "leche" o "sorber", pero aprendemos a hablar al escuchar los sonidos musicales del lenguaje. Afortunadamente somos muy musicales porque si no, nos costaría mucho aprender a hablar o aprender idiomas. [...].

☐ d [...] de hecho, se le podría dar la vuelta a la pregunta y plantearnos si hay alguna parte del cerebro que no esté influida por la música.

☐ e [...] la música tiene esa capacidad de ayudarnos a cambiar nuestro estado de ánimo si lo deseamos. [...] Cuando llevamos a cabo experimentos neurocientíficos, vemos que podemos modular la actividad prácticamente en cualquier estructura cerebral emocional gracias a las emociones que despierta la música [...], por lo que tenemos un amplio horizonte a la hora de aplicar, de forma más sistemática y generalizada, la música como terapia.

Extraído del vídeo "Música, emociones y neurociencia". Eduard Punset. REDES (RTVE)

15b Lee estos enunciados. ¿Con cuál de las preguntas de la entrevista anterior se relaciona cada uno? Escribe el número de la pregunta que corresponde.

pregunta

a Un famoso experimento muestra cómo los bebés de solo tres días pueden reaccionar a la música. ☐

b Las melodías nos unen, crean lazos sociales y fomentan la cooperación. Hay sociedades sin escritura, pero ninguna sin música. ☐

c El mundo de la música está dirigido por las emociones y toca prácticamente todo el cerebro. ☐

d La cultura, una cultura concreta, no influye demasiado en las sensaciones básicas inspiradas por la música. ☐

e Hay canciones que consiguen ponernos tremendamente tristes y otras, en cambio, nos contagian alegría y buen humor. ☐

16a Lee los fragmentos de la canción "Gracias a la vida", de la cantante chilena Violeta Parra, y escribe qué mensaje transmiten estos versos.

GRACIAS A LA VIDA

Gracias a la vida que me ha dado tanto,
me dio dos luceros que, cuando los abro,
perfecto distingo lo negro del blanco
[...]

Gracias a la vida que me ha dado tanto,
me ha dado el oído que, en todo su ancho,
graba noche y día, grillos y canarios,
martillos, turbinas, ladridos, chubascos
[...]

Gracias a la vida que me ha dado tanto,
me ha dado el sonido y el abecedario;
con él las palabras que pienso y declaro:
madre, amigo, hermano, y luz alumbrando
[...]

Gracias a la vida que me ha dado tanto,
me ha dado la risa y me ha dado el llanto;
así yo distingo dicha de quebranto,
los dos materiales que forman mi canto,
y el canto de ustedes que es mi mismo canto,
y el canto de todos que es mi propio canto.
[...]

_____
_____
_____
_____

16b Esta canción ha sido interpretada por la cantante argentina Mercedes Sosa. Escúchala en internet y escribe en tu cuaderno qué emoción ha despertado en ti o si te ha dejado indiferente y por qué.

C PERO, ¿ESTO ES ARTE?

17a Lee los textos y completa con una de las palabras del cuadro. Sobran tres.

marcos - chiste - subasta - lunares - grafitis - célebres

1
Una de las artistas más famosas del mundo, la japonesa Yayoi Kusama, dijo en una entrevista que los _____ eran parte de su filosofía: "Creo que la luna es un lunar, el sol es un lunar, hasta el universo es tal vez un lunar". Kusama luchó contra los trastornos mentales desde la infancia y usó el arte para curarse.

2
Xolaka es el nombre artístico de Ángel Caballero, artista de una gran variedad de artes creativas, que van desde el diseño multimedia y web, hasta las artes plásticas y visuales. Es autor de los _____ más realistas que se pueden ver en España. Suelen ser en blanco y negro y la mayoría reflejan rostros de diferentes personas.

3
104 millones de dólares fue el precio que alcanzó en _____ la escultura más cara de la historia, *L'homme qui marche*, del artista suizo Alberto Giacometti; una obra expresionista que quiere reflejar el irremediable paso del tiempo en la humanidad, pero que siempre debe continuar hacia delante.

17b Contesta a las siguientes preguntas sobre los textos.

1 ¿Por qué el arte fue una terapia para Kusama?
_____
_____

2 ¿Cómo es la pintura mural que hace Xolaka?
_____
_____

3 ¿Conoces cómo es la escultura famosa de A. Giacometti?
_____
_____

18a Observa las imágenes de estas esculturas contemporáneas. Escribe en tu cuaderno una descripción de lo que ves y qué idea o sentimiento te transmiten.

A

B

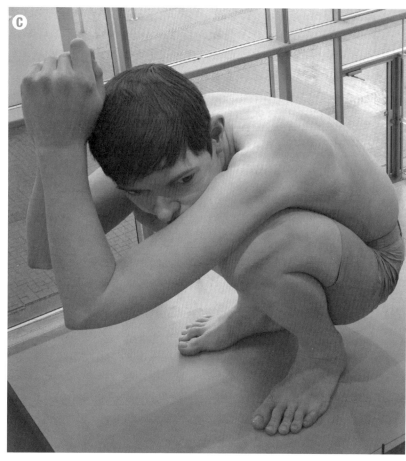

C

18b Lee los siguientes textos sobre las esculturas de la actividad anterior y relaciona cada uno con su imagen.

❶ ☐

Con un evidente conocimiento de la anatomía y una extraordinaria habilidad técnica, consigue que sus esculturas parezcan vivas, hechas de siliconas, fibra de vidrio y acrílico. Las esculturas de Ron Mueck reproducen fielmente el cuerpo humano, con todo tipo de meticulosos detalles (cada pelo, cada cana, cada arruga, cada poro de la piel…), pero juega a menudo con la escala (enormes cabezas, o bien personas pequeñas como hormigas). Sus personajes son narrativos, líricos, llenos de vida también en lo psicológico… Casi siempre desnudos, ya sea haciendo labores cotidianas, o trabajos, o simplemente acostados, sus creaciones parecen contar historias que el espectador reconoce.

Extraído de https://historia-arte.com

❷ ☐

¿Tiene cabellos el viento? ¿Puede peinarse el aire? Aunque la respuesta sea un "no", para el arte no existen las fronteras. Lo demostró el escultor vasco Eduardo Chillida, con esta obra de la playa de Ondarreta, en San Sebastián. *El Peine del Viento* es un conjunto de tres esculturas, formalmente abstractas, realizadas en acero y con un peso cada una de ellas cercano a las diez toneladas, literalmente incrustadas sobre las rocas, que configuran el acantilado con el que se cierra la playa mencionada. La obra marca el límite entre lo salvaje (la naturaleza, el mar y el viento) y lo urbano (la ciudad). En palabras de Chillida, "el mar tiene que entrar en San Sebastián ya peinado".

Adaptado de http://aprendersociales.blogspot.com

❸ ☐

Quizá las obras más reconocidas del polémico artista Jeff Koons, que se mueve entre lo *kitsch*, el neo-pop y la especulación absurda, sean sus *Balloon Dog*, esculturas que simulan un globo con forma de perro fluorescente. Koons creó cinco enormes piezas de acero, cada una de un color: amarillo, azul, magenta, rojo y naranja. El artista juega con el sentido de la obra representando un objeto superfluo, sin mayor importancia, pero que es reconocido por cualquier persona. Reconocemos su naturaleza y materialidad, por lo tanto, sorprende y se transforma al verlo realizado a otra escala y con un material diferente.

Extraído de https://www.expansion.com

18c Lee estas frases sobre los textos anteriores y relaciónalas con la escultura de la actividad **18a** a la que se refieren. Después, añade dos frases más para decir qué sabías o desconocías tú.

1. ☐ Había oído que también tenía esculturas diminutas pero con el mismo detalle que sus obras gigantes.
2. ☐ Había visto esos perros en algún sitio, pero no sabía que eran tan famosos.
3. ☐ No sabía que los globos eran tan grandes, creía que eran más pequeños.
4. ☐ Sabía que tenía que pesar mucho, pero no tenía ni idea de cuánto.
5. ☐ Sabía que eran esculturas enormes, pero no me imaginaba su realismo y belleza.
6. ☐ No había oído nada de su escultura en el mar, hasta que fui al País Vasco.
7. _____
8. _____

19 ◀)) 36-39 Escucha a una persona española y a una argentina e identifica quién dice estas frases.

	española	argentina
1 ¿Viste por cuánto dinero se vendió el cuadro de Banksy?	☐	☐
2 ¿Has oído lo del cambio de director del Museo de Arte?	☐	☐
3 ¿Sabías que Jeff Koons es el artista más caro del mundo?	☐	☐
4 ¿Sabías que Leonardo da Vinci era vegetariano?	☐	☐

20 Completa estas frases con *lo de / del* o *lo que*.

1. ¿Has leído _____ dijo Chillida de su obra *El Peine del Viento*?
2. Yo no sabía _____ la película de Tim Burton y la obra de la pintora Margaret Keane.
3. ¿Has oído _____ cierre del museo por obras? Era lo más normal.
4. ¿Te has enterado de _____ la exposición de Alberto Schommer?
5. No, no he leído _____ han dicho algunos críticos de arte.
6. ¿Qué te parece _____ pagaron por *El grito*, de Edvard Munch?

> ### Recuerda
> Cuando nos referimos a algo que creemos que el oyente puede conocer utilizamos:
> - *lo de / lo del / lo de la* + sustantivo: *No sabía lo de su enfermedad mental. / ¿Te has enterado de lo del incendio? / Me interesa mucho lo de la cumbre del clima.*
> - *lo que* + frase: *¿Has oído lo que dicen de la exposición?*

21 Contesta a las siguientes preguntas utilizando algunas de las expresiones del cuadro como parte de tu respuesta.

¡Qué fuerte!	¿En serio?	¿De verdad?	¡Qué me dices!
¡Anda!	No tenía ni idea…	¡No me lo puedo creer!	Sabía que…

1. ¿Sabías que la artista Ouka Leele empezó con la fotografía porque su pareja le prohibía pintar? Fue la forma que encontró de seguir pintando de alguna manera.

2. ¿Sabías que la banda sonora que interpreta Shakira en la película *El amor en los tiempos del cólera* fue compuesta por ella misma? Me parece muy buena.

3. ¿Sabías que Dalí se inspiró en unos trozos de queso camembert derretidos por el sol para pintar *La persistencia de la memoria*? ¡La inspiración puede llegar de cualquier parte!

EN ACCIÓN

22 Lee este texto y coloca en su lugar los fragmentos extraídos.

La relación entre el arte y la tecnología

El arte y la tecnología son dos aspectos de la creatividad humana que en apariencia tienen diferencias entre sí, pero que están estrechamente relacionados. En primer lugar, aquello que hace el arte en muchas de sus manifestaciones se ha conseguido gracias a un avance técnico específico; una tecnología cuya existencia permite al artista hacer o dejar de hacer una determinada obra. **(1)** ____.

Las proyecciones digitales sobre elementos vivos, el desarrollo del sonido de alta calidad y el *video mapping*, el uso de la robótica o de *apps* que complementan una exposición o una obra, la transformación del cine gracias a tecnologías como el 3D, la influencia de las redes sociales y su forma de comunicación en la literatura y la poesía, son algunas muestras de cómo la tecnología se ha ido incorporando hacia el trabajo artístico. **(2)** ____.

(3) ____. Y también que, de alguna forma, se cumple el ideal filosófico de Nietzsche sobre la necesidad de transformar la vida en una obra de arte.

a Estos ejemplos nos muestran la tecnología como un proceso creativo, que va modificándose y transformándose en sí misma, con nuevas y diferentes herramientas cada día.

b Podemos concluir que el arte ha procurado incorporar la tecnología a sus procesos, tanto como un recurso, un instrumento, como parte de la realidad contemporánea que es.

c Por otro lado, son numerosos los casos en que los inventores de tecnología se inspiran en el arte para crear nuevos artefactos que faciliten o mejoren nuestra vida cotidiana.

23 Lee estas frases sobre el arte y escribe en tu cuaderno si compartes o no esas ideas. Puedes usar las expresiones del cuadro.

En mi opinión…	Según mi punto de vista…	Personalmente…	Comparto la idea de que…
Yo creo que…	No creo que sea cierto…	Tampoco me parece que…	Está clarísimo que…

1 "El arte no es lo que ves, sino lo que haces que otros vean". (Edgar Degas)

2 "El arte es una herramienta indispensable para generar sociedades más reflexivas y pacíficas". (Jorge Marín)

3 "El arte se opone a la tecnología y la tecnología inspira el arte". (John Lasseter)

4 "El arte es para consolar a todos los que están rotos por la vida". (Vincent W. van Gogh)

5 "El conocimiento nos hace libres, el arte nos hace libres". (Ursula K. Le Guin)

6 "Si yo pinto a mi perro exactamente como es, naturalmente tendré dos perros, pero no una obra de arte". (Johann W. von Goethe)

Y PARA ACABAR...

¿Qué tipo de arte es el que te emociona?

Información interesante de esta unidad:

La música que siempre te acompaña:

Un(a) artista contemporáneo/a de tu país que deberíamos conocer:

12 MUNDO NATURAL

A CURIOSIDADES DE LA NATURALEZA

1 Lee estas curiosidades sobre naturaleza de España y completa los textos con las siguientes palabras.

coral - dunas - arena - rocas - lagunas - montañas - flora - fauna - valles - costa - bosque - volcanes

El parque nacional de Ordesa y Monte Perdido, en el Pirineo aragonés (Huesca), ocupa una superficie de 15 600 hectáreas. Formado por cuatro _____ y altas _____, es el segundo parque nacional más antiguo de España y una de las Reservas de la Biosfera y Patrimonio de la Humanidad por la UNESCO.

El arrecife de las Sirenas en el parque natural de Cabo de Gata (Almería) recibió este nombre porque en la antigüedad algunos marineros dijeron haber visto sirenas, que seguramente eran las focas "monje" pobladoras de las _____. El parque es uno de los pocos espacios casi vírgenes en la _____ española.

En el parque nacional del Teide, en Tenerife (islas Canarias), hay flora y _____ que no existe en otros lugares, como el ave "pinzón azul" o la planta "tajinaste rojo". La montaña sigue en tamaño (desde su base en el suelo oceánico) a los dos _____ más grandes del mundo: el Mauna Kea y el Mauna Loa, en Hawái.

Las islas Medas en la Costa Brava (Gerona) es un área protegida del Mediterráneo para la recuperación del _____ rojo, la especie animal que actúa como árboles de un _____ marino capaz de reducir, desde las profundidades marinas, el calentamiento global y el cambio climático.

El agua es el protagonista del parque nacional de Aigüestortes y San Mauricio, en Lérida (Cataluña): cuenta con más de cincuenta _____: la de San Mauricio es de origen glaciar. Este parque es un conjunto de paisajes formado por macizos rocosos, bosques y multitud de fauna y _____.

El paisaje de Doñana, en Andalucía, está vivo y en continuo movimiento y renovación. Las montañas de _____ avanzan entre dos y cinco metros cada año por la acción del viento y del mar. Estos paisajes fueron captados por David Lean para recrear, con sus _____ el desierto en *Lawrence de Arabia*.

2 Lee el texto y contesta qué afirmaciones son verdaderas (V) y cuáles son falsas (F).

Curiosidades naturales españolas

Ríos, valles, montañas, bosques, lagos... España es infinita en belleza natural y nunca tenemos suficiente. Soñamos con ponernos unas botas, cargar la mochila al hombro y recorrer nuestras sierras, subir colinas y llegar a los picos más altos, descansar mirando el horizonte desde cualquier valle o lago.

Y cuando se trata de surcar mares, somos unos expertos. El Mediterráneo es nuestra casa, nuestro hogar. La mayor Reserva de la Biosfera del Mediterráneo se encuentra en las islas Baleares, y es España uno de los países más ricos en biodiversidad. Alcanzamos en 2019 nuestro máximo, con 52 reservas en 17 Comunidades Autónomas. ¡Casi nada!

Contamos con más de 50 000 especies de animales, entre las que se encuentran ejemplares únicos como el lince ibérico o el águila imperial, y más de 10 000 especies vegetales según el Observatorio de la Sostenibilidad de España (OSE). Pero, ¿cuánto sabes de nuestra biodiversidad?

Extraído de *https://www.traveler.es*

	V	F
1 El paisaje natural de España es poco variado, pero de gran belleza.	☐	☐
2 La naturaleza en España cuenta con muchas zonas protegidas.	☐	☐
3 La biodiversidad de la flora española es mayor que la de la fauna.	☐	☐
4 Los animales nombrados en el texto son los de las fotos A y C.	☐	☐

3a ¿Qué saben estos amigos de naturaleza? Ordena el diálogo.

☐ **a** Ayer vi un documental en la tele y fue muy interesante.

☐ **b** **No, en absoluto.** ¡Cómo puedes pensar eso!

☐ **c** Supongo que son de color claro, pero no sé si azules o verdes… ¡Verdes!

☐ **d** **¡Qué va!** Es porque tiene cinco veces más células sensibles a la luz que el ojo humano. ¿Y sabes de qué color son los ojos del lince?

☐ **e** ¿Porque tiene los ojos más grandes? ¡No tengo ni idea!

☐ **f** ¿Ayer? **¿Estás seguro de que** lo viste ayer? Ayer estuviste durmiendo todo el día…

☐ **g** Pues de dormir poco…, de no comer… ¿De mis preguntas, tal vez?

☐ **h** **No, no son** verdes**, sino** verde amarillento. De hecho, su nombre viene del griego y significa "ojos brillantes".

☐ **i** **Claro que sí,** estuve todo la tarde tumbado en el sofá viendo la tele, pero no estaba dormido. Pero… lo que te digo, el programa estuvo muy bien. Trataba sobre fauna ibérica. ¿Sabes por qué el águila real puede ver más colores que los humanos?

☐ **j** Y ya que sabes tanto…: ¿sabes de dónde me viene este dolor de cabeza?

3b Fíjate en las expresiones en negrita de la actividad anterior y úsalas para reaccionar ante estas informaciones según sea tu intención. Puedes usar también otras expresiones del cuadro ¡Fíjate!

1 Las hormigas han sido la única especie que ha colonizado casi toda la Tierra a excepción de la Antártida y algunas islas remotas.

_____

2 La actividad humana no es algo que esté relacionado directamente con el cambio climático.

_____

3 El Mediterráneo es el mar interior más grande del mundo, por delante del mar Caribe.

_____

4 Es maravilloso que haya tantos países diferentes y que podamos disfrutar de sus increíbles paisajes.

_____

5 Somos la única especie animal que no está en peligro de extinción.

_____

6 El agua en estado líquido, gaseoso o sólido representa el 90 % de la composición del planeta Tierra.

_____

7 ¿Seguro que la selva tropical es el ecosistema de donde obtenemos muchos de nuestros medicamentos?

_____

8 El río Nilo, que atraviesa 10 países africanos, es el río más largo del mundo.

_____

¡Fíjate!

- Para cuestionar una información, podemos usar las expresiones _¿Seguro que...?; ¿Estás seguro/a de (que)...?_
- Para confirmarla: _Claro que sí / no; Segurísimo._
- Para corregirla: _No, no..., sino...; Que sí...; Sí que..._
- Para negarla: _¡Qué va!; No, en absoluto._

4a Lee estas frases y marca si cuestionan, confirman, corrigen o niegan una información.

	cuestiona	confirma	corrige	niega
1 ¿Estás seguro de que es el elefante?	☐	☐	☐	☐
2 No, no está en el Pacífico, sino en el Atlántico.	☐	☐	☐	☐
3 ¡Qué va! Es el calamar gigante.	☐	☐	☐	☐
4 Que sí, que es el más grande de Europa.	☐	☐	☐	☐
5 ¿Seguro que son inteligentes?	☐	☐	☐	☐
6 No, en absoluto. Los corales son una especie animal.	☐	☐	☐	☐
7 ¡Claro que sí! El río Tajo también pasa por Portugal.	☐	☐	☐	☐
8 ¡Segurísima! El diamante no es el material más duro de la Tierra.	☐	☐	☐	☐

4b Lee las frases de la actividad anterior y grábate en el móvil entonándolas según la intención. Después, escucha tu grabación.

4c 🔊 40-47 Escucha los minidiálogos del audio y comprueba la entonación de las frases de **4a**.

Recuerda

Cuando cuestionamos, corregimos, confirmamos o negamos una información, usamos la entonación para intensificar nuestra intención:
¡Qué va! Los corales son una especie ANiMAL.

5a Lee este texto y selecciona la opción adecuada entre las palabras marcadas en negrita.

Patrimonio natural de la Humanidad en América Latina

Gracias al apoyo de la Convención del Patrimonio Mundial, los sitios **(1)** **bellos / curiosos / naturales** más importantes disfrutan de reconocimiento internacional para evitar la amenaza de la tala de árboles, la introducción de **(2)** **animales / vegetales / especies** exóticas y la caza furtiva. Para ser inscrito en la lista del Patrimonio Mundial, un sitio debe poseer fenómenos naturales notables, representar alguna de las principales etapas de la historia de la Tierra, mostrar principios ecológicos y **(3)** **biológicos / culturales / sociales** significativos o contener entornos naturales importantes.

Las islas Galápagos (Ecuador), en el Pacífico, están situadas en la confluencia de tres corrientes oceánicas y concentran una gran variedad de especies **(4)** **extinguidas / marinas / africanas.** Su actividad sísmica y volcánica ilustra los procesos de su formación geológica. Estos procesos, sumados al extremo aislamiento del archipiélago, han originado el desarrollo de una **(5)** **fauna / selva / flora** singular con especies como la iguana terrestre, la tortuga gigante y numerosas especies de pinzones, cuyo estudio inspiró a Darwin la teoría de la evolución por selección natural, tras su viaje a estas islas en 1835.

También en Ecuador, el parque nacional de Sangay, de extraordinaria **(6)** **reserva / naturaleza / belleza** natural, posee dos volcanes activos y cuenta con toda la gama vertical de ecosistemas, desde los **(7)** **bosques / lagos / árboles** húmedos tropicales hasta los glaciares. Sus **(8)** **imágenes / paisajes / curiosidades** ofrecen sorprendentes contrastes entre cumbres nevadas y selvas de llanura. Por otra parte, su aislamiento facilita la protección de las especies en peligro de extinción que lo pueblan, como el tapir de montaña y el cóndor de los Andes.

Adaptado de *https://www.arcgis.com*

5b Contesta a las preguntas según la información del texto anterior.

1 ¿Qué requisitos para ser Patrimonio natural de la Humanidad cumplen las islas Galápagos?

2 ¿A qué tipo de animales favorece la ubicación del parque nacional de Sangay?

3 ¿Cuál de los dos entornos naturales ha sido fundamental en el desarrollo de la ciencia de la biología?

B BASURALEZA

6 Completa las frases con información sobre ti.

1 El tema medioambiental que más me preocupa es _____

2 Creo que para proteger el medioambiente hay que _____

3 La última noticia que he leído sobre el tema es _____

4 Una de mis rutinas para cuidar la naturaleza es _____

5 En mi país, las políticas medioambientales son _____

7a Une los elementos de las columnas para formar expresiones relacionadas con el medioambiente.

1	transformar	a	de sensibilización
2	dar	b	conciencia
3	acumulación	c	irresponsable
4	crear	d	el paisaje
5	medir	e	ambiental
6	campaña	f	de deshechos
7	actitud	g	un paso
8	catástrofe	h	las consecuencias

7b Clasifica las expresiones anteriores como hechos positivos o negativos para el medioambiente y escribe en tu cuaderno una frase con cada una.

POSITIVOS	NEGATIVOS

8 Observa las fotografías y ordénalas para escribir en tu cuaderno tu relato de la Basuraleza. Puedes utilizar el vocabulario de la actividad anterior y estas otras palabras.

> basura - ecosistema - residuos - plásticos
> caracolas - playa - contaminar
> objetos abandonados - actividad humana
> ensuciar de forma inconsciente / intencionada

9a ◀)) 48 📄 **DELE** Vas a escuchar un fragmento de la charla de Edelmira, una argentina que nos habla de medioambiente. Escucharás la audición dos veces. Contesta a las preguntas con la opción adecuada. Tienes 30 segundos para leer las preguntas.

PREGUNTAS

1 Edelmira cuenta que desde hace diez meses…
  a no saca la basura cada semana.
  b no sabe cuánta basura produce.
  c no tiene que sacar basura.

2 Al principio de la charla, Edelmira…
  a hace una foto a la sala donde están.
  b muestra una foto tomada en una playa.
  c enseña fotos de la ciudad Mar del Plata.

3 Edelmira, dice que se dio cuenta de que…
  a debía quejarse más de la basura.
  b la basura también era su problema.
  c no sabía qué hacer con la basura.

4 En sus "limpiezas conscientes de playa"…
  a encontraba muchas bolsas de basura.
  b había bastantes botellas de plástico.
  c recogía basura que podía ser de ella.

5 Nos dice que nunca sale de casa sin…
  a bolsas de tela y un vaso reutilizable.
  b pañuelos desechables y una botella de cristal.
  c un poco de chocolate y servilletas de papel.

6 El motivo de contar su experiencia fue…
  a cuestionar un estudio ambiental sobre el mar.
  b compartir sus fotos de objetos abandonados.
  c crear conciencia sobre un problema real.

ESTRATEGIAS PARA EL EXAMEN

Puedes ver las estrategias para esta Tarea 2 de la Prueba 2 en la actividad 13 de la unidad 3, página 29.

9b Observa de nuevo las fotos de la actividad **8** y ordénalas ahora según el relato de la audición.

10a Completa la información gramatical sobre estos verbos.

> **VERBOS:** *perderse, romperse, olvidarse, caerse, mancharse…*
>
> • Con estos verbos expresamos la **(1)** _____ de acciones o sucesos que ocurren sin voluntad o intención por parte de una persona.
> • Se conjugan en **(2)** _____ persona, con el pronombre *se* seguido de los pronombres *me, te,* **(3)** _____, dependiendo de la persona afectada por la acción.
> • El verbo va en singular o **(4)** _____ según el objeto o acción al que se refieren.

10b Completa las frases con los pronombres que faltan.

(a mí)	¡Qué desastre! ¡**(1)** _____ me ha caído el móvil al váter!
(a ti)	Veo que se **(2)** _____ pierden las llaves continuamente.
(a él / ella / usted)	¿Se **(3)** _____ rompió el teclado y no puede escribir?
(a nosotros/as)	Las tostadas siempre **(4)** _____ nos queman.
(a vosotros/as)	¡Vaya! ¿Se **(5)** _____ ha estropeado el coche otra vez?
(a ellos / ellas / ustedes)	Sí, se **(6)** _____ olvidó programar la calefacción ayer.

11 Observa estas imágenes y escribe una frase que exprese la voluntariedad o la falta de intención según cada caso.

He manchado una camisa con el pinta-labios para probar el detergente.

1 _____

2 _____

3 _____

4 _____

5 _____

12 Construye las frases para expresar la voluntariedad o involuntariedad que se señala en cada caso.

1 Ayer algunas personas - romper - las señales de tráfico durante la manifestación. (con intención)

2 Aída - llevar su móvil en el bolso - romper la pantalla del teléfono. (sin intención)

3 Los policías - parar - el tráfico esta mañana por un control de alcohol. (con intención)

4 Yo - estar viendo Netflix - parar - la conexión a internet. (sin intención)

5 En Valencia anoche - apagar - las luces de las casas como protesta. (con intención)

6 Celia - estar preparando un PowerPoint - apagar - el ordenador de repente. (sin intención)

13 Lee estos textos relacionados con el medioambiente. ¿Qué título le pondrías a cada uno? Relaciónalos.

Nueva especie marina	Piensa y actúa como tu abuela	Perdón, pero se te ha caído…
1	**2**	**3**
Un reciente estudio calcula que el 90 % de las aves marinas han ingerido plástico. La basura que se abandona en un entorno natural puede ser arrastrada por la lluvia hacia un río y de allí acaba en el mar. De hecho el 80 % de los residuos encontrados en nuestros océanos provienen del entorno terrestre.	Nuestro impulso comprador repetido a lo largo del día y continuado a lo largo de los años es un agujero por donde caen gran parte de nuestros ingresos y un derroche de recursos del planeta. Hace unas pocas décadas, se usaban tarteras, se iba al mercado con los carritos de la compra, se usaban bolsas de tela y no se consumía inútilmente.	Los científicos están preocupados; sin embargo, ya que solo se encontró un espécimen que contenía el contaminante plástico, aún existe la esperanza de que, si ponemos fin a la crisis de la contaminación por plásticos, otros individuos de *Eurythenes plasticus* se mantendrán sin plásticos y la contaminación por plásticos será recordada solo en un nombre.

C RUTAS INOLVIDABLES

14a 📄 DELE Lee los textos que estas personas compartieron en un blog de viajes. Relaciona las preguntas con ellos.

PREGUNTAS

	Hugo	Alba	Laia
1 ¿Qué persona viajó sin agencias?	☐	☐	☐
2 ¿Quién habla de la posibilidad de realizar actividades deportivas?	☐	☐	☐
3 ¿Qué persona comenta cuánto duró su viaje?	☐	☐	☐
4 ¿Quién se enamoró del lugar inmediatamente?	☐	☐	☐
5 ¿Qué persona conocía de alguna manera el lugar?	☐	☐	☐
6 ¿Quién recomienda hacer el viaje en un momento concreto?	☐	☐	☐

> **ESTRATEGIAS PARA EL EXAMEN**
> Puedes ver las estrategias para esta Tarea 3 de la Prueba 1 en la actividad 8 de la unidad 4, página 36.

HUGO

Cuando viajé a Colombia, además de conocer el país, mi objetivo era visitar a uno de mis mejores amigos. Pasé unos días con él en Medellín y me recomendó visitar el Chocó, una zona natural increíble del Pacífico completamente virgen. No hay carreteras, ni internet, solo selva y playas salvajes. Puede ser tu paraíso particular si te gusta hacer surf. Es una zona muy auténtica y aún sin explotar, de estos pocos lugares del planeta en que los hoteles aún no han llegado en masa. Si te gustan las rutas fuera de lo común, te encantará. Sobre todo, si viajas de junio a septiembre, que es cuando se pueden ver las ballenas en esta zona del Pacífico.

ALBA

Decidí visitar la Laguna de Bacalar porque buscando información sobre México, me topé en internet con una foto de esta laguna. El flechazo fue instantáneo. Fue verlo y decir "este lugar tiene que estar en nuestra ruta de viaje". Se le conoce como "la laguna de los siete colores" por las diferentes tonalidades que adquiere el lago en función de su profundidad. Este lugar es el que más nos gustó de todo el viaje de tres semanas que hicimos por la Riviera Maya y Cuba. Es increíble el color del agua que tiene y lo poco explotado que está todavía. Cosa que se agradece muchísimo si lo comparas con otros lugares más turísticos de la Riviera Maya. ¡Fue todo un descubrimiento!

LAIA

Machu Picchu me dejó impactada, superó todo lo que esperaba, porque de verlo tanto en imágenes, reportajes de televisión y en todas partes, pensé que no habría lugar para la sorpresa. El instante en que lo vi por primera vez con el Hauyna Picchu de fondo… ¡Era la conjunción perfecta entre la obra del hombre y la de la naturaleza!
Como viajamos por libre, pudimos recorrer Perú a nuestro ritmo. ¡Es uno de los países más fascinantes del mundo! Desde Lima empezamos a viajar hacia el sur, en transporte local, haciendo una parada en la reserva de Paracas, donde no solo disfrutamos de uno de los paisajes más bellos del país, sino que también conocimos las islas Ballestas.

14b Las personas de la actividad anterior también publicaron algunos consejos para los lectores del blog. Completa las frases con la forma adecuada de los verbos.

> hacer - tener - querer - estar - llegar - ser

1 En cuanto _____ en el Chocó, busca un guía, porque la zona es muy virgen y esa es la mejor opción.

2 Al _____ a la entrada a Machu Picchu, mira hacia lo alto a tu izquierda y verás la montaña que ha dado nombre a la famosa ciudadela inca.

3 Cuando _____ hambre, visita los mercados locales peruanos o puestos callejeros: la comida es auténtica y económica.

4 Compra las entradas a Machu Picchu antes de que _____ tarde, ya que el acceso está limitado a un número de personas por día y se agotan rápido.

5 Hasta que no _____ una excursión en velero por la laguna de Bacalar, no podrás decir que has visitado la isla de los Pájaros.

6 Pide permiso a los chocoanos y habla con ellos cuando _____ hacerles una fotografía.

Recuerda

- Relacionamos dos acciones con estas expresiones temporales seguidas de subjuntivo cuando se refieren al futuro:
  Cuando / Antes de que planifiques *tu viaje, habla con ella.*
  Hasta que no compres *el billete, no estarás tranquilo.*
- Estas acciones de futuro tienen un matiz de inmediatez con las expresiones *en cuanto* + subjuntivo y *al* + infinitivo:
  En cuanto inicies *tu viaje, olvídate de todo.*
  Al llegar *a tu destino, llámame.*

15 Une el comienzo de cada frase con su final.

1 Cuando consigamos reaccionar, …
2 Hasta que llueva, …
3 Al llegar al hotel, …
4 Antes de que te vayas, …
5 En cuanto termine la película, …
6 Cuando veas las fotos, …

a déjame tu dirección y teléfono.
b recordarás todos los paisajes.
c no florecerán mis plantas.
d la naturaleza ya estará muy dañada.
e reserva tu *tour* para el día siguiente.
f vemos otra que me gusta mucho.

16 Completa las frases con el verbo en presente (indicativo o subjuntivo) o pasado según el contexto.

1 Es un hábito que tengo: en cuanto _____ (llegar) a casa, me quito los zapatos.

2 Cuando me _____ (preguntar) por qué no has ido, ¿qué les digo?

3 En cuanto _____ (saber) que me iba, se enfadaron conmigo.

4 Creo que te sientes mejor cuando _____ (ver) a tus amigos.

5 En cuanto _____ (acostarse) hoy, voy a quedarme dormida.

6 Cuando _____ (estar) con vosotros el lunes, lo pasé muy bien.

17 Un amigo español va a visitarte el próximo mes y estará en tu casa unos días. Piensa en algunos consejos que faciliten su estancia en tu ciudad o tus planes con él (ropa, dinero, costumbres, actividades…) y escríbelos en tu cuaderno utilizando las expresiones de **14b**.

Al llegar al aeropuerto, coge el metro y bájate en la parada Verdún, está a un minuto de mi casa y es la forma más rápida de llegar. **Cuando… Antes de que… Hasta que… En cuanto…**

EN ACCIÓN

18a Lee los fragmentos de esta canción y marca los versos que pueden resumir su mensaje. Escribe a partir de ellos, con tus palabras, un texto que explique lo que expresa la canción.

Blue (Diminuto Planeta Azul)

Todo lo que conocemos,
todos los recuerdos,
todos los humanos,
todos los que vendrán,
todos sus pasajeros.
Nuestras penas y glorias,
nuestros deseos...

[...]

Todo, todo ocurre en un momento.
Un punto diminuto, un granito de arena,
una mota de polvo del universo...
Todo, todo ocurre en un instante.
Las estrellas dicen que nosotros
somos los fugaces.

[...]

Nuestro eco apenas llega
unos milímetros
en la perspectiva del universo.

[...]

Blue, diminuto planeta azul,
donde habitan los nuestros,
donde habitas tú, *Blue*.
El punto de vista lo pones tú.

Macaco, con la colaboración de Jorge Drexler y
Joan Manuel Serrat (Fuente: Musixmatch)

18b Vuelve a leer la canción o escúchala por internet y contesta por escrito al último verso. ¿Qué punto de vista pones tú?

19 Macaco se inspiró en las palabras del científico Carl Sagan para escribir su canción. Lee la reflexión del astrofísico estadounidense y completa las frases con la opción adecuada.

"Mira ese punto. Eso es aquí. Eso es nuestro hogar. Eso somos nosotros. Ahí ha vivido todo aquel de quien hayas oído hablar alguna vez, todos los seres humanos que han existido. La suma de todas nuestras alegrías y sufrimientos [...] en una mota de polvo suspendida en un rayo de sol. La Tierra es un muy pequeño escenario en una vasta arena cósmica. [...] Nuestros posicionamientos, nuestra supuesta importancia, el espejismo de que ocupamos una posición privilegiada en el universo... Todo eso lo pone en cuestión ese punto de luz pálida. Nuestro planeta es un solitario grano de polvo en la gran penumbra cósmica que todo lo envuelve. En nuestra oscuridad —en toda esa inmensidad—, no hay ni un indicio de que vaya a llegar ayuda desde algún otro lugar para salvarnos de nosotros mismos. [...]".

Extraído de *https://www.poramoralaciencia.com*

1 Carl Sagan reflexiona sobre el _____ Tierra.
   a planeta   **b** universo
2 Escribe el texto mientras ve una _____ de nuestro planeta.
   a fotografía   **b** película
3 El texto transmite su emoción al reflexionar sobre el cosmos y la _____.
   a naturaleza   **b** humanidad
4 Dice que la Tierra es nuestra casa y que ahí está todo lo que _____.
   a tenemos   **b** somos
5 Expresa que nuestro planeta, visto desde el espacio, _____ la importancia que creemos tener.
   a cuestiona   **b** confirma
6 Concluye con la idea de que somos nosotros los que debemos cuidar de la Tierra para nuestra propia _____.
   a felicidad   **b** supervivencia

¿Sabías que...?

En 1990, siguiendo una sugerencia de Carl Sagan, la sonda *Voyager 1* tomó una foto de la Tierra a unos 6000 millones de kilómetros de distancia, 20 000 veces más lejos que la Luna de la Tierra. La imagen, una de las mejores de la Historia, inspiró a Sagan su libro *Un punto azul pálido* (1994).

20a Tu Ayuntamiento prepara el Día Mundial del Medioambiente y te pide ayuda para hacer un póster con algunos de sus consejos y los ejemplos que enviaron los ciudadanos. Pero eres tú quien tiene que revisarlo y relacionar correctamente los consejos con los ejemplos.

CONSEJOS	EJEMPLOS
1 No adquirir especies exóticas, y mucho menos abandonarlas	a Dos veces al año hago una pequeña donación a la asociación ambiental de mi ciudad.
2 Asumir las tres erres ecológicas: reducir, reutilizar y reciclar	b Cuando voy al supermercado, llevo mis bolsas de tela para meter la compra y no acepto envoltorios de plástico.
3 Consumir productos sostenibles	c Nunca compro animales de otros países para tener una mascota rara o única.
4 Actuar de forma responsable en la naturaleza	d Si tengo que comprar muebles de madera, compruebo que tengan el certificado de procedencia amigable con el ambiente.
5 Apoyar a organizaciones conservacionistas	e En nuestras caminatas por el bosque, no hacemos ruidos que puedan molestar a la fauna, tampoco cogemos plantas ni flores del lugar.

20b Estos son algunos ejemplos que han aportado otros ciudadanos para la web. Identifica a qué consejo de los anteriores se refiere cada uno y añade el tuyo para otro punto de la lista.

A

Disfrutar de la naturaleza es una idea genial, pero tenemos que evitar nuestro impacto para poder proteger su biodiversidad. En este sentido, no debemos hacer fogatas, tirar basura o cualquier otro elemento que dañe el entorno, ni llevarnos ningún ser vivo que veamos en los espacios naturales que visitemos.

C

B

Con la pérdida de biodiversidad, perdemos en nuestra vida diaria: perdemos alimentos y agua de calidad, todo tipo de productos naturales, medicinas y la capacidad de reducir la contaminación. Mi primer paso hace tiempo fue reciclar, pero ahora intento comprar menos cosas y reutilizar más.

Y PARA ACABAR...

El entorno natural o el animal que te parece más increíble:

¿Cuál crees que es el mayor desafío medioambiental actual?

¿Qué ruta por tu país recomendarías por su valor natural?

Información interesante de la unidad:

UNIDAD 1

Pista 1

A Lo que me interesa es tener tranquilidad, hacer las cosas sin prisas y también hacer algo de ejercicio físico para estar en forma. Además, siempre llevo mi cámara porque, cuando no trabajo y tengo tiempo, la fotografía es mi gran afición. Pero… todo depende de la época del año que sea y de cuántos días libres tengo.

Pista 2

B Normalmente me informo antes de los lugares de interés turístico, pero me interesa más pasear por las calles, entrar en algún bar y probar alguna comida típica, ver qué cosas venden en las tiendas, y cómo son las casas y la gente que vive en ese lugar. Así, puedo tener una primera imagen de cómo es la ciudad.

Pista 3

C Para mí, tiene mucho interés la fotografía: qué exposiciones hay para visitar, comentar las fotos que hacemos nosotros en vacaciones o en otros momentos, hablar sobre qué técnicas usamos para hacer la foto y…, sobre todo, organizar nuestro *tour* fotográfico mensual.

Pista 4

En el ámbito más privado o familiar, los abrazos suelen ser bastante habituales. Si hablamos del ámbito social, además del grado de confianza, influyen mucho la cultura y las costumbres de cada lugar. No en todas las ocasiones es adecuado dar un abrazo, porque puede ser una invasión del espacio personal que cada uno tiene.

Sin embargo, quiero recordar un caso excepcional relacionado con el poder que tienen los abrazos, y es el caso de Amma, quien empezó a repartir abrazos en su pueblo, cuando las mujeres indias tenían prohibido saludar a desconocidos. Esta mujer va viajando por todo el mundo y reúne a miles de personas que hacen cola para recibir el regalo de su abrazo, abrazo que para algunas personas tiene un poder curativo.

Otra curiosidad es que, en el aeropuerto de la ciudad canadiense de Winnipeg, hay una "alfombra para los abrazos": un pequeño espacio donde la gente se coloca para dar o recibir un abrazo. Y es que, si pensamos en el lugar donde se pueden dar más abrazos, seguro que todo el mundo piensa en las estaciones de tren o de autobús, en los aeropuertos…, en definitiva, en los lugares donde recibimos o despedimos a familiares y seres queridos.

Es interesante saber que los beneficios de los abrazos están comprobadísimos y hay campañas por todo el mundo de "regalo de abrazos": por ejemplo, la conocida "Free Hugs", que en las ciudades españolas se conoce con el nombre de "Abrazos gratis". Hay gente voluntaria que se reúne en la calle para regalar abrazos a desconocidos y esto es lo excepcional: recibir el abrazo de un desconocido, porque en un abrazo sentimos calor y cariño. Cuando nos abrazamos, estamos corazón con corazón, estamos cuerpo con cuerpo y dejamos de cerrarnos al otro y nos abrimos para comunicar.

Pista 5

Mateo (M): Luisa, ¿y cómo te va a ti en la escuela? ¿Qué te parece? ¿Estás contenta?

Luisa (L): A mí me va bien. He ido a muchas clases de francés, pero esta es la escuela que más me gusta. Me matriculé hace dos meses y no he tenido ningún problema en ningún momento. Todo funciona estupendamente. Yo, por ejemplo, pude ir en julio a París por el programa de intercambio que tienen y practiqué un montón con nativos. La verdad es que he sacado muy buenas notas en francés este trimestre gracias a esa estancia. Nunca te lo he preguntado, Mateo, pero ¿por qué vienes a la escuela? Eres prácticamente bilingüe y tu acento americano no se nota nada: pareces español. ¿Llevas mucho tiempo viviendo en España?

M: Bueno, no: solo llevo viviendo aquí siete años. Es que mi madre es chilena y con ella hablé en español toda mi infancia y adolescencia. La razón que tengo para venir a la escuela no tiene nada que ver con el idioma español. Hace poco terminé un intensivo de alemán y estoy asistiendo a un taller literario de un mes, porque siempre me interesó la literatura y tuve la suerte de ser admitido.

L: ¡Qué bien! Hace tres meses yo intenté hacer ese curso también, pero fue imposible. Aquella vez lo solicitó mucha gente, y mucha gente se quedó fuera, como yo. ¿Pero no has visto el curso que han abierto ahora? Lo vi en el tablón de anuncios ayer. Es un taller de traducción: ¿no te interesa?

M: ¿A mí?, muchísimo. Hace bastante tiempo, diez o doce años, trabajé como traductor en una empresa de publicidad. Y sí, me interesa mucho el curso. ¿Tú ya lo solicitaste? ¿Te dijeron si hay plazas?

UNIDAD 2

Pista 6

Rosa (R): Si miramos atrás y recordamos cómo era la sociedad española en las últimas décadas, nos damos cuenta de cuánto hemos cambiado en este tiempo. De hecho, cuando contamos a los más jóvenes cómo éramos, les cuesta creerlo… Pero los cambios sociales de España, económicos o políticos o culturales… son muy parecidos a los cambios que han tenido los países del entorno europeo.

Ismael (I): Sí. En ese contexto, ha habido grandes cambios en nuestra sociedad; por ejemplo, la igualdad de la mujer. El mayor acceso de la mujer a la educación y al empleo le ha permitido mayor autonomía.

R: Bueno, y los avances tecnológicos. Pienso, por ejemplo, en lo que significó para la mujer española, en los años sesenta y setenta, poder usar una máquina para lavar la ropa, porque… cuando yo tenía seis años, mi madre, como mucha otra gente, no tenía lavadora y lavaba todo a mano. Entonces las mujeres no tenían tiempo para ellas; estaban todo el día trabajando para los maridos y los hijos. Y pienso que, en bastantes casos, no ha cambiado mucho la situación.

I: Para mí, la tecnología es el factor de cambio más importante de nuestra época. La tecnología ha cambiado totalmente la educación, la sanidad, las empresas y la vida familiar y social. Ya no es un instrumento como era en tiempos de mi abuelo; ahora es una parte fundamental de las personas, de su vida cotidiana, de su trabajo, de sus relaciones…

R: Yo pienso lo mismo que tú, sobre todo de la tecnología de la información. Antes los colegios eran el lugar donde los niños iban a recibir información y el profesor era quien lo sabía todo y tenía toda la información; hoy en día, los niños, con internet, tienen acceso a cualquier información de cualquier tema en cualquier momento. Creo que la educación tiene que tener, ahora y en el futuro, otros objetivos, ¿no te parece?

I: Sí, ahora hay muchos medios para estar informados: antes no había ni móviles ni ordenadores. Pero además, en la actualidad, el uso de los teléfonos inteligentes ha cambiado en muy poco tiempo las relaciones entre las personas. Por ejemplo, en mi casa, antes veíamos la televisión toda la familia reunida; ahora, cada uno ve el programa que quiere y donde quiere en su tableta o en su móvil. Es que no hay tiempo para estar juntos ni para hacer cosas juntos. Eso es lo peor.

R: Estar todo el día conectados lo ha cambiado todo: el trabajo, la vida familiar… A mí tampoco me gusta la situación actual… Mis hijos están todo el día hablando con sus amigos por el móvil y ya no se ven, ni quedan como hacíamos nosotros cuando éramos jóvenes… ¡Qué tiempos aquellos!

Pista 7

Vas a escuchar a seis personas hablando de sus profesiones y la relación con su infancia. Escucharás a cada persona dos veces. Selecciona el enunciado que corresponde al tema del que habla cada persona. Hay diez enunciados incluido el ejemplo, selecciona solamente seis. Ahora escucha el ejemplo:

Persona 0

¡Tengo la profesión más bonita del mundo! Soy buzo y estoy especializado en inmersiones con fines científicos; la última importante fue hace unos meses y muy cerca de la ciudad donde yo pasaba las vacaciones con mi madre y mis hermanos. Aquella playa en aquel tiempo maravilloso… No sé si mi afición al buceo viene de ahí, pero de pequeño parecía un pez.

La opción correcta es el enunciado H. Ahora tienes veinte segundos para leer los enunciados.

Persona 1

Yo soy actriz y llevo casi veinte años en la profesión. Cuando era chica, yo tenía claro que quería ser artista: era de esas nenas que jugaban todo el rato, que cantaban, que bailaban y volvían locos a sus padres… Y me dieron una oportunidad: mi abuela me llevó a una agencia y empecé en el mundo del espectáculo muy jovencita, con nueve años.

Persona 2

Soy cocinero, pero yo nunca imaginé serlo. Ahora me alegro mucho porque tengo un buen trabajo y he montado mi propio restaurante, pero cuando tenía doce o trece años quería ser piloto de avión, como muchos niños de mi generación. Era solo un sueño: estudiar para piloto costaba mu-

cho y mis padres nunca se lo plantearon porque, por aquella época, no tenían recursos.

Persona 3

Creo que yo siempre he querido dedicarme a la educación. Recuerdo que los juegos de mi infancia siempre eran con amigas que hacían de alumnas y yo era la maestra. Luego, en mi época de instituto, tuve una profesora de Literatura que me animó a estudiar para ser profesora de Lengua, así que estudié Filología Hispánica y hoy puedo decir que he cumplido mi sueño.

Persona 4

Pues yo soy biólogo, pero solo trabajé de biólogo cinco meses y ya hace bastante tiempo de eso. Hubo unos cambios en la empresa y me despidieron. Como la situación era cada vez más difícil, me puse a trabajar de taxista y ¡hasta ahora!… Pero sí, cuando era pequeño, me pasaba las horas observando a los insectos y me encantaba el contacto con la naturaleza.

Persona 5

Cuando era niña, quería ser ciclista. Pasaba los veranos en un pueblo cerca de mi ciudad y disfrutaba muchísimo pedaleando de pueblo en pueblo, subiendo y bajando cuestas… Llegué a participar en algunas carreras, pero pronto me di cuenta de que no tenía ni el talento, ni la capacidad física para competir a alto nivel. Aun así, la bicicleta sigue siendo mi compañera fiel y actualmente me dedico a entrenar a equipos de triatlón en mi ciudad.

Persona 6

Hoy tengo cuarenta y siete años y soy pianista. Se lo debo a mi madre, que trabajaba como recepcionista de hotel en turnos de nueve o diez horas y tenía que dejarme en el colegio mucho tiempo. Quizá por eso empecé a tocar, porque en el colegio había un piano y me pasaba horas tocándolo. Después le pedí uno a mi madre, pero como no había dinero, me compró una guitarra. De niño tuve este instrumento como único juguete. Mi vida ha sido y es la música.

Pista 8

Locutora: Queridos oyentes, nos despedimos hoy de "Españoles viajeros" con las historias de Miguel y Yolanda, la anécdota de un español en Tailandia y de una española en Eslovaquia. Seguid enviando vuestros relatos a españolesviajeros@radiocafe.com. Os esperamos.

Miguel: Hace diez años viajé a Tailandia y cuando estaba visitando uno de los templos budistas, un niño vino a mi lado y mi primera reacción fue acariciarle la cabeza como muestra de afecto y simpatía, algo que es normal en España. De repente, unos hombres que estaban cerca empezaron a hablarme con un tono de enfado. Yo me asusté porque no sabía qué pasaba y me fui un poco avergonzado. Después me enteré de que en Tailandia y otros muchos países del sudeste de Asia, tocarle la cabeza a alguien (incluso a un niño como broma o saludo) es una grave ofensa. La cabeza se considera la parte más sagrada del cuerpo, igual que la planta de los pies se considera la más despreciable y por eso no se muestra ni se señala.

Yolanda: Cuando viví en Eslovaquia, aprendí algo evidente pero desconocido para mí: aprendí que se podía estar en casa sin zapatos. En España, mucha gente llega a casa y se pone las zapatillas, pero en otros países eso sucede cuando se entra en una casa ajena. La primera vez que tuve que quitarme los zapatos para entrar en casa de mis amigos eslovacos, no me gustó del todo, pero fue cuestión de tiempo y me adapté a esa costumbre sin problema. Descalzarse al entrar en un hogar es obligatorio en muchos países. En Eslovaquia, como en Rusia o Japón, puedes ir descalzo o en calcetines o con unas zapatillas que te dejan los propietarios. Y, cuidado, porque creo que en Japón puedes encontrar zapatillas en el baño, pero solo se usan dentro de esa habitación.

UNIDAD 3

Pista 9

Escucha a una mujer hablando del gran cambio que hizo en su vida. Escucharás la audición dos veces. Contesta a las preguntas con la opción adecuada. Tienes treinta segundos para leer las preguntas.

Cuando la gente me pregunta a qué te dedicas, a mí me gusta decir que cada día toco el futuro, porque trabajo con niños. Pero lo único que he aprendido de todos mis años como profesora es que hemos mentido a todos los niños: les hemos dicho que ellos son el futuro, que un día serán mayores y harán del mundo un lugar mejor. Y lo que he aprendido es que no son el futuro: son el presente, el ahora.

Yo estudié para ser diseñadora. Me lo pasaba genial diseñando restaurantes, marcas de empresas y parques temáticos. Entonces, hace veintiséis años, me convertí en madre. La primera vez que tuve a mi hijo en mis brazos, me enamoré. Miré a mi hijo a los ojos, y recuerdo que le dije: "Te voy a prometer una cosa. Te prometo que serás amado, que todos conocerán tu nombre, y que todos sabrán lo maravilloso que eres". Y, después, entró en el colegio. Solo tenía cinco añitos cuando entró en el colegio. Y yo pensaba: "Qué bien, todos lo adorarán tanto como yo. Los profesores lo cuidarán, sus amigos lo querrán…; todo irá bien".

Y un día fui al colegio y le dije a su profesora: "Hábleme de mi hijo. ¿Qué le gusta hacer en clase? ¿Quiénes son sus amiguitos?". Y ella me miró con cara de aburrimiento y me preguntó: "¿Cuál es su número de lista?". Y yo pensé: "¡Madre mía, mi hijo no tiene nombre! Se ha convertido en un número". Y entonces me di cuenta: en el colegio, no entendían a mi hijo. ¿Y qué iba a hacer yo? No podía dejar de pensar en el asunto y ese mismo día lo saqué del colegio. Y mi marido decía: "¡Madre mía! ¿Y ahora qué? ¿Dónde estudiará?". Y le dije: "¡Yo abriré un colegio!".

Así que abrí un colegio en mi casa, y me propuse lo siguiente: "Cada niño será capaz de decir 'yo puedo', cada niño tendrá una historia, cada niño tendrá un nombre". Eso hice. Y cuando pienso en aquello, hace dieciséis años, aún recuerdo los nombres e historias de cada niño.

Basado en "Versión completa: Los cuatro pasos de Kiran Bir Sethi para cambiar el mundo desde la educación". BBVA AprendemosJuntos (https://youtu.be/r8l-V7Hq8hE)

UNIDAD 4

Pista 10

Natalia (N): ¿Y qué tal el día? ¿Habéis tenido mucho trabajo? Porque yo estoy bastante cansada, es que no me apetece nada, solo dormir: cenar algo ligero e irme a la cama.

Javier (J): No te estreses, Natalia. Tomamos algo aquí, charlamos un poco y nos relajamos. Yo tampoco he tenido un buen día. Hace una semana que estoy esperando los datos para terminar un informe y justo hoy he hablado con mi jefa para pedirle más tiempo.

Soledad (S): ¿Y quién tiene que enviarte los datos? ¿No puedes preguntarle?

J: No, si ya está solucionado. En mi empresa, tenemos muy buena relación entre compañeros y mi jefa es muy amistosa: te ayuda siempre que puede. Me ha dicho que no hay problema, que me da unos días para terminarlo.

N: Sabrá que eres una persona responsable y que lo harás muy bien. ¡Me gustaría tener una jefa tan comprensiva! En mi trabajo, esta semana no hay tiempo ni para tomar un café, pero hoy hemos conseguido parar un rato para salir a desayunar.

S: Natalia, pues entonces… ¡estamos todos igual! A mí una compañera del departamento me ha pedido un favor para mañana, porque tiene que ir al médico y no puede asistir a una reunión: iré en su lugar. Tengo que revisar un poco la información y los datos, así que me acostaré tarde y ¡madrugaré muchísimo!, porque tengo que estar allí a las siete.

J: Seguro que todo va a ir bien, pero… ¿me hacéis un favor? ¿Podríais dejar de hablar de trabajo? ¡Me estoy estresando!

Pista 11

1 Hay gente que trabaja y lleva fenomenal las situaciones de estrés. No es mi caso. Tampoco soy muy fan de tener siempre el control, pero sí me gustan las cosas bien hechas y, sobre todo, no dejarme nada por hacer. Sin duda, cuando los padres trabajamos fuera y dentro de casa, el trabajo se multiplica.

Cada miembro de la familia debería tener una actividad o afición para desconectar de la rutina diaria de trabajo y familia, un rato para uno mismo para mantener el equilibrio. Puede ser cualquier cosa: leer, pintar, escuchar música…; al llegar a casa o incluso antes de dormir. A mí me ayuda tomarme un té con mi pareja cuando llego y hablar diez minutos de cómo nos ha ido el día.

Pista 12

2 Cada cosa a su tiempo y un tiempo para cada cosa. Cuando es tiempo de familia, hay que estar con la familia. Y si es tiempo de trabajo, hay que trabajar. Delimitar bien los tiempos que dedicamos a cada cosa, y mantener el foco centrado en ellos, nos ayuda no solo a ser más productivos, sino también, más felices. A mí me provoca estrés mezclar ambas cosas.

Cada uno tendría que tener sus tareas definidas, o ir cambiando según los días o las semanas, pero con un orden. Lo lógico sería hacer los turnos de acuerdo a las habilidades y gustos de cada uno y tener en cuenta a quién se le da mejor la cocina, a quién le gusta hacer la compra, a quién se le da mejor limpiar, o peinar y vestir a los niños, jugar a juegos o ayudar con los deberes.

UNIDAD 5

Pista 13

1 Mi último viaje ha sido perfecto. Lo pasé muy bien. El trayecto fue muy agradable, aunque por desgracia o por suerte, depende del punto de vista, el tren tuvo un retraso de unos veinte minutos y me devolvieron el 50 % del importe pagado por los billetes. Personalmente me hacía bastante ilusión hacer un viaje en estos trenes, pues había oído hablar maravillas de ellos a varios amigos. Pasé unos días increíbles.

Pista 14

2 El viaje que hice con mis amigos el año pasado no me gustó nada. Dejó mucho que desear. El hotel era un hotel moderno, pero muy feo: nos dieron una habitación pequeña y con poca luz… La habitación no tenía vistas y el servicio fue muy malo. Fue una gran decepción. Aunque habíamos reservado la habitación con desayuno incluido, el comedor no abrió hasta las diez de la mañana. Y por la noche, pasamos mucho frío, porque la calefacción no funcionaba bien… Fue todo un desastre.

Pista 15

Yo tenía una enfermedad que se llama "mapamunditis", que ves un mapa del mundo y dices: "Ay, ¿cómo será China? ¿Y cómo será Australia? ¿Y Bután? ¿Y Nepal? ¿Y…?". […] Y en el dos mil uno empecé a recorrer en bicicleta América del Sur. Llegué a La Paz, Bolivia, bajé hasta Ushuaia, en Tierra del Fuego, subí Chile, Perú, Ecuador, Colombia, Venezuela… […] Un viaje de año y medio. Más de treinta y un mil kilómetros. […] Y al terminar ese viaje, volví. Y todos pensaron: "Ya te has curado". Y digo: "No, ahora es peor. Ahora tengo que dar la vuelta al mundo. Esto es incontrolable". Porque los sueños te vuelven la vida patas arriba. Los sueños, cuando son de verdad, intensos y nacen del fondo del corazón, te cambian la vida. Y me la cambió. […] Y regresé a la ciudad de la que había partido, trece años después. El mismo día, el diecinueve de noviembre, pero trece años después. La persona que llegó no es la misma que la que se fue. La persona que llegó había aprendido muchas cosas. Porque viajar es una gran universidad. […] Si os creéis algo, lo podéis conseguir. Yo nunca pensé que iba a dar la vuelta al mundo. De hecho, cuando lo veo ahora, digo: "¿Será verdad, o será Photoshop?". Pero sí, lo debí hacer. Porque si te marcas objetivos pequeños, y los vas cumpliendo, cuando los sumas… ¡Guau! Te da un gran proyecto.

Extraído de "Biciclown: un viaje para descubrir la vida. Álvaro Neil, viajero". BBVA AprendemosJuntos (*https://youtu.be/ThZeEfhs9WA*)

UNIDAD 6

Pista 16

Propietario (P): ¿Sí?

Isabel (I): Hola, buenas tardes. Llamo por el anuncio del piso en alquiler que he visto en Casaclic. ¿Está disponible todavía?

P: Sí, sí, está disponible y se puede visitar esta misma tarde.

I: Oh, genial, pero antes tengo unas preguntas. En el anuncio no veo claro en qué planta está: ¿es la primera?

P: Bueno, es un bajo, pero las ventanas son bastante altas: parece casi una primera planta.

I: Vale, vale, entiendo. Son dos habitaciones, ¿verdad?

P: Efectivamente, con un pequeño salón, cuarto de baño y cocina. Para una persona sola es ideal.

I: ¿Y cómo es la distribución exactamente?

P: Sí, mira: es un piso pequeño, así que entras directamente al salón. A la derecha tienes un pasillo, y a la izquierda, la cocina.

I: Ah, bien, cerca del salón.

P: Luego, enfrente de la cocina, tienes el baño completo: con lavabo, ducha… Oh, y también la lavadora.

I: Vale, perfecto. ¿Y las habitaciones cómo son? Yo teletrabajo normalmente, así que necesito un pequeño espacio.

P: Hay una habitación grande, donde podrías poner la cama, y luego otra más pequeña, ideal para un despacho.

I: Genial, eso es lo que estoy buscando. ¿Y cuáles son exactamente los requisitos para alquilar?

P: Pues mira, necesito ver el contrato de trabajo y las dos últimas nóminas para comprobar el sueldo. Además, tienes que pagar un mes de fianza y el primer mes antes de entrar a vivir.

I: Mmmm… Vale, bien. ¿Y a partir de cuándo podría mudarme?

P: Cuando quieras, ya puedes. Sin problema.

I: Perfecto, muchas gracias. Me lo pienso y te digo algo, ¿vale?

P: Perfecto. Gracias a ti.

UNIDAD 7

Pista 17

Miriam (M): Últimamente me llevo fatal con todo el mundo. Yo siempre me he preguntado si una persona tiene buenas relaciones porque se siente feliz, o si se siente feliz porque tiene buenas relaciones. ¿Tú qué crees?

Carlos (C): Yo creo que es una mezcla de ambas cosas: cuando nos sentimos felices, somos más positivos y generamos empatía con los demás, y también ocurre que las relaciones positivas son las que nos hacen sentirnos felices.

M: A mí me resulta fácil sentirme bien cuando las relaciones son en el contexto familiar, pero creo que es más complicado cuando lo hacemos con otras personas.

C: Sí, especialmente si esa persona tiene actitudes o comportamientos que te molestan. Pero te doy un pequeño truco: cuando la mires, ve más allá de la superficie y trata de conectar con su naturaleza humana.

M: ¡No sé si la persona en la que estoy pensando tiene naturaleza humana! Lo dudo.

C: No lo dudes: la clave está en que todos necesitamos recibir el aprecio o cariño de los demás. Y también el reconocimiento de nuestro talento o de nuestras capacidades…

M: ¡Pues eso digo yo! Mi jefe no lo hace nunca: es antipático y poco humilde. Es que me cae muy mal… ¡y no puedo llevarme bien con él! ¡No hay solución!

Pista 18

1 ¡Qué memoria! No recuerdo qué ha dicho.

Pista 19

2 ¡Qué bien que vengas mañana! ¡Qué alegría!

Pista 20

3 ¡Hasta luego, que pases un buen día!

Pista 21

4 ¡Qué mal! ¡Qué me dices! ¿Que has perdido el móvil?

Pista 22

5 Que duermas bien, hasta mañana.

Pista 23

6 Ellos quieren saber qué vas a hacer.

Pista 24

7 Que tengas buen viaje y te lo pases muy bien.

Pista 25

8 ¡Qué buen día hace!, ¡qué día más bonito!

Pista 26

9 No te entiendo… ¿Que no vienes mañana? ¿Y por qué no vienes?

Pista 27

10 ¡Qué guapa!, ¡qué bien te veo!

UNIDAD 8

Pista 28

Mil seiscientos cincuenta euros el cubierto, eso es lo que cuesta comer o cenar en el Sublimotion, el restaurante más caro del mundo. Ubicado en el exclusivo hotel Hard Rock de Ibiza, pertenece al chef Paco Roncero.

Un restaurante que, en todo caso, va más allá de lo gastronómico y ofrece auténticas experiencias culinarias combinadas con más de tres horas de espectáculo.

Para ofrecer una experiencia única a los comensales, en el Sublimotion no participan solo cocineros, sino también ingenieros, escenógrafos, ilusionistas, coreógrafos y hasta guionistas. Una puesta en escena muy exclusiva que logra unir la gastronomía de vanguardia con el arte escénico.

El restaurante cuenta con una única sala en la que se sirve a doce comensales. En cada pase trabajan más de veinticinco personas. Un auténtico espectáculo en el que el propio comensal se transforma en protagonista en un entorno que parece sacado de una película de ciencia ficción.

El Sublimotion nos permite viajar a la sala principal del Teatro Real, o surcar las profundidades del océano, haciendo parada en Pandora, el planeta que imaginó James Cameron para la película *Avatar*. Un picnic en mitad de Central Park o compartir mesa con Charles Chaplin son otras de las actividades espectaculares que nos ofrece este restaurante, por algo es el más caro del planeta.

Extraído de "Lujo y tecnología-Sublimotion Restaurante más caro del mundo". #CdRas (https://youtu.be/bTXltP1EOVg)

Pista 29

Vas a escuchar a dos amigos que hablan sobre la revolución de los alimentos. Escucharás la audición dos veces. ¿A quién corresponde cada opinión? Tienes veinticinco segundos para leer las preguntas.

Miguel (M): ¡Madre mía! Yo no sé si estamos preparados para tantos cambios en la comida.

Candela (C): ¿A qué te refieres? ¿A lo de las células madre?

M: Por ejemplo. Entiendo que están buscando alternativas para el futuro, pero creo que la comida tal y como la conocemos hoy en día va a desaparecer, y me da pena.

C: Pues a mí ninguna… Me encanta probar comidas nuevas y estoy deseando probar esas hamburguesas. Además, seguro que podemos comer muchas más porque van a quitarle toda la grasa. Imagínate… ¡comer hamburguesas sin engordar, qué maravilla! Yo, desde luego, me olvidaría de contar calorías para siempre.

M: Pues no sé, yo creo que prefiero algo más tradicional.

C: Pero, ¿qué me dices del medioambiente? Con esta comida artificial se reducirá mucho la contaminación.

M: Sí, sí, eso está claro, pero creo que primero deberíamos centrarnos en otros temas, como promover el coche eléctrico o usar energías renovables. Al fin y al cabo, comer es algo inevitable, tenemos que seguir comiendo, ¿no?

C: Yo creo que todo ayuda, y si con la producción de comida en laboratorios podemos ayudar, creo que es genial. Lo que me convence un poco menos, si te digo la verdad, es la idea de imprimir comida.

M: Ah, pues a mí eso me parece estupendo. Si todos tenemos una impresora 3D en casa, podremos imprimir los mismos platos que los chefs famosos.

C: Ya, pero justamente perderemos la experiencia de ir a un restaurante, ¿no? Elegir el menú, sorprenderte con los platos… son algunas de las cosas que a mí me encantan hoy en día.

M: Bueno, es verdad que quizás eso se pierda un poco… Pero desde luego yo prefiero comida impresa en una impresora 3D antes que comer insectos. ¡Eso no lo haré ni loco!

C: Jajaja, pues a mí tampoco me importaría probar un par de moscas…

M: Anda que…

UNIDAD 9

Pista 30

Vas a escuchar seis noticias del programa radiofónico "Tu consumo, la economía de todos". Escucharás el programa dos veces. Contesta a las preguntas con la opción adecuada. Tienes treinta segundos para leer las preguntas.

Noticia 1

El próximo Día Internacional de concienciación sobre el desperdicio de alimentos celebraremos una jornada de reflexión. Según datos estadísticos, los españoles tiraron a la basura mil trescientos cincuenta y dos millones de kilos de alimentos el año pasado, que representa el 4,7 % de los alimentos que compraron. Solo tres de cada diez hogares manifiesta no desperdiciar alimentos.

Noticia 2

¿Cómo afecta el ahorro a la felicidad? Una encuesta realizada a más de quince mil personas de Europa, Estados Unidos y Australia dice que el 47 % de los que afirman sentirse felices está bastante cómodo con su nivel de ahorro. Este porcentaje es menos de la mitad (el 21 %) en las personas que se declaran "ocasionalmente felices". Y es solo el 13 % en personas que no se sienten felices casi nunca.

Noticia 3

A la pregunta "¿Cómo viajo?" existen tantas respuestas como variedad de viajeros. Según nuestra encuesta, más de la mitad de las personas piensa este año hacer viajes en familia –el 54 %– y algo más de un tercio de los encuestados –el 36 %– lo hará con su pareja. Los viajes con amigos representan un 8 %, y los que viajarán solos, un 1 %, igual que los que viajarán en grupos organizados.

Noticia 4

Un año más, los niños españoles quieren ser futbolistas, así opina el 18,9 % de ellos, seguidos de la profesión de policía, con el 9,7 % (la segunda posición) y de la de profesor (el 7,7 %), tercera en el *ranking*.

En cuarto puesto, con un 6,1 %, sigue una profesión más novedosa: *youtuber*. Arquitecto, ingeniero, médico, bombero, veterinario o informático, son las otras profesiones del *ranking*.

Noticia 5

Tres son las 'erres' de un consumo más responsable: reducir, reutilizar y reciclar. Se trata de disminuir la cantidad de residuos por persona, de dar una segunda oportunidad de vida a los objetos y, si no es así, reciclarlos para que sirvan de nuevo. Un estudio dice que el 5 % de los españoles no recicla ningún material en el hogar y, de estos, el 39,6 % no lo hace por falta de espacio en su vivienda.

Noticia 6

El 84 % de los españoles que no compra vivienda prioriza otros aspectos como pagar educación, criar una familia o irse de viaje. Tener una vivienda en propiedad es uno de los objetivos financieros y personales de los españoles: el 66 % de los encuestados prefiere ser propietario a inquilino; un dato cercano a Europa, donde el 70 % también lo prefiere.

Pista 31

Ángela (A): Elías, navegando por internet he visto que hay una exposición de los "Objetos imposibles", de Jacques Carelman. ¿Te gustaría verla conmigo?

Elías (E): Me encantaría. Sus diseños de objetos imposibles son geniales.

A: Sí, me encanta su famosa bicicleta con las ruedas cuadradas, o la mesa de pimpón ondulada…

E: O el piano con el teclado separado en trozos. Me parece muy original que exprese así su crítica a la sociedad de consumo.

A: A mí me parece increíble que sus objetos, que no tienen un uso práctico, sean capaces de mostrarnos la necesidad constante y absurda que hay en Occidente de buscar cosas nuevas.

E: Estoy de acuerdo; está mal que seamos tan consumistas, pero el *marketing* y las empresas necesitan que compremos y compremos, y no van a dejar que pensemos para qué nos sirven tantas cosas y si de verdad las necesitamos.

UNIDAD 10

Pista 32

Hoy, en estos minutos que dedicamos a poner el mundo en tus manos, vamos a ver qué podemos hacer para sacar hacia fuera y gestionar las emociones negativas que llevamos dentro. ¿Preparados?

Las personas que tienen problemas personales, pero que no hablan de ellos, tienen más posibilidades de enfermar, ¿lo sabías? De hecho, las personas que reprimen sus problemas van al médico una media de un 40 % más que las personas que expresan y comparten sus problemas.

Pero hablar de nuestros problemas con un amigo o con un terapeuta puede ser complicado porque nos hace sentir más vulnerables o incluso temerosos de que nos juzguen, nos desprecien o nos rechacen. Así que hoy vamos a ver una forma sencilla pero muy eficaz para sacar a flote esas emociones negativas con la técnica que ha desarrollado el doctor James Pennebaker, que tiene excelentes resultados comprobados científicamente contra la ansiedad, el dolor crónico, el desamor, la tristeza…, lo que sea que te preocupe. ¿Cómo lo hacemos? Con la escritura expresiva.

¿Qué es y cómo funciona la escritura expresiva? Bueno, la mente humana necesita, por encima de todo, encontrar sentido a sus problemas: ponerles nombre, ayudar a encontrar causas y efectos, el porqué de las causas de las cosas que nos ocurren. Así que escribir acerca de nuestros problemas puede ser muy similar a hablar de ellos, pero no nos hace sentir tan expuestos.

Extraído de "Elsa Punset: gestión de las emociones negativas". FeliciCultura (https://youtu.be/WzjG5d_a7rw)

Pista 33

¿Quieres aprender a hacerlo? Pues sigue estos pasos.

1 Proponte escribir veinte minutos cada día durante cuatro días. Esto es lo que sabemos que funciona mejor. Claro que puedes escribir más tiempo, si quieres, pero escribe al menos esos veinte minutos cada día durante cuatro días para ver un beneficio.

2 La escritura expresiva no se fija en ortografía, puntuación o en escribir bien. Se trata de que expreses tus reacciones y tus emociones ante algo que te preocupa o que te duele. No estás escribiendo un relato para que lo lean otros: escribe solo para ti.

La mayoría de las personas que utilizan la escritura expresiva suelen hacerlo al final del día, para encontrar un poco de tranquilidad. Así que, si tienes hijos, espera a que se hayan ido a dormir, y después de escribir, reflexiona tranquilamente un rato acerca de lo que has escrito.

Es normal que te sientas un poco abrumado los primeros días en los que escribas. Generalmente ese sentimiento se va a ir disipando después de una o dos horas, pero deja de escribir si te sientes desbordado por las emociones, tómate tu tiempo para asimilar y expresar lo que sientes. Inténtalo de nuevo al día siguiente, cuando estés más tranquilo. Unos días después de haber terminado tus cuatro días de escritura expresiva, podrás reflexionar acerca de los cambios que notes en tu vida y en tu forma de sentir y reaccionar. Estas son claves que te podrán ayudar a vivir mejor.

Extraído de "Elsa Punset: gestión de las emociones negativas". FeliciCultura (https://youtu.be/WzjG5d_a7rw)

UNIDAD 11

Pista 34

Vas a escuchar seis anuncios de radio sobre eventos artísticos. Escucharás cada anuncio dos veces. Contesta a las preguntas con la opción correcta. Tienes treinta segundos para leer las preguntas.

ANUNCIO 1

Hasta el diecisiete de abril, en la Casa de Iberoamérica de Cádiz, podemos visitar la exposición de fotografía de autores argentinos contemporáneos como Alejandro Almaraz, con quien visitaremos edificios emblemáticos, o María José D'Amico y sus fotografías de espacios que en otro tiempo fueron hogares habitados, o la obra de Lorena Guillén Vaschetti, que reflexiona sobre el pasado y la memoria oculta.

ANUNCIO 2

La poesía visual llega al Museo de Arte Contemporáneo de Barcelona en una exposición dedicada a Joan Brossa. Ochocientas piezas, de tipo muy diverso, del artista catalán que podremos ver hasta el veinticinco de febrero. La muestra intenta sorprender por su originalidad, además de ofrecer reflexiones y perspectivas nuevas sobre la poesía, que Brossa siempre consideró que estaba en todo lo que hacía.

ANUNCIO 3

El Centro-Museo Vasco de Arte de Vitoria presenta el proyecto *Cuadrado negro*, de la artista mexicana Pía Camil, dentro del programa de intervenciones arquitectónicas en el espacio exterior del museo. Su obra consta de un cubo de ocho metros de largo con un lado cubierto por un tejido transparente que permite ver el puente azul de acceso del público a la plaza interior del museo.

ANUNCIO 4

El Teatro Real inaugurará su temporada de danza con el estreno en octubre de *Fuego*, coreografía creada por el bailarín Antonio Gades y el cineasta Carlos Saura e inspirado en la música de *El amor brujo* de Manuel de Falla. El espectáculo de ballet quiere transmitir la ética y la estética de Gades y su respeto por el arte dramático y el flamenco.

ANUNCIO 5

Este domingo finaliza la XIII Bienal Internacional de La Habana. Artistas de cincuenta y dos países llevaron sus obras a espacios públicos de la ciudad a lo largo de un mes. El evento presentó doce grandes proyectos colectivos, además de numerosas exposiciones en galerías públicas y talleres, conviviendo las artes plásticas, el teatro, la literatura, la música, la danza, la fotografía y la realización audiovisual, entre otras manifestaciones artísticas.

ANUNCIO 6

El Premio Espasa de este año ha sido para *Emocionarte. La doble vida de los cuadros*, del periodista Carlos del Amor. Un libro que viaja por treinta y cinco obras de todos los tiempos, con especial atención a la pintura femenina y a la española. Un viaje a través de colores, historias, miradas, vidas… que reúne verdad y ficción, historia del arte, imaginación y emoción.

Pista 35

Locutor: Y ahora seguimos con la música y damos paso a los mensajes que dejaron nuestros oyentes. Gracias a todos por compartir vuestra música.

Ana: Hola, mi nombre es Ana. A mí me inspira toda la música, ¡siempre que sea buena! ¡En la variedad está el gusto! Pero si tengo que decir a alguien, esa es Rosalía. Todo me emociona en ella: su voz, sus coreografías… Es la cantante que más escucho ahora.

Paco: Soy Paco, madrileño, y… la música que escucho cada día depende muchísimo de mi estado de ánimo, y es que mis gustos van desde la ópera, que me ayuda a estar relajado, hasta el *rock* andaluz de Triana, el mejor grupo de todos los tiempos.

Luz: Hola, me llamo Luz y soy argentina. Me gustan mucho las bandas sonoras. Cuando salgo a correr y me pongo la de 'Rocky', corro como Usain Bolt. Para momentos de relax, en cambio, prefiero música más romántica, como Luis Fonsi o Alejandro Sanz.

Julen: Hola, soy vasco, de Bilbao, y me llamo Julen. Tengo una *playlist* que me daría vergüenza enseñar a la gente, porque tengo desde el "chunda chunda" hasta folclore. Ahora mismo escucho bastante el flamenco: Miguel Poveda, Concha Buika…

Iria: Mi nombre es Iria y soy de Vigo. Yo siempre voy con el *Shazam* cazando canciones…, es una aplicación que me encanta. Cuando voy de fiesta con las amigas en el coche, la música la eligen ellas, pero nada de reguetón. Prefiero escuchar salsa y así nos motivamos más para bailar luego.

Nicolás: Hola, soy de México y me llamo Nicolás. Cuando escucho la letra, la música y la voz de mi canción preferida, "El amor en los tiempos del cólera", me conmueve hasta las lágrimas. Solo el arte logra eso y esta canción de Shakira es arte.

Pista 36

1 ¿Viste por cuánto dinero se vendió el cuadro de Banksy?

Pista 37

2 ¿Has oído lo del cambio de director del Museo de Arte?

Pista 38

3 ¿Sabías que Jeff Koons es el artista más caro del mundo?

Pista 39

4 ¿Sabías que Leonardo da Vinci era vegetariano?

UNIDAD 12

Pista 40

1 • ¿Sabes que el elefante es el animal más resistente del mundo?
  ▪ ¿Estás seguro de que es el elefante?

Pista 41

2 • Tenerife está en el Pacífico.
  ▪ No, no está en el Pacífico, sino en el Atlántico.

Pista 42

3 • El animal con los ojos más grandes es el camaleón.
  ▪ ¡Qué va! Es el calamar gigante.

Pista 43

4 • Creo que el Etna no es el volcán activo más grande de Europa.
  ▪ Que sí, que es el más grande de Europa.

Pista 44

5 • ¿Sabes? Los cuervos son animales inteligentes, ¡como los chimpancés!
  ▪ ¿Seguro que son inteligentes?

Pista 45

6 • Lo han dicho en la tele: los corales son una especie vegetal.
  ▪ No, en absoluto. Los corales son una especie animal.

Pista 46

7 • El Tajo no pasa por Portugal.
  ▪ ¡Claro que sí! El río Tajo también pasa por Portugal.

Pista 47

8 • ¿Estás segura de que no es el diamante?
  ▪ ¡Segurísima! El diamante no es el material más duro de la Tierra.

Pista 48

Vas a escuchar un fragmento de la charla de Edelmira, una argentina que nos habla de medioambiente. Escucharás la audición dos veces. Contesta a las preguntas con la opción adecuada. Tienes treinta segundos para leer las preguntas.

¿Cuántas bolsas de basura sacaste esta semana? ¿Las contaste, o realmente no tenés idea? […] Pero hoy puedo responder cómoda a esta pregunta diciendo que hace diez meses que no necesito sacar la basura. […] Hay quienes no me creen una palabra, para ellos esto es imposible… […] pero por suerte la mayoría me responde con mucha curiosidad: ¿Cómo hacés? Y para entender el porqué o el para qué de lo que hago, quisiera mostrarles una foto que considero extrema. No es raro ir hoy a una playa en Mar del Plata y encontrársela así. De hecho, esta foto la tomé yo misma. Y el vínculo que tuve durante mucho tiempo frente a esta problemática fue la queja. Al quejarme, la culpa siempre la tenía alguien más y aparentemente yo no tenía nada que ver con esto. Pero con el tiempo me fui dando cuenta [de] que esta es una postura bastante conveniente cuando una no quiere asumir responsabilidad frente a lo que ve. Así que cuando esto se hizo evidente, decidí cambiar de postura y comencé a realizar lo que llamé "limpiezas conscientes de playa", que consisten básicamente en ir recogiendo todo lo que entre en mis manos en un paseo y si me encuentro con alguna bolsa, que lamentablemente siempre me encuentro con varias, lo que entre en al menos una de ellas. […] Recogí en estas limpiezas el envoltorio del chocolate que me gustaba comer…, la botella de plástica del mismo champú que yo usaba… y los empaques de los pañuelitos descartables, esos que yo descartaba cada semana. […] Así comencé a decirle "no" a las bolsas de todo tipo. […] También dejé los pañuelos descartables y me pasé a los de tela, como los que usa mi abuelo. […] En primer lugar, siempre tengo una bolsa grande porque si necesito hacer alguna compra a la pasada. Nunca salgo de casa sin el agua que, como pueden ver, además esta botella es reutilizada… Llevo conmigo también siempre un repasador o un trapo, para evitar servilletas. Tengo unos cubiertos, también; unas bolsitas más pequeñas, por si necesito comprar algo más chiquito, también son de tela; y, finalmente, un vasito, con esto puedo evitar cualquier vaso desechable. Y así estoy prácticamente lista para todo. […] Hay estudios que nos dicen que, si no cambiamos el curso de nuestros actos, para el dos mil cincuenta va a haber más plástico que peces en el mar… […] Y quisiera compartir con ustedes lo que imaginé… Y nos imagino felices: orgullosas y orgullosos de haber tomado conciencia a tiempo. Un futuro donde nuestros hijos y nietos pueden disfrutar de aire puro, agua potable y playas colmadas de caracoles y vida, y no de basura. […] Así que hoy quisiera pedirte que te sumes, que tomes cualquiera de las alternativas que te di hoy, y que desde hoy la pongas en práctica. […] Muchas gracias.

Extraído de "Nuestra basura: el camino a un consumo responsable". Edelmira Altube. TEDxMarDelPlata (https://youtu.be/7LM26mEPDDc)

UNIDAD 1

A EMPIEZA LA FIESTA

1 Respuesta libre.

2 **Posibles respuestas: 1** ¿Cuál es el objeto más raro que hay en tu casa? **2** ¿Qué juegos recuerdas de tu infancia? **3** ¿Qué tema te interesa más en la actualidad? **4** ¿Cuáles son los tres adjetivos que te definen mejor? **5** ¿Cómo te ves a ti mismo en cinco años? **6** ¿Cuánto tiempo al día pasas en las redes sociales?

3a **1** De qué **2** Por qué **3** Quiénes **4** Qué **5** Cómo **6** Cuáles **7** Dónde **8** Cuántas **9** Con quién **10** En qué

3b **A** ¿Cuáles son las actividades que prefieres hacer en vacaciones? (pregunta 6) **B** ¿Qué te gusta conocer cuando visitas una nueva ciudad? (pregunta 4) **C** ¿De qué temas te gusta hablar con los amigos? (pregunta 1)

4 **1** a; **2** g; **3** c; **4** h; **5** e; **6** b; **7** i; **8** l; **9** j; **10** d; **11** k; **12** f.

Diálogo:

- Hola, ¿qué tal? Tú eres la prima de Jorge, ¿no? Me llamo Pablo.
- ¿Qué tal? Sí, soy Nelly. Encantada. ¿Eres amigo suyo?
- Sí, soy un buen amigo. ¿Qué te parece la fiesta?
- Fenomenal, me lo estoy pasando muy bien. ¿Quieres bailar?
- No, no me gusta, yo prefiero charlar… ¿De dónde eres? ¿De aquí?
- Sí, pero vivo en Mallorca. Ahora estoy en casa de Jorge, llevo dos semanas aquí.
- ¿Y cuánto tiempo vas a quedarte? ¿Mucho?
- No, estoy haciendo un curso de formación para mi empresa y termino esta semana.
- ¿Y en qué trabajas?
- Soy comercial. Y tú, ¿trabajas con mi primo?
- Sí, llevamos tres años trabajando juntos en el mismo departamento.
- ¡Qué bueno! ¿Tomamos algo?

5a **Posibles respuestas:** ¿Qué necesitas para ser feliz? ¿Qué persona es especial para ti? ¿Qué aspectos valoras de un amigo? ¿Cuál es la meta que cumplir? ¿Cuál persona es especial para ti?* ¿Cuáles son tus sueños? ¿Cuáles aspectos valoras de un amigo?*

*En algunos lugares de América.

5b Respuesta libre.

B ¡CUÁNTO TIEMPO!

6a **1** despedida **2** saludo **3** saludo **4** despedida **5** despedida **6** saludo

6b **1** ¡Qué alegría! ¡Cuánto tiempo! **2** ¡Hombre!, ¿qué tal? ¿Cómo va todo? **3** Da recuerdos a tu madre. / Saluda a tus padres de mi parte. **4** ¡Hola! ¿Cómo estáis? **5** A ver si nos vemos pronto otra vez. **6** Saluda a tus padres de mi parte.

7 **1** En la entrevista que hace la empresa, te van a preguntar **qué** sabes de informática, pero no solo quieren saber **qué** formación tienes, también **cuáles** son tus cualidades y **cuántos** idiomas hablas. **2** Tú no sabes **dónde** viven ahora, ¿verdad? Pues yo creo que viven donde* sus padres. **¿A quién** podemos preguntar**? 3** ¿Con **quiénes** vas a preparar la fiesta**?** ¿Con los chicos que yo conozco? ¿Y **cuándo** es**? 4** **¡Cuántas** buenas noticias**! ¡Qué** alegría! **¡Cuánto** me alegro**!** Estoy

muy emocionada. **5** Nunca recuerdo **cómo** se llama tu hermano, perdona: **¿cuál** es su nombre**?** ¿Fernando?

*Este *donde* no lleva tilde porque no es un interrogativo. La diferencia es:

Tú no sabes <u>dónde</u> viven ahora. / Pues yo creo que viven <u>donde</u> sus padres.
  (en qué lugar)   (en el lugar, en la casa de)

8a **1** V (un abrazo es una forma de expresar empatía con los demás, de mostrar nuestro apoyo e interés por ellos). **2** V (Pero el abrazo no es una costumbre solo de humanos: también los primates lo hacen. El abrazo es una forma de crear vínculos entre los miembros de una misma especie). **3** F (Cuando nos abrazamos, hay una explosión de hormonas, que llamamos "hormonas del apego", que hacen muy agradable este contacto y nos hacen sentir mejor). **4** V (Pero ya no son abrazos tan cercanos, sino que hay una cierta distancia y son muy excepcionales: cuando se da un abrazo de este tipo, es porque la ocasión es importante y porque hay cámaras). **5** F (además del grado de confianza, influyen mucho la cultura y las costumbres de cada lugar. No en todas las ocasiones es adecuado dar un abrazo, porque puede ser una invasión del espacio personal que cada uno tiene).

8b **Posibles respuestas: 1** Porque el uso del abrazo depende de la cultura y las costumbres de cada lugar. **2** Es de la India. **3** Empezó la actividad de abrazar en su pueblo, porque allí las mujeres tenían prohibido saludar a desconocidos. Después, fue viajando por todo el mundo para repartir sus abrazos a desconocidos. **4** Tiene una "alfombra para darse abrazos": una zona donde la gente se coloca para dar o recibir un abrazo. **5** Es una actividad que se hace en muchos lugares del mundo: gente voluntaria que se reúne en la calle para regalar abrazos a desconocidos.

9 **1** A; **2** A; **3** B; **4** A; **5** A; **6** A; **7** B; **8** A; **9** B.

C SOLO SE VIVE UNA VEZ

10a **1** Llevar una vida **2** perder el control **3** Estar con gente **4** tener una rutina **5** producirme estrés **6** cambiar de vida **7** tengo miedo a **8** cumplir deseos

10b El protagonista de la canción "Volar" comparte la actitud de Elena.

"Cambié el palacio por el callejón": significado 2 (Cambiar lo conocido por lo desconocido). **"Rompí todas las hojas del guion":** significado 1 (No tener planes rutinarios). **"Me dejé el bolso en la estación":** significado 4 (No necesitar equipaje para viajar). **"Le pegué fuego a la tele del salón":** significado 3 (Dejar de ver la televisión).

11a **1** B; **2** A; **3** A; **4** B.

11b **Posible respuesta: Todavía no** me he comprado la bicicleta, pero **ya** me he informado de qué tipos hay y cuáles son los precios. Quiero comprarme una bici para hacer un poco de ejercicio físico, pero voy a esperar un poco porque no tengo suficiente dinero para comprar la bici que me gusta. **Ya** he empezado a ahorrar.

12 **1** ha sido / fue **2** fue **3** ha habido / hubo **4** hubo **5** habéis hablado / hablasteis **6** he visto / vi **7** vi **8** ha nevado / nevó **9** nevó **10** he ido / fui **11** fui **12** han venido / vinieron **13** vinieron

13a **1** Luisa (pero esta es la escuela que más me gusta. Me matriculé hace dos meses y no he tenido ningún problema en ningún momento). **2** Luisa (La verdad es que he sacado muy buenas notas en francés este trimestre gracias a esa estancia).

3 Mateo (Hace poco terminé un intensivo de alemán). **4** Mateo (estoy asistiendo a un taller literario de un mes, porque siempre me interesó la literatura y tuve la suerte de ser admitido). **5** Luisa (¿Pero no has visto el curso que han abierto ahora? Lo vi en el tablón de anuncios ayer. Es un taller de traducción). **6** Mateo (Hace bastante tiempo, diez o doce años, trabajé como traductor en una empresa de publicidad).

13b **LUISA:** **1** perfecto **2** indefinido **3** perfecto **4** perfecto **5** indefinido **6** indefinido **7** perfecto **8** indefinido. **MATEO:** **1** indefinido **2** indefinido **3** indefinido

EN ACCIÓN

14a **Suni:** preguntas 1 y 4. **Nadim:** preguntas 3 y 6.

14b **1** lección **2** letras **3** texto **4** ejercicios **5** diccionario **6** bilingüe

15 Respuesta libre.

16 Respuesta libre.

17 Respuesta libre.

UNIDAD 2

A ¿Y ESO HACÍAMOS?

1a **1** antes; ahora; todavía **2** ahora; Ya no **3** Antes; ahora; Ya no **4** Ahora; todavía; antes; ya no **5** Antes; todavía; ahora **6** antes; ya no; todavía

1b Respuesta libre.

2 **1** vivían **2** había **3** iba **4** usaba **5** solíamos **6** tenía; cogía; tardaba **7** recordaba **8** dormía **9** veíamos

3a **1** a (ROSA: Si miramos atrás […], nos damos cuenta de cuánto hemos cambiado en este tiempo. De hecho, cuando contamos a los más jóvenes cómo éramos, les cuesta creerlo…). **2** a (ROSA: Bueno […]. Pienso, por ejemplo, en lo que significó para la mujer española, en los años 60 y 70, poder usar una máquina para lavar la ropa, porque… cuando yo tenía seis años, mi madre, como mucha otra gente, no tenía lavadora y lavaba todo a mano). **3** b (ISMAEL: Para mí, la tecnología […]. Ya no es un instrumento como era en tiempos de mi abuelo, ahora es una parte fundamental de las personas, de su vida cotidiana, de su trabajo, de sus relaciones…). **4** b (IS-MAEL: Sí […]. Pero además, en la actualidad, el uso de los teléfonos inteligentes ha cambiado en muy poco tiempo las relaciones entre las personas. […] no hay tiempo para estar juntos ni para hacer cosas juntos. Eso es lo peor). **5** a (ROSA: Estar todo el día conectados […]. A mí tampoco me gusta la situación actual… Mis hijos están todo el día hablando con sus amigos por el móvil y ya no se ven, ni quedan como hacíamos nosotros cuando éramos jóvenes… ¡Qué tiempos aquellos!).

3b **1** d (ROSA: Si miramos atrás […]. Pero los cambios sociales de España, económicos o políticos o culturales… son muy parecidos a los cambios que han tenido los países del entorno europeo). **2** e (ROSA: Bueno […], cuando yo tenía seis años, mi madre, como mucha otra gente, no tenía lavadora y lavaba todo a mano). **3** g (ROSA: Bueno […]. Entonces las mujeres no tenían tiempo para ellas; estaban todo el día trabajando para los maridos y los hijos. Y pienso que, en bastantes casos, no ha cambiado mucho la situación). **4** f (ISMAEL: Para mí, la tecnología es el factor de cambio más importante

de nuestra época. […] ahora es una parte fundamental de las personas, de su vida cotidiana, de su trabajo, de sus relaciones…). **5** h (ROSA: Yo pienso […]. Antes los colegios eran el lugar donde los niños iban a recibir información […]; hoy en día, los niños, con internet, tienen acceso a cualquier información de cualquier tema en cualquier momento. Creo que la educación tiene que tener, ahora y en el futuro, otros objetivos, ¿no te parece?). **6** a (ISMAEL: Sí, ahora […] el uso de los teléfonos inteligentes ha cambiado en muy poco tiempo las relaciones entre las personas. Por ejemplo, en mi casa, antes veíamos la televisión toda la familia reunida; ahora […] no hay tiempo para estar juntos ni para hacer cosas juntos). **7** b (ROSA: Estar todo el día conectados lo ha cambiado todo […]. Mis hijos […] ya no se ven ni quedan como hacíamos nosotros cuando éramos jóvenes…). **8** c (ROSA: Yo pienso lo mismo que tú, sobre todo de la tecnología de la información. […], ¿no te parece? ISMAEL: Sí, ahora […] Eso es lo peor. ROSA: A mí tampoco me gusta la situación actual…).

4a **1** porque **2** Aunque **3** sin embargo **4** por eso / así que **5** por eso / así que **6** Como **7** sino

4b **1** a (Ella recordaba su primera infancia […] por un árbol de magnolias bajo el cual se refugiaba para leer. Él recordaba que su lugar favorito era el armario […], en él se encerraba para leer). **2** c (Ella decía a menudo que […] fue el hombre de su vida). **3** b (Sin embargo, ella se quedó con lo seductor e inteligente que él se mostró). **4** c (Ella, apasionada, revolucionaria y profunda). **5** b (Él dijo alguna vez […], que creía que ella nunca lo amó verdaderamente, que fue algo puramente intelectual, de la cabeza, pero nunca del corazón). **6** a (Ella decía a menudo […], que eran totalmente opuestos, irreconciliables, imposibles de juntar).

5a **1** d; **2** e; **3** a; **4** c; **5** b; **6** g; **7** h; **8** f.

5b Respuesta libre.

5c **a** 8; **b** 6; **c** 5; **d** 7; **e** 2; **f** 1; **g** 3; **h** 4.

B HISTORIAS INCREÍBLES

6a **1** se disfrazó **2** se acercó **3** estaban **4** hicieron **5** se fue **6** empezaron **7** escucharon **8** estaban

6b **1** A; **2** B; **3** B; **4** B; **5** A; **6** A.

El pretérito indefinido expresa la acción principal del suceso y el pretérito imperfecto, la circunstancia.

7 **Hechos:** 4, 5, 8, 10, 12, 14, 15, 16 y 19. **Circunstancias:** 1, 2, 3, 6, 7, 9, 11, 13, 17 y 18.

Posible respuesta: El otro día estaba en la calle. No había mucha gente, todo estaba tranquilo. Mi madre y yo estábamos caminando por un parque. De repente, escuchamos un ruido de una moto. Vimos una moto llegando a un semáforo. Era una moto grande y roja. Tenía una pegatina de una sandía con una sonrisa. La moto paró en el semáforo y en ese momento la reconocí. ¡Era la moto de mi amiga Esther! Así que corrí en dirección al semáforo. Cuando estaba cerca del semáforo, empecé a mover las manos y a gritar. ¡Tenía muchas ganas de ver a Esther! Cuando llegué al lado de la moto, el conductor se quitó el casco y me miró. Entonces yo me di cuenta de que esa persona no era mi amiga Esther, pero tenía la misma moto. ¡Qué vergüenza pasé!

8a 1 escribió 2 estaba 3 decía; tocaba 4 puso 5 quitó 6 agradeció

8b 1 ¿Sabes lo que me pasó el otro día? 2 De repente… 3 Al final,… 4 ¿Qué te pasó?; No, dime. 5 ¡No me digas!; ¿De verdad?; ¡Madre mía!; ¿En serio?; ¡No me lo puedo creer!

9 1 ¡Qué rollo! 2 ¡Cuenta, cuenta! 3 ¡Qué mala suerte! 4 ¡Qué casualidad! 5 ¡Qué buena noticia! 6 ¡No me digas!

10a 1 ¡Madre mía!; ¡Qué locura!; ¡Qué barbaridad!; ¡No me lo puedo creer! 2 Respuesta libre.

10b Esquema B. Pregunta de doble alternativa: entonación ascendente en el primer elemento y descendente en el segundo.

C MOMENTOS INOLVIDABLES

11 1 C (y empecé en el mundo del espectáculo muy jovencita, con nueve años). 2 F (estudiar para piloto costaba mucho y mis padres nunca se lo plantearon porque, por aquella época, no tenían recursos). 3 B (tuve una profesora de Literatura que me animó a estudiar para ser profesora de Lengua, así que estudié Filología Hispánica). 4 D (Hubo unos cambios en la empresa y me despidieron. Como la situación era cada vez más difícil, me puse a trabajar de taxista). 5 J (pero pronto me di cuenta de que no tenía ni el talento, ni la capacidad física para competir a alto nivel). 6 G (Quizá por eso empecé a tocar, porque en el colegio había un piano y me pasaba horas tocándolo).

12a **PAZ:** 1 estaba 2 teníamos 3 se confundió 4 era 5 agarró 6 besó 7 se giró 8 dio. **SERGIO:** 1 contrataron 2 preparé 3 me equivoqué 4 envié 5 llamó 6 creía 7 ponía 8 empezamos 9 podíamos / pudimos.

12b 1 A; 2 B.

13a Respuesta libre.

13b 1 c; 2 e; 3 f; 4 b; 5 a; 6 d.

14 1 a; 2 b; 3 b; 4 b; 5 a; 6 a; 7 b; 8 b; 9 a.

EN ACCIÓN

15 En la sociedad española es habitual o normal tocar la cabeza a los niños (Foto 2, a diferencia de la 1) y también estar en la casa propia o de otra persona con el calzado de calle (Foto 4, a diferencia de la 3). La foto 1 se relaciona con un comportamiento social de Tailandia (no tocar la cabeza de los niños) y la foto 3 con un comportamiento social de Eslovaquia (no usar zapatos dentro de la casa).

16 **Anécdota 1:** Gesto F. **Anécdota 2:** Gesto C. **Anécdota 3:** Gesto D.

Posible respuesta de cada resumen: 1 En España, cuando preguntas por dónde ir a un sitio o dónde está la parada de un bus…, te suelen señalar el camino con el dedo índice estirado. 2 En España, si haces el gesto de mover la mano varias veces hacia tu boca con todos los dedos estirados y unidos en las puntas, estás diciendo que quieres comer, o que vas a comer, o que es la hora de comer… 3 En España, hay un gesto para decir que todo va bien o dar ánimo y es estirando el pulgar hacia arriba y cerrando los demás dedos contra la palma de la mano.

Los gestos A, B y E significan en España: ¡Perfecto!, ¡Bien!, … (gesto A), ¡Mal!, ¡Fatal!, … (gesto B) y ¡Ánimo!, ¡Adelante!, … (gesto E).

17 **Posible respuesta:**

Hola, Rado:

¡Qué alegría recibir tu correo! Ya llevo cuatro meses aquí y estoy muy bien, me gusta casi todo… Ahora no me acuerdo de Irlanda; antes quería regresar en noviembre, pero ya no. Todavía tengo muchas cosas que aprender.

Hace unos días una amiga me invitó a cenar a su casa y su madre no paraba de echarme comida en el plato y luego más y más. Me sentía fatal y vomité; entonces les expliqué que la comida tenía demasiado aceite y que el pan sin mantequilla era como un coche sin gasolina. Mi intención no fue criticar su comida, pero creo que la madre no lo entendió así. ¡Qué mal lo pasé!

Creo que no conviene criticar la comida española, ¿no crees?

Un beso,

Darcy

UNIDAD 3

A ¿HACIA DÓNDE VAMOS?

1a 1 **Controlaré** muy bien la situación. 2 **Recordaremos** ese viaje todos los días. 3 En esta ciudad **viviréis** bastante tranquilos. 4 Estas plantas aquí **crecerán** muy sanas. 5 **Será** una persona muy importante en su vida. 6 ¿**Oirás** el móvil con este volumen?

1b **yo:** controlar-É; **tú:** OIR-ás; **él / ella / usted:** SER-Á; **nosotros/as:** RECORDAR-emos; **vosotros/as:** vivir-ÉIS; **ellos / ellas / ustedes:** CRECER-ÁN.

2 1 estarán en peligro 2 estarán conectadas 3 gestionaremos la energía 4 encontraremos una cura 5 se extinguirá 6 serán eficientes 7 provocarán conflictos 8 causará un problema

3 Ciudades inteligentes y cambio climático.

El texto habla de cómo serán las ciudades dentro de treinta años y cómo cambiará su diseño por el cambio climático y el calentamiento global. Habla de la necesidad de crear ciudades inteligentes más ecológicas.

4a 1 vivirá 2 Habrá 3 Usaremos 4 serán 5 Estaremos 6 cambiará 7 avanzará 8 podrán

4b **Posible respuesta:** Para mí, la predicción más positiva es que la ciencia avanzará en la cura de enfermedades y la vida de muchas personas mejorará. Y la predicción más negativa es sobre el cambio climático, porque los cambios en nuestra vida serán muy grandes, tendremos que adaptarnos rápidamente y, en el camino, perderemos muchas cosas.

5a 1 ser; regular 2 venir; irregular 3 hacer; irregular 4 permitir; regular 5 estar; regular 6 tener; irregular 7 saber; irregular 8 necesitar; regular

5b 1 TENDRemos 2 DIRá 3 HABRá 4 HARé 5 PODRéis 6 PONDRán 7 QUERRás 8 SABRás 9 SALDRéis 10 VALDRá 11 VENDRemos 12 CABRá

6 1 Mateo (*marketing*. He empezado estos estudios y una de mis metas es especializarme y así poder entrar al mundo laboral). 2 Mateo (Al principio será bueno para mí trabajar en varias compañías, con métodos y objetivos distintos; así tendré el mejor aprendizaje). 3 Gema (en el futuro, pienso tener mi propio estudio de arquitectura […] y seguro que terminaré viviendo en el extranjero). **4** Mateo (Las personas ya no quieren una publicidad aburrida, por eso me formaré para ser un gran profesional y crear campañas publicitarias únicas). **5** Gema (Física y estéticamente estaré muy bien, porque yo me cuido mucho y hago bastante deporte). **6** Gema (Seguiré con mi pasión por el arte, y quizás seré famosa por mis dibujos y pinturas).

7 Respuesta libre.

B VIVE TUS SUEÑOS

8 1 B; 2 A; 3 A; 4 B; 5 B; 6 A.

9 1 acompañaré 2 Voy a quedar 3 tendrás 4 sabremos 5 Voy a ponerme / Me voy a poner 6 Vendrás 7 diréis 8 Saldremos

10a Las oraciones condicionales son: Si tú me dices ven, lo dejo todo. / Si tú me dices ven, será todo para ti. / Si tú me dices ven, todo cambiará. / Si tú me dices ven, habrá felicidad.

La curva melódica que representa la entonación de las oraciones condicionales es la A: entonación ascendente de la condición y descendente del "resultado" de su cumplimiento.

10b Respuesta libre.

11 1 Si me llamas por la mañana, te enviaré los documentos. 2 Si dejas de comprarte tanta ropa, ahorrarás para tus vacaciones. 3 Se reunirán con Manuel y Sonia si Alba llega a tiempo. 4 Se acabarán tus problemas si consigues ese trabajo de camarero. 5 Perderemos esta oportunidad si no firmamos mañana el contrato. 6 Si me decís qué necesitáis, podré ayudaros y todo saldrá bien. 7 Si me quedo a vivir en Madrid, nos veremos más a menudo. 8 Viajaremos en tren si no nos arreglan pronto el coche. 9 Sabremos qué ha pasado si nos lo cuenta Miguel. 10 Si le escribes un mensaje, te contestará rápido.

12 Respuesta libre.

13 1 c ("¡Madre mía, mi hijo no tiene nombre! Se ha convertido en un número". Y entonces me di cuenta: en el colegio, no entendían a mi hijo. ¿Y qué iba a hacer yo?). 2 a (Solo tenía cinco añitos cuando entró en el colegio. Y yo pensaba: "Qué bien, todos lo adorarán tanto como yo. Los profesores lo cuidarán, sus amigos lo querrán...; todo irá bien"). 3 b (Y un día fui al colegio y le dije a su profesora: "Hábleme de mi hijo. ¿Qué le gusta hacer en clase? ¿Quiénes son sus amiguitos?"). 4 a (Y entonces me di cuenta: en el colegio, no entendían a mi hijo. ¿Y qué iba a hacer yo? No podía dejar de pensar en el asunto [...]. Así que abrí un colegio en mi casa). 5 b (y me propuse lo siguiente: "Cada niño será capaz de decir 'yo puedo', cada niño tendrá una historia, cada niño tendrá un nombre"). 6 c (abrí un colegio en mi casa [...]. Eso hice. Y cuando pienso en aquello, hace dieciséis años, aún recuerdo los nombres e historias de cada niño).

14 1 d; 2 c; 3 e; 4 a; 5 b.

15 Respuesta libre.

C ¿SERÁ BUENO?

16 1 estará; B 2 viviremos; A 3 Será; B 4 trabajarán; A 5 habrá; A; 6 habrá; B.

17a 1 b, c; 2 a, d; 3 b, d; 4 c, d; 5 a, c.

17b **Diálogo 1:** ¿Será una casa ecológica?; costará mucho dinero. **Diálogo 2:** ¿Será para mí?; Será un libro de poemas. **Diálogo 3:**

Estará enfadada conmigo; Querrá verte. **Diálogo 4:** Tendrá hambre, o sueño; le dolerán los dientes. **Diálogo 5:** Estará de vacaciones; estará feliz.

EN ACCIÓN

18 Respuesta libre.

UNIDAD 4

A EL COMPAÑERO PERFECTO

1a 1 b; 2 b; 3 c; 4 a.

1b Respuesta libre.

2 ¿**Podría** comunicarlo **usted** desde **su** Departamento?; **Necesitaríamos** la confirmación antes del jueves 25.

3a 1 b; 2 c; 3 a.

3b **Natalia:** b (no hay tiempo ni para tomar un café, pero hoy hemos conseguido parar un rato para salir a desayunar). **Javier:** a (Hace una semana que estoy esperando los datos para terminar un informe y justo hoy he hablado con mi jefa para pedirle más tiempo). **Soledad:** c (una compañera del departamento me ha pedido un favor para mañana, porque tiene que ir al médico y no puede asistir a una reunión: iré en su lugar).

4a 1 d; 2 e; 3 f; 4 a; 5 b; 6 c.

4b 1 ¿Me harías el favor de revisar la redacción de esta carta? 2 ¿Te es posible enviar las conclusiones por correo? 3 ¿Seríais tan amables de no hablar de los cotilleos? 4 ¿Te sería posible organizar tú solo el viaje de trabajo? 5 ¿Os importaría planificar juntos la próxima reunión? 6 ¿No te importa salir hoy una hora más tarde?

5 1 futuro; sería 2 pretérito imperfecto; podrían 3 futuro; pondríais 4 futuro; diríamos 5 presente; podrías 6 pretérito indefinido; pediría 7 futuro; harías 8 pretérito imperfecto; tendrían 9 presente; harías 10 pretérito imperfecto; haríamos 11 presente; te importaría 12 pretérito indefinido; querrías

6 **DIPTONGO: 1** bue-na; re-la-ción; ne-ce-sa-ria **2** Tie-ne; cua-li-da-des; muy; a-pa-sio-na-do **3** voy **4** pue-des; bien; puer-ta **5** A-cuér-da-te; clien-te; pre-su-pues-to **6** es-toy; de-ma-sia-do. **HIATO: 1** dí-as **2** Po-drí-as **3** im-por-ta-rí-a **4** frí-o **5** se-rí-a; a-ho-ra **6** en-can-ta-rí-a.

B PERSONAL Y LABORAL

7a 1 c; e; f; 2 g; 3 a; e; 4 a; b; e; 5 d; e; g; 6 e; 7 h; 8 f.

7b 1 horario flexible 2 buen ambiente de trabajo 3 cuarto de lactancia 4 estilo de vida saludable 5 facetas de la vida personal

8 1 C (además de servicios gratuitos como guardería o una oferta completa de actividades extralaborales). 2 B (En nuestra empresa, el 70 % de los trabajadores puede acogerse al teletrabajo). 3 A (Ofrecemos buenas condiciones salariales y programas de fomento de la actividad física como medida de calidad en el empleo). 4 C (Entre nuestros atractivos: una jornada laboral estable). 5 A (Ofrecemos la posibilidad de trabajar en un ambiente internacional y joven, viajar y crecer en una empresa en la que los empleados comparten su tiempo en un clima familiar y con un horario flexible. Se promueven valores como la participación, el compañerismo, y se premia la productividad en un buen clima laboral). 6 B (Nuestro actual compromiso es la mejora de las habilidades de nuestros trabajadores y de la relación entre vida y trabajo).

9a 1 k; **2** f; **3** d; **4** c; **5** i; **6** h; **7** a; **8** g; **9** l; **10** j; **11** b; **12** e.

Diálogo:

- ¿Sabes que me marcho de la empresa?
- ¡No me digas! ¿Y eso? ¿Por qué te vas?
- Pues es que hace unos meses recibí una oferta para unirme a un nuevo proyecto de diseño en 3D y, la verdad, no he podido rechazarla. Así que, a finales de este mes, me voy.
- ¿Tan pronto? ¿Y te interesa dejar el puesto actual? ¿No estás contento?
- No es eso, es que las condiciones que me ofrecen son mejores que las actuales.
- ¿En qué sentido piensas que son mejores? Ahora tienes un buen sueldo y flexibilidad horaria, ¿no?
- Sí, pero hay algunas cosas que no están funcionando demasiado bien, ¿no crees?
- Si te refieres a que ya no hay compañerismo, estoy de acuerdo contigo: últimamente no hay buen ambiente en el trabajo. Yo creo que es temporal; quiero pensar así porque… yo no me voy…, ¡yo me quedo!
- Por otra parte, lo del horario flexible, en realidad, no es ninguna ventaja para mí. Me interesa un horario más estable. Yo diría que la flexibilidad es más para la empresa que para los empleados. ¿O conoces a alguien con un horario flexible para cumplir los objetivos de trabajo y atender sin problema, por ejemplo, a sus hijos pequeños?
- No. Tienes razón, en nuestra empresa no ocurre. Yo mismo, cuando mi hija se pone mala, tengo grandes dificultades para faltar al trabajo y llevarla al médico.
- Sí, a mí me pasa lo mismo: la vida laboral se complica cuando tienes hijos. Pero ahora tendré algunos servicios gratuitos en las propias instalaciones, como consulta de fisioterapia, guardería, gimnasio… ¡Una maravilla!
- Si esa empresa funciona así… ¡Me alegro! Yo tampoco me lo pensaría. Realmente no hay nada que pensar. ¡Me parece estupendo!

9b Respuesta libre (en el diálogo se habla de buen sueldo, flexibilidad horaria, compañerismo, buen ambiente laboral, horarios estables, servicios gratuitos…).

10a 1 diría; B; **2** Deberías; A; **3** podrías; B; **4** haría; A; **5** preguntaría; A; **6** tendríamos; A.

10b **Posibles respuestas: 1** Yo en tu lugar intentaría concentrarme más en las tareas propias y salir a las seis en punto. **2** Tendrías que ver si alguien prefiere agosto y puede cambiarte el turno. **3** Sería mejor preguntar a los jefes si pueden informarte sobre el tema. **4** Deberías relajarte ahora y cambiarte pronto al nuevo departamento.

11 1 alguna **2** algunas **3** ningún **4** alguien **5** algún **6** ninguna **7** nada **8** Algunos **9** ningún **10** alguna

C MI TRABAJO IDEAL

12a 1 vago **2** desordenada **3** insensible **4** planificadora

12b Respuesta libre.

13a 1 E; **2** D; **3** A; **4** B **5** C.

Entrevista:

- ¿Eres bueno/a organizando?

- No se me da mal del todo, soy una persona previsora: no me cuesta nada preparar las cosas con antelación y no me resulta complicado planificar. Cuando hay que organizar un viaje en el trabajo, yo soy muy bueno.
- ¿Se te dan bien las relaciones personales?
- Se me dan muy bien porque no soy de esas personas incapaces de llevarse bien con los demás. Me resultan fáciles cuando, como yo, eres una persona tolerante, capaz también de empatizar con la gente.
- ¿Te resulta posible cumplir con un horario de turnos?
- Aunque no me cuesta demasiado adaptarme, prefiero no tener que estar organizando mi vida familiar en todo momento.
- ¿Qué tal se te da tomar decisiones?
- Me cuesta muchísimo, porque tengo que organizar mis pensamientos y, entonces, se me plantean muchas dudas y, aunque soy una persona analítica, se me da fatal elegir entre opciones similares. Me resulta muy difícil.
- ¿En qué eres un genio y en qué un desastre?
- Me considero una persona creativa: se me dan bien las cosas que tienen que ver con la imaginación y la capacidad de innovar. Sin embargo, soy muy mala para el orden y, aunque mi desorden es mi orden, esto me trae muchos problemas de organización.

13b **Posibles respuestas: 1** Se me dan muy bien (las relaciones personales) / Se me da fatal (elegir entre opciones similares) / Se me dan bien (las cosas que tienen que ver con la imaginación) / No se me da mal del todo (organizar, ser organizado/a). **2** Me resulta muy difícil (tomar decisiones, elegir entre opciones similares) / Me resultan fáciles (las relaciones personales) / No me resulta complicado (planificar). **3** No me cuesta demasiado (adaptarme a un horario de turnos) / Me cuesta muchísimo (tomar decisiones) / No me cuesta nada (preparar las cosas con antelación). **4** Soy muy mala (para el orden) / Yo soy muy bueno (en organizar viajes de trabajo).

13c **Posible respuesta:** Me gustaría ser pintora. Me gusta el arte y creo que soy bastante creativa. No me resulta difícil expresar mis ideas y sentimientos con un pincel, pero me costaría mucho tener un horario fijo para organizarme bien; y también vender mis cuadros, porque soy muy mala vendiendo.

14a 1 Ser puntuales **2** respetar las opiniones **3** tener en cuenta los sentimientos **4** desarrollar nuevas habilidades **5** ignorar cotilleos **6** Hacer amistades **7** evitar llamadas o mensajes innecesarios **8** pedir algo de manera autoritaria

14b **Posible respuesta:** En primer lugar, la empatía: sentir empatía por los otros cuando trabajas en equipo me parece muy necesario para crear un buen ambiente de trabajo, algo que mejorará nuestro rendimiento. Si los compañeros que trabajamos juntos en algo nos escuchamos, podemos entender muchas de las decisiones que tomamos en cada momento y podemos revisarlas y adaptarlas para cumplir los objetivos de nuestro trabajo. En segundo lugar, […]. En tercer lugar, […].

EN ACCIÓN

15 1 b (Ella: Sin duda, cuando los padres trabajamos fuera y dentro de casa, el trabajo se multiplica; Él: A mí me provoca estrés mezclar ambas cosas). **2** a (Cada miembro de la familia debería tener una actividad o afición para desconectar de la rutina diaria de trabajo y familia). **3** a (Lo lógico sería hacer los turnos de acuerdo a las habilidades y gustos de cada uno). **4** b (Ella: Cada miembro de la familia debería tener […] un rato para uno mismo para mantener el equilibrio; Él: Delimitar bien los tiempos que dedicamos a cada cosa […] Cada uno tendría que tener sus tareas definidas […] y tener en cuenta a quién se le da mejor la cocina […]).

16 Respuesta libre.

UNIDAD 5

A COSAS QUE NOS ALEGRAN LA VIDA

1 **Posible respuesta:** Cuando viajo, hay aspectos muy importantes para mí. Por ejemplo, los horarios de las tiendas o de los restaurantes. Si no sabes a qué hora abren o cierran, puedes quedarte sin comer o sin poder comprar algo de comida en el súper.

2a **1** A mí sí **2** Yo también **3** A mí también **4** Yo tampoco **5** A mí tampoco **6** Yo no **7** A mí no **8** Yo sí

2b **Respuesta libre: 1** A mí también / A mí no… **2** A mí tampoco / A mí sí… **3** A mí también / A mí no… **4** Yo también / Yo no… **5** A mí también / A mí no… **6** Yo también / Yo no… **7** Yo tampoco / Yo sí… **8** A mí también / A mí no…

3 **1** madrugada **2** nipón **3** subte **4** regatear **5** guardaequipajes **6** cargado **7** escoger **8** choripán

4a **1** h; **2** j; **3** g; i; **4** a; f; **5** g; **6** a; **7** c; **8** b; **9** d; **10** e.

4b Respuesta libre.

5 **1** C; **2** F; **3** A; **4** J; **5** B; **6** I.

6 **1** a; **2** a; **3** b; **4** b; **5** a; **6** b; **7** a; **8** b.

B SORPRÉNDETE

7 **1** cubrir (cubierto); volver (vuelto) **2** decir (dicho); escribir (escrito) **3** morir (muerto); ver (visto) **4** abrir (abierto); poner (puesto) **5** freír (frito); romper (roto) **6** hacer (hecho); resolver (resuelto)

8 **1** había llegado **2** había hecho **3** había llenado **4** me había quedado **5** habíamos visto **6** habían cerrado **7** habíamos estado **8** había viajado **9** había pagado **10** Había leído

9a **Posible respuesta:** Hace un año viajé a Guatemala y fue un vuelo largo de casi 12 horas, pero **mereció la pena**. El último día, visitamos el mercado indígena de Chichicastenango, y **¡mejor elegido, imposible!**: lleno de productos típicos, textiles, máscaras, faldas… **Me encantó todo**, incluso regatear, porque allí todos los precios se discuten.

9b **Jorge:** Lo pasé muy bien; Pasé unos días increíbles; **Adriana:** Dejó mucho que desear; Fue una gran decepción; Fue todo un desastre.

9c **1** Porque **había oído** hablar muy bien de esos trenes a unos amigos; a. **2** Ellos **habían reservado** una habitación con desayuno incluido; b.

10 **Posibles respuestas: 1** habíamos salido de casa / nos habíamos ido de casa **2** habías hecho la cena / habías cocinado / habías preparado la comida **3** había estudiado mucho / lo había preparado bien **4** había visto la película / había estado en el cine **5** habíais firmado el contrato de / habíais comprado **6** habían hecho surf / habían practicado surf / habían surfeado

11 **1** V (Días antes de tomar nuestro vuelo, enviamos solicitudes a los *couchsurfers* que nos parecían mejores). **2** F (Después de varias respuestas negativas por problemas con las fechas, una pareja joven nos invitó a su sofá). **3** V (La primera noche nos llevaron a cenar a un vegetariano con el mejor pastel de chocolate de la historia). **4** F (no fuimos capaces de encontrar el lugar […] en unos minutos, nos dieron más indicaciones y llegamos a su casa). **5** F (Cuando acabamos de cenar, nos explicaron que se estaban mudando de casa y que ellos iban a dormir en la vieja, y ¡nosotros en la nueva!). **6** V (La primera experiencia haciendo algo que nunca has hecho […] ¡Una forma muy buena de empezar en *couchsurfing*! […] ¡Fue una experiencia muy positiva!).

C AUTÉNTICOS VIAJEROS

12a **1** b; **2** c; **3** a.

12b **1** a (Yo tenía una enfermedad que se llama "mapamunditis", que ves un mapa del mundo y dices: "Ay, ¿cómo será China? ¿Y cómo será Australia? ¿Y Bután? ¿Y Nepal? ¿Y…?"). **2** b (Un viaje de año y medio. Más de treinta y un mil kilómetros. […] Y al terminar ese viaje, volví. Y todos pensaron: "Ya te has curado"). **3** b (Y digo: "No, ahora es peor. Ahora tengo que dar la vuelta al mundo. Esto es incontrolable "). **4** a (Y regresé a la ciudad de la que había partido, trece años después). **5** a (La persona que llegó no es la misma que la que se fue. La persona que llegó había aprendido muchas cosas). **6** b (Yo nunca pensé que iba a dar la vuelta al mundo. […] Pero sí, lo debí hacer. Porque si te marcas objetivos pequeños, y los vas cumpliendo, cuando los sumas… ¡Guau! Te da un gran proyecto).

12c **Pretérito imperfecto:** los sueños te cambiaban la vida. **Pretérito pluscuamperfecto:** ya se había curado. **Pretérito pluscuamperfecto:** en 2001 había empezado a recorrer en bicicleta América del Sur. **Condicional:** sería verdad, o si sería Photoshop.

12d Respuesta libre.

13a **1** a; **2** i; **3** f; **4** j; **5** h; **6** e; **7** d; **8** b; **9** g; **10** c.

Diálogo:
- ¿Lucy? Hola, ¿eres tú? ¿Lucy?
- Sí, soy yo. ¿Me escuchas? ¿Gustavo? No. ¡Que te pregunto si me oyes bien!
- Ya, sí, sí. Te oigo, es que tengo poca cobertura. Perdona.
- Te llamo porque me ha dicho Nina que quería llamarte, pero que había perdido tu número de teléfono.
- ¿Y le has dado mi número? Espero que no; prefiero llamarla yo.
- Eso es lo que le dije, que te lo diría y que la llamarías tú.
- Ah, vale. Pues luego la llamo. ¿Le dijiste que estaba de vacaciones?
- Bueno, le comenté que hacía unos días que no te veía. Nina me dijo que ella se iría a su pueblo con su hermana; creo que la próxima semana.
- ¿Y sabes cuánto tiempo va a estar fuera?
- No sé, pero me comentó que estaba estresada y que iba a perderse por ahí un tiempo.

13b **1** quiero **2** perdí / he perdido **3** diré **4** llamará **5** veo **6** me iré **7** estoy **8** voy

13c **1** d; **2** a; **3** b; **4** c.

14a Posible respuesta:

Querido Ángel:

Me alegro de poder ayudarte. No hay problema, pero tardaré unos días en hacerlo porque tienen que arreglarme la conexión a internet de casa, en Oviedo, que es donde ahora tengo mi oficina. Ahora estoy muy bien, aunque echo de menos algunas cosas de Madrid.

Tienes que enviarme de nuevo el adjunto porque no puedo abrirlo. Hace poco yo también tuve que quejarme: reservé una habitación con vistas y, cuando llegué, me habían dado una habitación interior. ¡Es increíble! Me devolvieron la mitad del importe y me invitaron a los desayunos. ¡No estuvo mal!

No te olvides de informarme sobre cómo, cuándo y dónde hiciste la reserva.

Entonces, ¿pensamos en una fecha para quedar?

Un abrazo,

Alice

14b La opción 4 es la adecuada. (Nuestro servicio técnico actúa en el momento de aviso de una avería…).

Ángel tiene que hablar con su agencia de viajes. (todo se ha hecho vía su agencia de viajes, que son los únicos que pueden hacer una anulación o modificación de servicios no disfrutados).

14c 1 Estimado […] / Sentimos las molestias causadas y quedamos a su disposición para cualquier duda o consulta. 2 pedirle disculpas / su estancia / su agrado / la suya / usted no tenía / su agencia de viajes / a su disposición 3 Referente a su reclamación con N.º GA-45789: 4 Referente a:

EN ACCIÓN

15 Respuesta libre.

16a Respuesta libre.

16b Posible respuesta: **Actividades en el viaje:** hacerse un *selfie*; disfrutar de la soledad; escribir un diario; visitar monumentos; hacer deporte; consultar un mapa. **Valoraciones del viaje:** pasarlo bien; ser un desastre; merecer la pena; tener vistas espectaculares. **Formas de viajar:** ser turista; no hacer reservas; alojarse en el centro; ser viajero(a); servicio de habitaciones; llevar maleta; gustarte el riesgo; moverse en tren. **Tipos de viaje:** hacer un crucero; viaje de fin de semana; vacaciones de lujo; viaje de aventura; viaje de trabajo; escapada en grupo.

16c Respuesta libre.

UNIDAD 6

A UN BARRIO MEJOR

1 1 han participado 2 ubicar 3 denunciar 4 desperfectos 5 recuperar 6 sugerir

2 1 F (Están surgiendo muchas "aplicaciones urbanas" que nos permiten colaborar en el diseño de las ciudades). 2 V (porque son los vecinos quienes mejor conocen la realidad que existe en su ciudad). 3 X. 4 V (Se pueden hacer propuestas para mejorar la calidad del aire). 5 F (Se podrá denunciar todo aquello que no te gusta o votar las propuestas de otras personas). 6 X.

3a **colaborar:** colabore; colabores; colabore; colaboremos; colaboréis; colaboren; **denunciar:** denuncie; denuncies; denuncie;

denunciemos; denunciéis; denuncien; **creer:** crea; creas; crea; creamos; creáis; crean; **beber:** beba; bebas; beba; bebamos; bebáis; beban; **vivir:** viva; vivas; viva; vivamos; viváis; vivan.

3b **ser:** sea; seas; sea; seamos; seáis; sean; **tener:** tenga; tengas; tenga; tengamos; tengáis; tengan; **hacer:** haga; hagas; haga; hagamos; hagáis; hagan; **ir:** vaya; vayas; vaya; vayamos; vayáis; vayan; **decir:** diga; digas; diga; digamos; digáis; digan.

4 1 deseo 2 afirmación 3 deseo 4 afirmación 5 deseo 6 afirmación

5a 1 comprar; cree; usen 2 mirar; hagan; multe 3 dormir; sean; hagan; acepte

5b Respuesta libre.

6a 1 b; 2 a; 3 b; 4 c; 5 b.

6b 1 Los vecinos del Parque Lucero quieren **que** el ayuntamiento construya zonas infantiles. 2 Los participantes de "Mejorando mi barrio" desean **participar** en el diseño de la ciudad. 3 Ojalá que el ayuntamiento de mi ciudad **recupere** más espacios verdes para los vecinos. 4 Los barrios más pobres de la ciudad necesitan **pasar** a la acción y **hacer** una asociación de vecinos. 5 Los ciudadanos quieren **que** mejore la calidad del aire en los barrios con más coches.

B HOGAR, DULCE HOGAR

7 1 persianas 2 fuga 3 urbanización 4 plantas; alarma 5 instalar; avisar 6 techo 7 aseo 8 constar

8 Isabel quiere alquilar la casa del anuncio 4.

9a a es; pasa b hay; necesito; sea c depende; sea d representa; es; puedan e está; cuesta; es f sean; hay; prefieren g debe h sea

9b Respuesta libre.

10 1 e; 2 h; 3 c; 4 a; 5 d; 6 i; 7 f; 8 g; 9 b.

Diálogo:

- Oye, ¿has visto que el ayuntamiento va a construir más de 5000 viviendas para jóvenes?

- Sí, lo he leído esta mañana. Qué bien, ¿no?

- Bueno, no sé, yo no pienso lo mismo…, no creo que **sea** necesario.

- ¿Y eso por qué? A mí me parece que muchísimos jóvenes **van** a poder comprar una casa así, y si no, no podrían.

- Bueno, lógicamente creo que **es** bueno ayudar a los jóvenes, pero… ¿no crees que se **puede** usar ese espacio para construir otros servicios más necesarios, como una biblioteca o un hospital?

- Sí, eso está claro, pero pienso que los jóvenes **necesitan** una oportunidad, ¿no?

- Sí, tienes razón, pero no me parece que realmente **tengan** que comprar una casa. Creo que también **pueden** vivir de alquiler unos años, ¿no? Eso es lo que hicimos nosotros y me parece que no nos **va** tan mal…

- ¡Qué va! Fueron unos años fantásticos. Pero imagino que ahora **cuesta** más alquilar que comprar, ¿no?

- Sí, en eso tienes razón…

C TU CASA HABLA DE TI

11 1 c; 2 a; 3 f; 4 d; 5 e; 6 b.

12 1 e; 2 a; 3 f; 4 b; 5 d; 6 h.

13 1 El ático 2 La cabaña 3 El loft 4 El dúplex 5 La mansión 6 El chalet 7 El apartamento

14 1 de; que 2 de; que 3 de; de 4 que; de 5 que; de 6 de 7 que; de 8 de

15 **Posible respuesta:** En el salón 2 hay más libros que en el salón 1. En la casa 2 viven más de dos personas. El salón 1 es menos espacioso que el salón 2. En el salón 1 hay tantas mesas como en el salón 2. El salón 1 mide menos de 20 m². Los muebles del salón 1 me gustan menos que los del salón 2.

EN ACCIÓN

16 Respuesta libre.

UNIDAD 7

A LA GENTE QUE ME GUSTA

1a 1 atenta 2 discretas 3 cercano 4 humilde 5 agradable 6 prudentes 7 auténtica 8 abiertos

1b Respuesta libre.

2 Respuesta libre.

3a 1 c; 2 a; 3 a; 4 b.

3b 1 aburrido 2 cerrada 3 falsa 4 egoísta 5 antipático 6 tímida

4 **Posibles respuestas:** Su marido me cae fatal / mal porque es muy falso; Luisa y Ana me caen genial / fenomenal porque las dos son abiertas; Luisa y Ana se llevan genial / fenomenal porque las dos son abiertas; Sus amigos me caen genial / fenomenal y yo a ellos también; Sus amigos me caen fatal / mal y yo a ellos también; Sofía me cae genial / fenomenal pues es una mujer muy humilde; Sofía me gusta mucho pues es una mujer muy humilde; Carlos me cae fatal / mal porque es muy falso; Carlos se lleva fatal / mal con su compañera de piso, está cansado de ella.

5a 1 Miriam (Últimamente me llevo fatal con todo el mundo). 2 Miriam (Yo siempre me he preguntado si una persona tiene buenas relaciones porque se siente feliz, o si se siente feliz porque tiene buenas relaciones). 3 Carlos (cuando nos sentimos felices, somos más positivos y generamos empatía con los demás, y también ocurre que las relaciones positivas son las que nos hacen sentirnos felices). 4 Miriam (A mí me resulta fácil sentirme bien cuando las relaciones son en el contexto familiar). 5 Carlos (la clave está en que todos necesitamos recibir el aprecio o cariño de los demás. Y también el reconocimiento de nuestro talento o de nuestras capacidades…). 6 Miriam (Mi jefe no lo hace nunca: es antipático y poco humilde. Es que me cae muy mal… ¡y no puedo llevarme bien con él!).

5b 1 e, 2 d, 3 a; 4 b; 5 c; 6 f.

5c **Posible respuesta:** Carlos habla de mostrar nuestro aprecio, cariño y reconocimiento cuando nos relacionamos con otras personas: está hablando de "interesarse por los demás", de ir más allá de la superficie y tratar de conectar con la naturaleza humana que todos tenemos.

6a 1 muy caros / carísimos 2 viejísima / supervieja 3 muy buena / superbuena 4 muy contenta / contentísima 5 discretísima / superdiscreta 6 muy temprano / supertemprano 7 agradabilísima / superagradable 8 poquísimo / superpoco

6b 1 Estoy **muy enfadada / enfadadísima / superenfadada** con el comportamiento de mi vecino. 2 Mejor, vamos a las dos porque ahora habrá **muchísima** gente. 3 Tu pareja es una persona **muy simpática / simpatiquísima / supersimpática**. 4 Pedro habla **muchísimo** y no escucha. 5 Es una situación **muy triste / tristísima / supertriste**: no sé si lo superará. 6 Conocí a tu profesora y me pareció **muy amable / amabilísima / superamable**.

B NO LO SOPORTO

7a Respuesta libre.

7b **Posibles respuestas:** 1 ¡Qué bien! A mí también me gusta. / No sé, es que no me gusta mucho la comida picante. 2 Yo también lo odio, pero tengo que madrugar los domingos. / Pues a mí me encanta dormir hasta tarde, ¡qué felicidad! 3 Sí, ahora mismo, me encanta. / ¡Qué dices! Odio la lluvia. 4 A mí me encantaría viajar así, ¡qué suerte! / ¡Qué valiente! Yo no podría viajar solo. 5 A mí también, hay mucha tranquilidad. / Yo lo odio; es muy aburrido. 6 Estupendo. Me gusta conducir de noche. / No, por favor, mejor salimos por la mañana.

8a 1 b; 2 e; 3 b; 4 c; 5 a; 6 f; 7 d; 8 b; 9 b.

8b 1 Me da mucho miedo; me preocupa 2 está harta de; odio 3 No soporto; me gustan 4 Me encantaría; me dan miedo 5 Me da mucha pena; te da igual 6 Te ha sentado mal; te molestará

9 Respuesta libre.

10 1 dedica 2 sea 3 hable 4 llevar 5 se lleven 6 sepa 7 hace 8 trabajar 9 vayas 10 quiera

11 **Posibles respuestas:** 1 No me importa que haya demasiada gente porque así está más animado. 2 No soporto que la gente no mire por dónde va o no se dé cuenta de que bloquea el paso. 3 Me molesta que (algunas personas) hablen tan alto en el autobús, o en cualquier sitio. 4 Me sienta fatal que mis hijos dejen todo tirado y que no cierren el tubo de la pasta de dientes. 5 Odio levantarme temprano los fines de semana, pero no me importa acostarme tarde. 6 Me preocupa que (mi compañero de clase) esté triste: me pregunto qué le pasará.

C ¿ESTÁ MAL VISTO?

12 1 b (Las normas sociales son reglas que […] dirigen el comportamiento dentro de una sociedad). 2 c (Las normas sociales […] son el producto de usos, costumbres y tradiciones). 3 a (El objetivo de las normas sociales es lograr una buena convivencia). 4 a (No cumplirlas significa ir en contra de las costumbres y de los valores de ese grupo, y por lo tanto es posible provocar el rechazo de sus miembros). 5 b (La vestimenta adecuada también es una norma social que cambia radicalmente en diferentes sociedades. Incluso en nuestra sociedad, las normas sociales señalan diferentes tipos de vestimenta para diferentes actividades y situaciones). 6 a (El respeto por las opiniones distintas a la propia).

13a **Posible respuesta (títulos):** A Límite de velocidad B Sentados en cuclillas C Comer con los dedos D Respetar la distancia social E Guardar la cola del bus F Vestir con falda.
Normas sociales: B, C, E, F. **Normativas o leyes:** A (una autoridad prohíbe circular a más de 80 km por hora), D (una autoridad obliga a respetar una distancia mínima entre personas dentro del ascensor).

13b Respuesta libre.

14a Respuesta libre.

14b **Posibles respuestas:** En mi país no está permitido que la gente entre con su perro en el transporte público; En mi ciudad es habitual que la gente haga cola en la parada del bus o de taxis; En mi trabajo está mal visto que la gente interrumpa la conversación del otro; En mi grupo de amigos es frecuente que quedemos sin concretar la hora; En mi familia es raro que comamos con los dedos; Para mí es muy normal que hagamos largas sobremesas en las comidas; En mi barrio está prohibido que la gente tire papeles o pequeña basura al suelo en la calle.

15a 1 ¡**Qué memoria**! No recuerdo **qué ha dicho**. 2 ¡**Qué bien** que vengas mañana! ¡**Qué alegría**! 3 Hasta luego, **que pases** un buen día. 4 ¡**Qué mal**! ¡**Qué me dices**! ¿**Que has perdido** el móvil? 5 **Que duermas bien**, hasta mañana. 6 Ellos quieren saber **qué vas a hacer**. 7 **Que tengas buen viaje** y te lo pases muy bien. 8 ¡**Qué buen día** hace!, ¡**qué día** más bonito! 9 No te entiendo… ¿**Que no vienes** mañana? ¿Y **por qué** no vienes? 10 ¡**Qué guapa**!, ¡**qué bien** te veo!

15b A 3 (¡Hasta luego, **que** pases un buen día!), 5 (**Que** duermas bien, hasta mañana), 7 (**Que** tengas buen viaje y te lo pases muy bien) B 1 (¡**Qué** memoria!), 2 (¡**Qué** bien que vengas mañana!; ¡**Qué** alegría!), 4 (¡**Qué** mal!; ¡**Qué** me dices!), 8 (¡**Qué** buen día hace!; ¡**qué** día más bonito!), 10 (¡**Qué** guapa!, ¡**qué** bien te veo!) C 4 (¿**Que** has perdido el móvil?), 9 (No te entiendo… ¿**Que** no vienes mañana?) D 1 (No recuerdo **qué** ha dicho), 6 (Ellos quieren saber **qué** vas a hacer), 9 (¿Y por **qué** no vienes?)

EN ACCIÓN

16 **Posibles respuestas:** 1 ¡Enhorabuena! ¡Que seáis felices! 2 ¡Felicidades! ¡Y que cumplas muchos! 3 Ojalá sea el trabajo que soñabas. 4 Espero que te lo pases muy bien. 5 Os deseo felicidad ¡y paciencia! 6 Que vaya todo muy bien, y ¡suerte!

17a **Posibles respuestas:** Al chico le da miedo contar la verdad; El chico odia su comportamiento; A la mujer le preocupa que el chico esté triste; A la mujer le gusta que el chico quiera hablar; La chica está harta de las mentiras del chico; A la chica le molesta la situación.

17b **Posible respuesta:** En la fotografía se ve a tres personas hablando en el salón de una casa. Son dos mujeres y un hombre. El chico es joven, moreno, con barba, y lleva pantalones negros, camiseta blanca y una camisa de cuadros encima. Una de las mujeres también es joven, es morena y tiene los ojos negros; viste una camiseta blanca de manga larga. La otra mujer es de mediana edad, rubia, vestida con ropa de color claro. Los tres están sentados en un sofá: la mujer está en el centro y los jóvenes a los lados. Están hablando, pero la chica parece que no participa en la conversación.

Están en un salón que parece bastante moderno por su decoración. Hay una lámpara de pie encendida y una estantería blanca con objetos diversos que no se ven bien. También hay una ventana o un balcón con una cortina al fondo. Es una habitación luminosa y decorada con estilo.

Creo que la relación entre estas personas es familiar; tal vez es una pareja que ha discutido y la madre de la chica, que está de visita, está escuchando la versión del joven. La mujer está tocando el brazo del chico para darle confianza. La chica, a

la derecha y en primer plano, está pensativa y un poco enfadada o molesta: está pensando que está harta del comportamiento del chico.

17c Respuesta libre.

17d Respuesta libre.

UNIDAD 8

A CULTURA GASTRONÓMICA

1a 1 f; **2** b; **3** c; **4** e; **5** d; **6** a.

1b **Venezuela:** 2. **El Salvador:** 3. **Chile:** 4. **Argentina:** 6. **Paraguay:** 5. **Perú:** 1.

2 Respuesta libre.

3 1 Se remonta a los incas y más tarde a la influencia de las colonias españolas. Posteriormente también se han ido incorporando otras influencias de diferentes grupos de inmigrantes, especialmente chinos, europeos, africanos y japoneses. 2 El arroz, las papas, el cerdo, el cordero y el pescado. 3 El ceviche, el pollo a la brasa y el arroz chaufa.

4 1 el marisco 2 la ostra 3 congelado/a 4 sano/a 5 el aguacate 6 la cebolla

5 1 sosa 2 cruda 3 pesada 4 al marisco 5 ancestral 6 precocinada

6 1 PELAR 2 OXIDARSE 3 AÑADIR 4 HERVIR 5 COCER 6 FREÍR 7 HACER A LA PLANCHA

7 1 se quede; d; 2 tengan; b; 3 perder; a; 4 crezcan; e; 5 aprovechar; f; 6 comprobar; c.

8 1 Para comprobar si la pasta está bien hecha, lanza un espagueti contra la pared. 2 Para que el aguacate no se ponga negro, echa un poco de zumo de limón. 3 Para no llorar cuando cortas la cebolla, lávala antes. 4 Para que el helado salga mejor del envase, usa una cuchara caliente. 5 Para que las zanahorias se conserven frescas, pon debajo una servilleta en la nevera. 6 Para aprovechar los restos de verduras, congélalos y úsalos para hacer caldo.

B NEUROGASTRONOMÍA

9 1 el oído 2 el tacto 3 el oído / la vista 4 el olfato / el gusto / la vista 5 el olfato / la vista 6 la vista / el oído 7 el tacto 8 el oído / la vista

10a 1 F (Mil seiscientos cincuenta euros el cubierto, eso es lo que cuesta comer o cenar en el Sublimotion). 2 F (con más de tres horas de espectáculo). 3 V (en el Sublimotion no participan solo cocineros, sino también ingenieros, escenógrafos, ilusionistas, coreógrafos y hasta guionistas). 4 F (se sirve a doce comensales. […] trabajan más de veinticinco personas). 5 V (un entorno que parece sacado de una película de ciencia ficción). 6 V (nos permite viajar a la sala principal del Teatro Real, o surcar las profundidades del océano, haciendo parada en Pandora, el planeta que imaginó James Cameron para la película *Avatar*. Un picnic en mitad de Central Park […]).

10b Respuesta libre.

11 **Posibles respuestas:** 1 Quizás sea carne asada con algún tipo de salsa. Puede que sea una comida típica de una festividad religiosa. 2 Probablemente lleve verduras y puede que también lleve huevo. A lo mejor lleva algún insecto, ya que en muchos países son un ingrediente importante. **3** Posiblemente este plato tiene como ingrediente principal algún tipo de marisco, aunque también podrían ser pequeñas arañas… ¡Qué asco! **4** A lo mejor es carne envuelta en alguna masa… También podrían ser espárragos, por ejemplo, y quizás también lleve alguna salsa en forma de helado, ¿no? **5** Puede que sea una sopa o algún plato de cuchara bastante denso. ¡Ah! Seguro que lleva huevo. **6** Dudo mucho que sea un plato principal, parece un postre. Posiblemente lleva fruta, frutos secos y quizás también chocolate o caramelo.

12 **1** nos lo pasamos / nos lo pasemos **2** viene / venga **3** hay **4** gusta **5** hay / haya **6** sea **7** tienes **8** encanta **9** quiere / quiera **10** sea **11** es **12** podemos / podamos

13a **1** producir **2** consumidor(a) **3** exportar **4** importador(a) **5** vender **6** comprador(a)

13b **1** exportar / vender **2** vendedores **3** productor / exportador **4** productores; consumidores / compradores **5** consumidor

C NUEVOS ALIMENTOS

14 **1** A; **2** A; **3** B; **4** A; **5** B; **6** B.

15 **1** Miguel (creo que la comida tal y como la conocemos hoy en día va a desaparecer y me da pena). **2** Candela (Imagínate… ¡comer hamburguesas sin engordar, qué maravilla! Yo, desde luego, me olvidaría de contar calorías para siempre). **3** Ninguno de los dos. **4** Ninguno de los dos. **5** Miguel (pues a mí eso me parece estupendo. Si todos tenemos una impresora 3D en casa, podremos imprimir los mismos platos que los chefs famosos). **6** Ninguno de los dos.

16 **1** No está claro que haya que hacer un cambio en la forma de alimentarnos. **2** No es evidente que la comida tradicional esté mucho mejor que esta cocina moderna. **3** Está claro que la humanidad puede continuar comiendo tanta carne. **4** Es cierto que las nuevas hamburguesas artificiales saben como las reales. **5** No es verdad que el uso de las impresoras 3D pueda revolucionar la gastronomía.

17 Respuesta libre.

18 **1** c; **2** f; **3** b; **4** e; **5** d; **6** a.

19 **1** f; **2** b; **3** d; **4** e; **5** a; **6** c.

20 **1** Com**e e**spinacas todos los días. **2** ¿Pido ostras para desayunar? **3** ¿Pong**o o**régano a la pasta? **4** Compra agua, por favor. **5** Tengo otro postre nuevo. **6** Com**a ha**mburguesa, está riquísima.

EN ACCIÓN

21a **1** c; **2** h; **3** d; **4** a; **5** f; **6** g; **7** b; **8** e.

21b **1** escasa **2** poco hecha **3** muy hecho **4** crudo **5** salado **6** quemada

21c Respuesta libre.

UNIDAD 9

A Y TÚ, ¿AHORRAS MUCHO?

1a Respuesta libre.

1b **Posible respuesta:** Estoy de acuerdo con la calificación de "algo responsable", porque intento comprar alimentos sin

envases o plásticos, pero no reciclo el cristal porque necesito tener otro cubo de basura y mi cocina es muy pequeña.

2a **1** c; **2** d; **3** b; **4** a.

2b **1** b; **2** e; **3** h; **4** a; **5** i; **6** c; **7** j; **8** f; **9** g; **10** d.

2c **1** rentabilidad del dinero ahorrado **2** consumidor responsable **3** colchón financiero **4** gastos imprevistos **5** productos de primera necesidad **6** renunciar a un capricho

3a **Ismael:** 1, 4 y 5. **Julia:** 2, 3 y 6.

3b **Posible respuesta:** Yo no creo que todos tengamos más gastos cuando nuestros ingresos son mayores; creo que un aumento de los ingresos es la oportunidad de ahorrar que tiene la mayoría de la gente.

4 **1** 11 - undécima / décima primera / decimoprimera **2** III - tercer **3** 15 - décimo quinto / decimoquinto **4** IX - novena **5** 14 - décimo cuarto / decimocuarto **6** 23.ª - vigésima tercera / vigesimotercera

5 **1** a (El próximo Día Internacional de concienciación sobre el desperdicio de alimentos celebraremos una jornada de reflexión). **2** c (el 47 % de los que afirman sentirse felices está bastante cómodo con su nivel de ahorro). **3** a (Según nuestra encuesta, más de la mitad de las personas piensa este año hacer viajes en familia –el 54 %–). **4** c (Un año más, los niños españoles quiere ser futbolistas, así opina el 18,9 % de ellos, seguidos de la profesión de policía) **5** b (Tres son las 'erres' que conducen a un consumo más responsable: reducir, reutilizar y reciclar). **6** b (el 66 % de los encuestados prefiere ser propietario a inquilino; un dato cercano a Europa, donde el 70 % también lo prefiere).

B CONSUMISMO

6 Respuesta libre.

7a **1** i; **2** k; **3** e; **4** h; **5** g; **6** a; **7** d; **8** b; **9** j; **10** l; **11** f; **12** c.

7b **1** aplicación; enlace **2** bandeja de entrada; correo no deseado **3** tuit; "me gusta" **4** (ordenador) portátil; contraseña **5** correo electrónico; descargar **6** bloguera; publicar

8a **1** cuenta **2** YouTube **3** wasap **4** *like* **5** Facebook **6** *inbox* **7** estados

8b Respuesta libre.

9 **1** tengan **2** usar **3** comprar **4** venga **5** sepan **6** cerrar **7** quieran **8** sigan

10a **1** b / c; **2** a / d; **3** a / d; **4** b / c.

10b **Posibles respuestas:** **1** Está mal que lo hagan y nos roben información sin permiso. **2** Pero si es divertidísima; a mí me parece genial. **3** Me parece muy mal porque dejamos de comprar en las tiendas de barrio. **4** Es injusto que pienses así, estás muy cualificado y mereces el trabajo. **5** Sí, pero me parece una vergüenza que sea ahora y no antes. **6** Es lógico que te sientas así; tenemos demasiados gastos.

11a **Irene:** c; **Miguel:** a; **Sebas:** g; **Marta:** h.

11b Respuesta libre. (Los temas para opinar son: b, d, e o f).

12 Respuesta libre.

13 Las cuatro ideas principales son: 2, 3, 4 y 6 (los enunciados 1 y 5 no son ideas principales porque: 1 es una descripción subjetiva de quien ha escrito el texto, y 5 no se refiere a la lengua cotidiana sino al lenguaje poético).

14a 1 antigüedad **2** nicaragüense **3** paragüero **4** bilingüe **5** piragüismo **6** pingüinos; cigüeñas

14b Posible respuesta: Porque la vocal que sigue a la "u" es una "a" o una "o" y la "u" siempre se pronuncia en la sílaba "gua" o "guo" *(ambiguo, guapo, guardarropa, averiguo, guacamole, agua)*. O porque la "u" va seguida de "e" o "i" pero no se pronuncia en esas sílabas "gue, gui" *(guerra, guisar, guitarra)*.

C PEQUEÑAS IDEAS, GRANDES INVENTOS

15a 1 cuadrado, redondo, triangular, ovalado, circular, alargado **2** tela, madera, papel, metal, plástico, cristal **3** suave, duro, brillante, elástico, oloroso, blando **4** sentarse, jugar, cortar, regar, educar, beber

15b 1 cuadrado **2** plástico **3** duro **4** jugar **5** educar **6** cortar **7** metal **8** ovalada

16a 1 come **2** polinice **3** es **4** se comporte **5** vende **6** hable

16b a 1; 3; 5; **b** 2; 4; 6.

17 1 V (Ángela: ¿Te gustaría verla conmigo? Elías: Me encantaría). **2** F (Ángela: A mí me parece increíble que sus objetos, que no tienen un uso práctico). **3** F (Ángela: hay una exposición de los "Objetos imposibles", de Jacques Carelman). **4** V (Ángela: Sí, me encanta su famosa bicicleta con las ruedas cuadradas, o la mesa de pimpón ondulada…). **5** V (Ángela: capaces de mostrarnos la necesidad constante y absurda que hay en Occidente de buscar cosas nuevas). **6** F (Elías: el marketing y las empresas necesitan que compremos y compremos, y no van a dejar que pensemos).

18 1 c; **2** b; **3** a; **4** a; **5** b; **6** b.

EN ACCIÓN

19a Respuesta libre.

19b 1 pez; pescar **2** puerto **3** barca **4** pescador **5** red; pescar **6** pez **7** puerto **8** pescador

19c Respuesta libre.

20a 1 h; **2** f; **3** a; **4** d; **5** b; **6** g; **7** c; **8** e.

20b Respuesta libre.

UNIDAD 10

A ¿CÓMO LLEVAR UNA VIDA SANA?

1a Hábitos saludables: dormir mínimo siete horas al día, pasear animales, reír a menudo, comer ligero, hablar con otras personas, comer dos o tres frutos secos cada día, hacerse revisiones médicas frecuentemente. **Hábitos no saludables:** comer bollería industrial, acostarse cada día a una hora diferente, tomar mucha medicación, hacer deporte solo una vez a la semana, estar siempre de mal humor, mirar el móvil antes de dormir, beber poca agua.

1b Posibles respuestas: Hábitos saludables: comer mucha fruta y verdura; hacer meditación o yoga. **Hábitos no saludables:** beber alcohol con frecuencia; comer mucha comida basura.

2a 1 mejorar la autoestima **2** relajar la mente; favorecer la relajación **3** aportar beneficios **4** fortalecer los músculos **5** reducir el estrés **6** Cultivar un huerto

2b Respuesta libre.

3a 1 d; **2** f; **3** b; **4** e; **5** a; **6** c.

3b Posibles respuestas: 1 los labios **2** un baño **3** el chocolate / el azúcar / el pan… **4** el cuello, el cuerpo **5** las velas **6** el análisis / el chequeo médico

4 1 OD: las manos; OI: a ti - Lávatelas antes de comer **2** OD: el número de horas delante de una pantalla - Redúcelo **3** OD: el cuello - Estíralo bien antes de trabajar **4** OD: gafas de sol; OI: a ti - Póntelas si vas a estar al sol mucho tiempo **5** OD: el pijama; OI: a ti - Quítatelo si hace calor **6** OD: dos litros de agua al día - Bébelos **7** OD: abrazos; OI: a las personas importantes en tu vida - Dáselos **8** OD: revisiones médicas frecuentes; OI: a ti - Háztelas

5a 1 e; **2** a; **3** b; **4** f; **5** d; **6** c.

5b Posibles respuestas: 1 Escucha música relajante cuando te metas en la cama. **2** Organízate bien y cocina los domingos, así tendrás comida preparada para toda la semana. **3** Lleva un pequeño cepillo en el bolso para lavártelos después de comer. **4** Si no lo puedes evitar, busca chocolate puro y con poco azúcar. **5** Empieza el día con un paseo y una ducha, escribe todo en una agenda y busca momentos para desconectar.

B SALUD EMOCIONAL

6 1 irracional **2** transformar **3** desaprender **4** pérdida **5** ira **6** envenenarse

7 1 infancia **2** inmaduras **3** evitamos **4** muerte **5** valoramos **6** reprimir

8 Alegría: felicidad; tranquilidad. **Tristeza:** soledad; pena. **Ira:** enfado; odio. **Asco:** horror; desagrado. **Miedo:** temor; preocupación.

9 hacer: no hagas; no haga; **decir:** no diga; **venir:** no vengas; no venga; **tener:** no tengas; no salga; **salir:** no salgas; no salga; **ir:** no vaya; **ser:** no seas; no sea; **poner:** no pongas.

10 1 Escucha; valóralos **2** Explora; conócete **3** Mantén **4** Tómate **5** juzgues **6** Siéntate **7** Ten **8** Esfuérzate **9** Haz **10** te preocupes

11a Posibles respuestas: 1 Lucía: Busca a algún amigo cercano, o si lo prefieres, pide ayuda profesional. Pedro: Los problemas mejor en secreto, no se los cuentes a nadie, ¿para qué? **2** Lucía: Haz una lista de los motivos por los que mereces el ascenso y, de forma educada y tranquila, coméntalos con tu jefe. Pedro: Ya sabes, no hables con ese compañero nuevo, ¡no se lo merece! **3** Lucía: Prueba a hacer ejercicios de meditación con ella, salid a pasear…; dile que las notas no son todo. Pedro: Déjala, tiene que aprender a enfrentarse a las situaciones difíciles de la vida, a todos nos ha pasado, ¿no? **4** Lucía: Intenta ser comprensivo, tu amigo está ahí cuando lo necesitas; olvidar esto no es importante. Pedro: No lo felicites tú a él en su cumpleaños, así aprenderá.

11b Respuesta libre.

12a 1 b (las personas que reprimen sus problemas van al médico una media de un 40 % más que las personas que expresan y comparten sus problemas); **2** c (Pero hablar de nuestros problemas con un amigo o con un terapeuta puede ser complicado porque nos hace sentir más vulnerables o incluso temerosos de que nos juzguen); **3** a (la técnica que ha desarrollado el doctor James Pennebaker, que tiene excelentes resultados comprobados científicamente); **4** a (la mente humana necesita, por encima de todo, encontrar sentido a sus problemas).

12b Se mencionan los consejos 1 (Proponte escribir veinte minutos cada día durante cuatro días), 3 (Claro que puedes escribir más tiempo, si quieres), 4 (La escritura expresiva no se fija en ortografía, puntuación o en escribir bien), 7 (si tienes hijos, espera a que se hayan ido a dormir), 8 (después de escribir, reflexiona tranquilamente un rato acerca de lo que has escrito), 10 (tómate tu tiempo para asimilar y expresar lo que sientes).

C EL DEPORTE EN LA VIDA

13 1 cazatalentos 2 entrenar 3 cicatrices 4 equipos 5 debutar 6 enloquecer 7 títulos 8 habilidad

14 1 dejar de pilotar 2 lleva montando 3 dejó de jugar; volvió a competir 4 estaba a punto de ganar 5 sigues haciendo 6 me puse a correr

15 1 se puso a subir 2 estuvo a punto de tener 3 siguió practicando 4 ha vuelto a ir / volvió a ir 5 dejaron de funcionar 6 lleva haciendo

16 Respuesta libre.

17 1 Mi hermano lleva jugando al tenis desde el año 2010 / X años. 2 El atleta salió unos segundos antes, por eso, todos se volvieron a poner en posición otra vez. / El atleta volvió a salir unos segundos antes, por eso, todos se pusieron en posición otra vez. 3 ¿Cuándo dejó de jugar ese futbolista de los anuncios de TV? 4 Los dos pilotos españoles estuvieron a punto de chocarse en la última curva del circuito. 5 Aunque mi tía es un poco mayor, sigue nadando en el mar todos los días, ¡incluso en invierno! 6 En la segunda parte del partido se puso a llover tan fuerte que lo cancelaron.

18 1 a; 2 b; 3 c; 4 c; 5 b; 6 a.

EN ACCIÓN

19a 1 Tema 2: ¿Te resulta fácil expresar cómo te sientes? 2 Tema 2: Otras ideas para llevar una vida saludable. 3 Tema 1: ¿Haces deporte regularmente?, ¿al aire libre? 4 Tema 2: Cómo afecta el carácter en la salud. 5 Tema 1: ¿Te gustaría dedicar más tiempo a hacer ejercicio? 6 Tema 1: Otras ideas para mantenerse en forma.

19b Respuesta libre.

20a 1 El tema que he elegido es 2 En primer lugar 3 En segundo lugar 4 Por último 5 Respecto a 6 a mí me parece que 7 Por otro lado 8 por ejemplo 9 En conclusión

20b 1 El tema que he elegido es 2 Respecto a 3 En conclusión 4 A mí me parece que 5 En primer lugar 6 En segundo lugar

UNIDAD 11

A EL ARTE EN LA VIDA

1 Respuesta libre.

2a 1 realidad; sentimientos 2 comunicación; cultura 3 arte; obra 4 técnicas; innovación

2b Respuesta libre.

3a

el arte	el / la artista	hacer arte
la fotografía	**el / la fotógrafo/a**	**fotografiar / hacer fotos / tomar fotos**
la moda / el diseño	**el / la diseñador(a)**	diseñar una colección de ropa
la pintura	**el / la pintor(a)**	**pintar**
la escultura	el / la escultor(a)	**esculpir**
la arquitectura	**el / la arquitecto/a**	diseñar un edificio
la literatura	**el / la escritor/a**	**escribir**
el cine	el / la cineasta	**hacer cine**

3b 1 cine 2 pintor 3 fotografías 4 escritora

4a 1 vayas 2 leer 3 esperes 4 compre 5 asistir 6 contratar

4b 1 Si prefieres ver una exposición de pintura, tendrías que ir al Museo Sorolla. 2 Aunque sea una buena adaptación, yo en vuestro lugar leería el libro antes de ver la película. 3 Deberías esperarme para ver la Catedral de Santiago las dos juntas. 4 Para visitar el museo en estas fechas, yo que usted compraría una entrada *online*. 5 Como les gusta la música de cine, podrían asistir a un concierto de la Film Symphony Orchestra. 6 Es conveniente contratar un guía para ver esta exposición en el MACBA.

5 1 c; 2 a; 3 b.

6 **Posibles respuestas: 1** Yo puedo ir, pero deberías pensarlo mejor e intentar superar ese miedo y acompañarme. ¡Solo quieren felicitarnos por nuestro trabajo! **2** Yo en tu lugar, llamaría a algún amigo al que le guste la escultura. ¡Seguro que se apunta! **3** Te aconsejo que primero averigües si es algo que le interesa; a lo mejor no tiene tus mismos gustos. **4** Lo mejor es que sea sobre un director que conozcas, y si es una directora de cine, mejor. **5** Tendrías que ver qué estilo te gusta para tu casa y luego buscar alguna reproducción en alguna tienda de pósteres y láminas. **6** Yo que tú, pensaría en la fotografía como lo único importante que hacer cada día.

7 **1** a (en la Casa de Iberoamérica de Cádiz, podemos visitar la exposición de fotografía de autores argentinos contemporáneos). **2** c (La poesía visual llega al Museo de Arte Contemporáneo de Barcelona en una exposición dedicada a Joan Brossa. 800 piezas, de tipo muy diverso, del artista catalán). **3** a (dentro del programa de intervenciones arquitectónicas en el espacio exterior del museo. Su obra consta de un cubo de 8 metros de largo). **4** b (el estreno en octubre de *Fuego*, coreografía creada por el bailarín Antonio Gades y el cineasta Carlos Saura e inspirado en la música de *El amor brujo* de Manuel de Falla). **5** b (Este domingo finaliza la XIII Bienal Internacional de La Habana. Artistas de 52 países llevaron sus obras a espacios públicos de la ciudad a lo largo de un mes). **6** c (Un libro que viaja por treinta y cinco obras de todos los tiempos, con especial atención a la pintura femenina y a la española).

B EL PLACER DE LA MÚSICA

8 1 *jazz* 2 salsa 3 flamenco 4 pop 5 reguetón 6 vallenato

9 1 estilo 2 telonero 3 neurona 4 merengue 5 desbordante 6 instrumento

10 1 e; 2 a; 3 d; 4 f; 5 b; 6 c.

11 Respuesta libre.

12a A 3; B 4; C 1; D 5; E 2.

12b Respuesta libre.

13 1 V (Rosalía. Todo me emociona en ella: su voz, sus coreografías… Es la cantante que más escucho ahora). 2 F (mis gustos van desde la ópera, que me ayuda a estar relajado, hasta el *rock* andaluz de Triana). 3 V (prefiero música más romántica, como Luis Fonsi o Alejandro Sanz). 4 V (Ahora mismo escucho bastante el flamenco: Miguel Poveda, Concha Buika…). 5 F (con las amigas en el coche, la música la eligen ellas, pero nada de reguetón. Prefiero escuchar salsa y así nos motivamos más para bailar luego). 6 V (mi canción preferida, "El amor en los tiempos del cólera", me conmueve hasta las lágrimas).

14a Respuesta libre.

14b Posible respuesta: En la fotografía, en el primer plano a la izquierda, hay una mujer y un hombre bailando, y al fondo se ven más personas, que están mirando a la pareja de baile. Todos están en la calle. Parece una calle céntrica de alguna ciudad europea o de América. Se ve una plaza o zona peatonal, donde hay un pequeño escenario para que los bailarines puedan bailar. No recuerdo el nombre de este baile pero es muy típico en Argentina y Uruguay, como el mate. Creo que la relación entre los bailarines no solo es profesional, también son amigos y les encanta bailar. Están disfrutando mucho, aunque están muy serios porque necesitan concentrarse en la música. Van vestidos de negro y la mujer lleva una falda estrecha y tacones. La gente que los mira viste de manera informal; seguramente estaban comprando en esta zona comercial o pasaban por allí y decidieron parar y ver el espectáculo. Algunos de ellos son amigos y están comentando qué bien bailan y cuánto les gusta esa música. Un hombre, a la izquierda, al fondo, sigue caminando porque no le interesa la pareja o tiene mucha prisa.

14c Respuesta libre.

15a 1 d; 2 a; 3 e; 4 b; 5 c.

15b a 5; b 4; c 1; d 2; e 3.

16a Posible respuesta: La canción es un canto a la vida, a los sentidos. Con la música podemos compartir nuestras emociones, las que nos produce lo que vemos (los colores), oímos (ruidos y sonidos) o hablamos (las palabras). La emoción es el principio y fin de la música.

16b Respuesta libre.

B PERO, ¿ESTO ES ARTE?

17a 1 lunares 2 grafitis 3 subasta

17b Posibles respuestas: 1 Porque la artista tenía algunos problemas mentales y el arte la ayudó a superarlos. Fue su medicina. 2 Es una pintura realista, generalmente en blanco y negro, que representa caras de personas. 3 Sí, es una escultura de bronce de tamaño natural que representa a un hombre muy delgado, esquelético, que camina con los brazos pegados al cuerpo, sin rostro definido y con el cuerpo inclinado hacia delante.

18a Respuesta libre.

18b 1 C; 2 A; 3 B.

18c 1 C; 2 B; 3 B; 4 A; 5 C; 6 A.

19 1 argentina 2 española 3 argentina 4 española

20 1 lo que 2 lo de 3 lo del 4 lo de 5 lo que 6 lo que

21 Respuesta libre.

EN ACCIÓN

22 1 c; 2 a; 3 b.

23 Respuesta libre.

UNIDAD 12

A CURIOSIDADES DE LA NATURALEZA

1 1 valles; montañas 2 rocas; costa 3 fauna; volcanes 4 coral; bosque 5 lagunas; flora 6 arena; dunas

2 1 F (Ríos, valles, montañas, bosques, lagos… España es infinita en belleza natural); 2 V; 3 F (Contamos con más de 50 000 especies de animales […] y más de 10 000 especies vegetales); 4 F (se encuentran ejemplares únicos como el lince ibérico o el águila imperial).

3a 1 a; 2 f; 3 i; 4 e; 5 d; 6 c; 7 h; 8 j; 9 g; 10 b.

Diálogo:

● Ayer vi un documental en la tele y fue muy interesante.

▫ ¿Ayer? ¿Estás seguro de que lo viste ayer? Ayer estuviste durmiendo todo el día…

● Claro que sí, estuve toda la tarde tumbado en el sofá viendo la tele, pero no estaba dormido. Pero… lo que te digo, el programa estuvo muy bien. Trataba sobre fauna ibérica. ¿Sabes por qué el águila real puede ver más colores que los humanos?

▫ ¿Porque tiene los ojos más grandes? ¡No tengo ni idea!

● ¡Qué va! Es porque tiene cinco veces más células sensibles a la luz que el ojo humano. ¿Y sabes de qué color son los ojos del lince?

▫ Supongo que son de color claro, pero no sé si azules o verdes… ¡Verdes!

● No, no son verdes, sino verde amarillento. De hecho, su nombre viene del griego y significa "ojos brillantes".

▫ Y ya que sabes tanto…: ¿sabes de dónde me viene este dolor de cabeza?

● Pues de dormir poco…, de no comer… ¿De mis preguntas, tal vez?

▫ No, en absoluto. ¡Cómo puedes pensar eso!

3b Posibles respuestas: 1 Segurísimo. Creo que la razón es su fuerza y cómo trabajan en equipo. 2 Sí que está relacionado, y muy directamente. Todo el rato estamos rompiendo el equilibrio de la naturaleza. 3 No, no es el Mediterráneo ni el mar Caribe, sino el mar del Atlántico oriental. 4 ¿Estás seguro/a de que vamos a poder disfrutar de ellos dentro de 50 años? 5 ¡Que sí estamos en extinción!, aunque todavía no seamos conscientes y hagamos poco por evitarlo. **6** ¿Seguro que es un 90 %? Me suena un 70 %. Sea como sea, el agua es el motivo por el que la Tierra es percibida como el planeta más brillante, porque la luz del sol se refleja al espacio. **7** Claro que sí. La selva salva vidas, pero cada año perdemos gran parte de sus bosques por la tala de árboles. **8** ¡Qué va!, no es el Nilo. El río más largo y caudaloso del mundo es el Amazonas.

4a 1 cuestiona; **2** corrige; **3** niega; **4** corrige; **5** cuestiona; **6** niega; **7** confirma; **8** confirma.

4b Puedes comprobar o revisar tu entonación con la actividad 4c.

4c 1 • ¿Sabes que el elefante es el animal más resistente del mundo?
  ▪ <u>¿Estás seguro de que</u> es el ele**fan**te?

2 • Tenerife está en el Pacífico.
  ▪ <u>No, no está</u> en el Pacífico, sino en el At**lán**tico.

3 • El animal con los ojos más grandes es el camaleón.
  ▪ <u>¡Qué va!</u> Es el calamar gi**gan**te.

4 • Creo que el Etna no es el volcán activo más grande de Europa.
  ▪ <u>Que sí, que es</u> el más **gran**de de Europa.

5 • ¿Sabes? Los cuervos son animales inteligentes, ¡como los chimpancés!
  ▪ <u>¿Seguro que</u> son inteli**gen**tes?

6 • Lo han dicho en la tele: los corales son una especie vegetal.
  ▪ <u>No, en absoluto.</u> Los corales son una especie ani**mal**.

7 • El Tajo no pasa por Portugal.
  ▪ <u>¡Claro que sí!</u> El río Tajo también pasa por Portu**gal**.

8 • ¿Estás seguro de que no es el diamante?
  ▪ <u>¡Segurísimo!</u> El diamante no es el mate**rial** más duro de la Tierra.

5a 1 naturales **2** especies **3** biológicos **4** marinas **5** fauna **6** belleza **7** bosques **8** paisajes

5b Posibles respuestas: 1 Es un entorno natural importante que cuenta con especies singulares y también muestra etapas de formación geológica de la Tierra. **2** Su aislamiento facilita la protección de las especies en peligro de extinción. **3** Las islas Galápagos, porque la observación de su ecosistema fue base de la teoría de la evolución de Darwin.

B BASURALEZA

6 Respuesta libre.

7a 1 d; **2** g; **3** f; **4** b; **5** h; **6** a; **7** c; **8** e.

7b POSITIVOS: dar un paso; crear conciencia; medir las consecuencias; campaña de sensibilización. **NEGATIVOS:** transformar el paisaje; acumulación de deshechos; actitud irresponsable; catástrofe ambiental.
Posibles respuestas: 1 La actividad humana transforma el paisaje y daña la naturaleza. **2** Dar un paso para defender el medioambiente es difícil si no salimos de nuestra zona de confort. **3** La acumulación de deshechos es un problema antiguo y no creo que tenga una solución fácil. **4** Poco a poco estamos creando conciencia frente al problema del medioambiente, pero aún es necesario hacer más. **5** Medir las consecuencias de nuestros actos es la tarea más importante

para proteger la naturaleza. **6** He colaborado en una campaña de sensibilización para evitar el uso de plásticos y yo ya no los uso. **7** Creo que no tengo una actitud irresponsable ante el medioambiente, pero no estoy seguro de ser totalmente responsable. **8** Una catástrofe ambiental puede empezar en el cubo de basura de tu cocina.

8 Respuesta libre.

9a 1 c (hoy puedo responder cómoda a esta pregunta diciendo que hace diez meses que no necesito sacar la basura). **2** b (quisiera mostrarles una foto que considero extrema. No es raro ir hoy a una playa en Mar del Plata y encontrársela así. De hecho, esta foto la tomé yo misma). **3** b (Pero con el tiempo me fui dando cuenta que esta es una postura bastante conveniente cuando una no quiere asumir responsabilidad frente a lo que ve). **4** c (Recogí en estas limpiezas el envoltorio de chocolate que me gustaba comer…, la botella de plástica del mismo champú que yo usaba… y los empaques de los pañuelitos descartables, esos que yo descartaba cada semana). **5** a (Nunca salgo de casa sin […] unas bolsitas más pequeñas […], también son de tela; y, finalmente, un vasito, con esto puedo evitar cualquier vaso desechable). **6** c (Así que hoy quisiera pedirte que te sumes, que tomes cualquiera de las alternativas que te di hoy, y que desde hoy la pongas en práctica).

9b D (La playa llena de basura que ve Edelmira). B (Sus "limpiezas conscientes de playa": recoger la basura que se encuentra). C (Siempre lleva una bolsa con utensilios reutilizables, no desechables). A (El deseo de Edelmira: disfrutar de la naturaleza sin basura, protegerla).

10a 1 involuntariedad **2** tercera / 3.ª **3** le, nos, os, les **4** plural

10b 1 Se **2** te **3** le **4** se **5** os **6** les

11 Posibles respuestas: 1 Se me ha manchado la camisa de café. **2** He tirado a la papelera todos los papeles sucios. **3** Se me han caído todos los papeles y he tenido que ordenarlos después. **4** He roto una botella para hacer un experimento. **5** Se me ha roto la botella de vino que me regalaste.

12 1 Ayer algunas personas rompieron las señales de tráfico durante la manifestación. **2** Aída llevaba su móvil en el bolso y se le rompió la pantalla del teléfono. **3** Los policías pararon el tráfico esta mañana por un control de alcohol. **4** Yo estaba viendo Netflix y se me paró la conexión a internet. **5** En Valencia anoche apagaron las luces de las casas como protesta. **6** Celia estaba preparando un PowerPoint y se le apagó el ordenador de repente.

13 1 Perdón, pero se te ha caído… **2** Piensa y actúa como tu abuela **3** Nueva especie marina

C RUTAS INOLVIDABLES

14a 1 Laia (Como viajamos por libre, pudimos recorrer Perú a nuestro ritmo). **2** Hugo (Puede ser tu paraíso particular si te gusta hacer surf). **3** Alba (Este lugar es el que más nos gustó de todo el viaje de tres semanas que hicimos). **4** Alba (El flechazo fue instantáneo. Fue verlo y decir "este lugar tiene que estar en nuestra ruta de viaje"). **5** Laia (superó todo lo que esperaba, porque de verlo tanto en imágenes, reportajes de televisión y en todas partes). **6** Hugo (Sobre todo, si viajas de junio a septiembre, que es cuando se pueden ver las ballenas).

14b 1 estés 2 llegar 3 tengas 4 sea 5 hagas 6 quieras

15 1 d; 2 c; 3 e; 4 a; 5 f; 6 b.

16 1 llego 2 pregunten 3 supieron 4 ves 5 me acueste 6 estuve

17 **Posibles respuestas:** Cuando hagas la maleta, acuérdate de echar calzado cómodo, porque tengo planeadas algunas excursiones. / Antes de que vuelvas a España, tenemos que visitar el parque de atracciones, es espectacular. / No se lo diré a mis padres hasta que llegues. ¡Va a ser una sorpresa! / En cuanto vengas, voy a llevarte a cenar a mi restaurante preferido. Te va a encantar.

EN ACCIÓN

18a **Posible respuesta: Versos clave:** "una mota de polvo del universo"; "todo ocurre en un instante"; "*Blue*, diminuto planeta azul"; "El punto de vista lo pones tú". **Mensaje:** Desde el espacio exterior la Tierra se ve enana (diminuta): nuestra vida transcurre en un espacio y un tiempo "diminutos" (muy pequeños). Sin embargo, desde la Tierra, la perspectiva puede ser diferente.

18b Respuesta libre.

19 1 a; 2 a; 3 b; 4 b; 5 a; 6 b.

20a 1 c; 2 b; 3 d; 4 e; 5 a.

20b A Consejo 4 B Consejo 2 C Respuesta libre

Primera edición, 2021

Produce: SGEL Libros
Avda. Valdelaparra, 29
28108 Alcobendas (Madrid)

© Celia Díaz Fernández y Aída Rodríguez Martínez
© SGEL Libros S. L., 2021
Avda. Valdelaparra, 29, 28108 Alcobendas (Madrid)

Director editorial: Javier Lahuerta
Coordinación editorial: Jaime Corpas
Edición: Yolanda Prieto
Corrección: Belén Cabal

Diseño de cubierta e interior: Verónica Sosa
Fotografías de cubierta y portadillas: José Luis Santalla
Maquetación: Lanchuela

Fotografías: CORDON PRESS: pág. 112 foto de Carl Sagan. GTRESONLINE: pág. 21 foto de Claudia Molina; pág. 100 foto de Mercedes Sosa. SHUTTERSTOCK: resto de fotografías, de las cuales, solo para uso de contenido editorial: pág. 7 foto de Amma (Eric_Fahrner / Shutterstock.com); pág. 20 foto A (Maksimilian / Shutterstock.com); pág. 22 foto 1 (joyfull / Shutterstock.com); pág. 49 foto 5 (bathang / Shutterstock.com); pág. 58 fotos 1 (Irene.co / Shutterstock.com) y 2 (pio3 / Shutterstock.com); pág. 64 foto B (Bystrov / Shutterstock.com); pág. 83 foto A (Vastram / Shutterstock.com); pág. 97 fotos A (Lesinka372 / Shutterstock.com), B (Alexander Somerville / Shutterstock.com), C (Marcin Krzyzak / Shutterstock.com), D (Andrea Raffin / Shutterstock.com) y E (Shelly Wall / Shutterstock.com); pág. 98 foto tango (David Haykazyan / Shutterstock.com); pág. 101 fotos A (Lisaveya / Shutterstock.com) y B (Hayk_Shalunts / Shutterstock.com).

Para cumplir con la función educativa del libro, se han utilizado algunas imágenes procedentes de internet: pág. 52 logo página web "Decide Madrid".

Audio: CARGO MUSIC

ISBN: 978-84-16782-94-9

Depósito legal: M-2347-2021
Printed en Spain – Impreso en España
Impresión: Gómez Aparicio Grupo Gráfico